本书为山东大学文艺美学研究基地的重大研究项目“马克思主义文艺美学观念对中国当代文艺学建设的影响研究”（05JJD750.11-44006）结项成果之二

金元浦 等著

借鉴与融汇

中国当代文艺学对西方马克思主义文艺美学观念的研究与接受

群言出版社
QUNYAN PRESS
·北京·

图书在版编目（CIP）数据

借鉴与融汇：中国当代文艺学对西方马克思主义文艺美学观念的研究与接受 / 金元浦著 .— 北京：群言出版社，2015.6

ISBN 978-7-80256-769-6

Ⅰ. ①借… Ⅱ. ①金… Ⅲ. ①马克思主义—文艺学—发展—研究—中国 Ⅳ. ①A811.691 ②I0

中国版本图书馆 CIP 数据核字（2015）第 100490 号

责任编辑：朱前前　金　朝
封面设计：美信书装设计

出版发行：群言出版社
社　　址：北京市东城区东厂胡同北巷 1 号（100006）
网　　址：www.qypublish.com
自营网店：http://qycbs.shop.kongfz.com（孔夫子旧书网）
http://www.qypublish.com（群言出版社官网）
电子信箱：qunyancbs@126.com
联系电话：010-65267783　65263836
经　　销：全国新华书店
法律顾问：北京天驰君泰律师事务所

印　　刷：北京鑫瑞兴印刷有限公司
版　　次：2015 年 12 月第 1 版　2015 年 12 月第 1 次印刷
开　　本：710mm × 1000mm　1/16
印　　张：17.75
字　　数：280 千字
书　　号：ISBN 978-7-80256-769-6
定　　价：45.00 元

中国当代文艺学对西方马克思主义文艺美学的研究与接受

金元浦

我一直坚持认为：当代世界的社会科学、人文科学、文艺美学研究，从来就没有，将来也不可能与马克思主义完全斩断联系。在当今西方，马克思主义美学理论依然在迅猛发展，成为近年来西方学术中最具活力的推动力量之一。而一代一代新/后马克思主义者也在不断诞生、成长，或被发掘。课题结项成果之二，是一组集中探讨西方马克思主义美学与文化的具有一定前沿意识的研究成果。

是的，马克思主义思想发展的过程始终贯穿着“马克思之后的马克思主义的可能性”的问题，可以说，自马克思主义思想产生之后，对其命运的重新思考就一直没有停止过。世界情境在不断发生变化，如何在新的形势下保持马克思主义的适用性，是西方马克思主义学者无时无刻不在面临的问题。

英国文化研究理论今天看来似乎已经显得有些“衰老”了，但是它面对当下全球变革和中国社会，却有着相当的现实性和适用性。英国文化研究从产生之初一直是以马克思主义作为主要的参照系的。它借用的是不断开放的马克思主义的理论资源，并在不断深化对越来越复杂的社会关系以及生产在其中的地位的唯物主义理解。在后现代思潮的影响下，传统马克思主义作为一种方法论在文化研究内部不断受到挑战。而后现代马克思主义由于其对本质主义公理的放弃，对差异身份的张显，很快就引起文化研究者的兴趣，被吸收进文化研究理论中。文化研究学者在吸收和借鉴后马克思主义思想的同时，也在其中发现了一种理论的缺席。于是，他们进行了面对新实践的开拓与发展。后马克思主义思潮正是在种种对马克思主义的怀疑和争论中兴起的。英国文化研究推动后马克思主义的主要目的，就是试图从马克思主义作为一种全球文化和政治力量在20世纪后期的衰退中挽救马克思主义思想的某些方面，并对之进行重新调整定位，使它在迅速变化的文化氛围中展现出新的价值。张宁的文章对此进行了条分缕析，脉络十分清晰。

著名的后现代马克思主义理论家詹姆逊，最初是以文学研究者的形象步入学术研究领域的，其《萨特：一种风格的起源》、《语言的牢笼》、《马克思主义与形式》与学术代表作《政治无意识》主要都是研究文学或文学理论的。但随着现实的发展和个人兴趣的转移，他逐渐转向了后现代主义文化理论和文化研究。1982年，他在韦特尼博物馆讲座（Whitney Museum Lecture）上作了《后现代主义与消费社会》的演讲，提出了对后现代主义的一些基本看法，也是其重要论文《后现代主义，或晚期资本主义的文化逻辑》的雏形。论文《后现代主义，或晚期资本主义的文化逻辑》标志着詹姆逊已经形成了关于后现代主义的基本看法和理解框架，后来被扩展为他的同名著作，奠定了他在后现代主义研究中的重要地位。李世涛多年来持续研究詹姆逊，取得了不俗的成绩。他认为，在詹姆逊的文化批评中，影视文化批评和建筑文化批评典型地体现了其文化转向，但又不同于欧美学术界的文化转向，这使其文化批评既有自己的立场，又能够接受文化研究的长处，具有了重要的学术价值。实际上，詹姆逊的文化批评的视角主要是马克思主义式的。他主要从基础结构与上层建筑之间的关系来分析文化问题，同时也考虑到文化作为意识形态的相对自主性。在后现代社会中，视觉艺术和空间艺术很有典型性。因此，詹姆逊既关注社会基础结构对它们的影响，又注意分析其特殊性，并揭示了其意识形态性和潜在的审美革命性。

美国的道格拉斯·凯尔纳是新一代西方马克思主义理论家的代表人物之一，他被称作“新马克思主义者”。在继承法兰克福学派、英国文化研究等西方马克思主义理论的基础上，凯尔纳对媒介文化、媒介奇观等当代文化现象提出了很多富有启示性的理论观点。在对新一代西方马克思主义批判理论家的理论特点进行梳理的基础上，闫玉刚将道格拉斯·凯尔纳置于西方马克思主义的发展脉络中，凸显了凯尔纳对马克思主义理论的继承与发展。他的文章对凯尔纳的媒介文化观、媒介批判理论进行了较为详细的梳理和介绍，并以理性的眼光对道格拉斯·凯尔纳媒介批判理论的不足之处进行了批判性审视。在西方马克思主义的发展脉络中，凯尔纳属于20世纪70年代后西方马克思主义“最为多元化和异端的一代”。凯尔纳秉承了法兰克福学派批判理论和英国文化研究的理论传统，并力图寻求二者之间“失去的联合”，在综合二者理论方法的基础上，以“多视角文化研究”等理论方法重构当代社会批判理论。我们最感兴趣的，是凯尔纳提出的“文化马克思主义”——西方马克思主义对文化问题的强调，凯尔纳用“文化马克思主义”（Cultural Marxism）一词进行了概括。并且，在《文化马克思主义与文化研究》（Cultural Marxism and Cultural Studies）一文中，凯尔纳对20世纪西方“文化马克思主义”的发展做了独具慧眼的论述。

另一个不安分的灵魂叫菲利克斯·加塔利，他早年就是“共产主义之路”团体的成员，随后成为左翼反对派。诚如董树宝所描述：这是一个熟悉的名字，其思想却是陌生的，这一切皆因“德勒兹与加塔利”总是“联袂出演”，署名方式的“马太效应”使德勒兹的思想大放异彩，而加塔利的思想则被淹没无闻。目前德勒兹已成为国内学术研究的热点，其著作陆续翻译成中文，研究著作和学术论文愈来愈多，其趋势可与福柯、德里达相媲美。相比之下，加塔利备受冷落，无人问津，是一个学术研究的空白领域。虽然一些著作和论文也提及了加塔利，论及了两者的合作，但基本上是以德勒兹为中心展开的，加塔利基本上被遮蔽在德勒兹的阴影之下。

在1968年法国5月风暴的激荡下，加塔里写出《左翼反对派的九个论断》等一系列文章，后来受到拉康的培训，成为拉康式精神心理专家。进入20世纪80年代以来，他开始思考生态学、美学等内容，开始重建社会实践的新维度。他是一名文学批评家，是关于卡夫卡著作的合作者；他又是一名与德勒兹合作的思想家，写了一部质疑政治经济学、人类学、语言学和精神分析学的综合性著作；他是一名积极分子，是法国私有自由电台运动的推动者。这是一个经历非常丰富、大脑永远激烈转动的哲学家，我们关注他，因为他曾经拥有和我们一样的对马克思主义、对美学、对艺术理论的不断探寻，而现在我们更关注他，是因为我们共同面对他所指出的当代世界的霸权主义、科技主义、生态危机、能源危机、贫富差距、集权制度、恐怖主义、种族歧视和种族隔离等一系列全球性问题，而加塔里则对此提出了“重建社会实践”的宏大方案。

最前沿也最传统的“当红”理论家是阿兰·巴丢（Alain Badiou, 1937— ），他是继德里达、利奥塔、福柯、德勒兹等人之后法国当代著名哲学家之一。从2003年至今，巴丢出版著作30余部，有20余部著作被译成英文。最近十余年来，阿兰·巴丢成为“后学之后”学术界关注的核心人物之一。而毕日生则筚路蓝缕，认真地做了开拓的工作。

巴丢是经历了阿尔都塞主义者和毛主义者，并最终走向一种全新的“事件哲学”的“建构性”的“后马克思主义者”，他与后结构主义、解构主义基础上的“后马克思主义者”完全不同，巴丢是在“后学之后”出现的一位具有特殊意义的“后后马克思主义者”。我们知道，后现代主义思潮的主要特征是“否定性”的：摧毁、解构、颠覆、否定、超越、批判既定的、传统的思想、价值、观念等。因而后现代主义又被叫作“否定的后现代主义”。虽然它曾经有过对现代性批判的一些积极意义，但最终却导致了价值虚无主义、怀疑主义、否定主义、相对主义等。在经历了一系列的断片之后，一个修复的老技工来了，他有技术，有坚持，熬过了冬天之后，他的学术的春天再一次来临。他似乎回到了他年轻时候的哲学形态，他使用老技术，把“永恒的、普遍真理”对抗“差异”、“多元化”时代的“真理的终结”。巴丢要用“系统化”的哲学构想来对抗当代的“碎片化”的时代。巴丢长期默默无闻，是一个如此年长的“后生”，不论是他当年的籍籍无名，还是他今天的“大红大紫”，皆源于现实与历史的“交响”。我曾说过，当年巴赫金一夜间声名鹊起，盖源于那个时代“对话”思想的需求和相应理论的缺失。当时代需要某种思想、理论时，这个时代就会“生产”出它所需要的“产品”，没有巴赫金，一定会有一个什么“金”出现或“被发掘”。

从英国文化研究到巴丢，我们看到西方马克思主义文化理论辗转腾挪的思想轨迹，它像一次历史长路上的折返跑，然而又不是回到起点。它是睿智的历史对人类现实困境提出的一系列问题的不断回答，不断解决与不断探寻。于是，会有另一个折返跑——像黑格尔说的“否定之否定”再次出现，这些折返跑的叠加，就写下了历史的“之”字形长路，那不是它的本来面目吗？

回到开头，西方马克思主义的文化与美学研究成果总是成为影响中国当代文艺学的重要因素。

目录

绪论　西方马克思主义审美现代性的四个内涵[1]

为了全面、深入地诊治现代性的病症，西方马克思主义理论家们先后开出多剂良药，也为审美现代性[2]寄予了多种期望，大致上可以归纳为四方面：批判现代性、反思现代性、坚持现代性以及增进主体对话与世界和谐。这四个内涵彼此依存，相互促进，这为诊治现代性和继续建构现代性提供了一个比较完整的思路，即批判现代性在于促进反思现代性，反思为了更好地坚持现代性，而坚持则最终要达成主体更亲密地对话，促进全世界人民和谐共处。

一　批判现代性

首先，“批判”的内涵

其一，从现实立场上讲，批判理论不做社会的顺从者，而应该关注社会的“紧张关系”。霍克海默指出：“传统理论，即借助于继承来的概念和判断手段对材料进行的批判性考察，发挥着肯定的社会作用；……这种理论思想并非有意关心外在于和异在于对象的东西，而实际上只注意它随技术进步而碰到的问题，并且发现这方面的新问题，在必要的地方改造旧概念。就此而论，那种理论思想可能认为资产阶级时代的技术和工业成就刚好证明了它的合理性，可能

1　本章由李进书撰写。李进书，河北大学文学院教授。

2　审美现代性指艺术、美学和哲学等围绕“完整的人”来审视现代性时所凸显的特性：具有批判、反思、坚持与交往和对话（交往和对话是一类）等四个内涵。此观点吸收了曹卫东关于席勒“完整的人”的思想。

确信它本身的价值。”[1]在他看来，传统理论是社会的维护者和顺从者，而批判理论敢于和乐于关注社会现象所呈现的“紧张关系”；批判理论家的任务就是“减轻本人见解与他想要为之服务的被压迫人民之间的紧张关系”，即要以他们思想的正确性和深刻性来获得人们的认可和信服；批判思想的动力“是试图超越紧张的努力，是试图消除个人目的性、主动性、合理性与那些社会建立于其上的劳动过程关系之间的对立的努力”[2]，即批判理论要实现一个公正的、和谐的社会。

其二，从规范层面上讲，批判是认识和兴趣的完美结合。哈贝马斯指出：作为人的一种意识活动，“认识”形成于人征服和改造自然、建构人际关系以及反思人类精神历程的过程之中，即人们不仅要认识人与自然的关系，而且要关注人与人的交往，更要注重人的意识成长问题。而“兴趣”，他说：“一般说，兴趣即乐趣；我们把乐趣同某一对象的存在或者行为的存在的表象相联系。兴趣的目标是生存或定在（das Dasein），因为，它表达着我们感兴趣的对象同我们实现欲望的能力的关系。”[3]“我把兴趣称之为与人类再生产的可能性和人类自身形成的既定的基本条件，即劳动和相互作用相联系的基本导向（die Grundorientierung）。”[4]这两段话说明：“兴趣”是促进人类进行物质生产和精神生产的驱动力，在“兴趣”的驱动下，人类既进行着生存需要的奋斗，又从事着社会关系的建构，前者斗争对象是自然界，后者协调对象是社会中各个主体。哈贝马斯阐释了何谓批判：批判的目的是为了提升人的认识，批判的动力来自兴趣，而认识和兴趣共同目的既要通过与自然的斗争来增强个体的能力，又要借助劳动中相互合作来增进人际间的亲密关系。

其三，从社会交往上讲，“批判理论”需要实现“承认理论转向”。霍耐特认为批判理论有两个“入门手册”：以理性评价历史的可能性与追求“自由人类的共同体”（霍克海默语），他看到了霍克海默和阿多诺的工具理性批判的片面性，也批判了哈贝马斯对语言的过分倚重性，即霍耐特认为工具理性批判和

1　霍尔海默：《批判理论》，李小兵等译，重庆出版社 1989 年版，第 196—197 页。
2　霍尔海默：《批判理论》，李小兵等译，重庆出版社 1989 年版，第 200 页。
3　哈贝马斯：《认识与兴趣》，郭官义 李黎译，学林出版社 1999 年版，第 201 页。
4　哈贝马斯：《认识与兴趣》，郭官义 李黎译，学林出版社 1999 年版，第 199 页。

交往理性在实现人类共同体方面，要么太悲观，要么太乐观，要么太经验，要么太理想。霍耐特认为应该立足于现实矛盾和冲突之上，来深刻地分析和探讨其根本原因，这样才能将理论与实践相结合；应该以开放视野来审视全球普遍性问题，这样才能有效地诊治现代性之病症，德兰蒂将此观点评价为："亦即一种是由开放的背景共识塑造并最终建立于其上的社会融合观，而这种共识是由与社会总目标相关联的核心规范与价值构成的。"[1] 当前，霍耐特认为最主要的是那些亚文化或边缘群体的承认问题，只有正确地认识和合理解决这些危机，才能保证社会和现代性稳定前进。为此，他补充了为谁而交往这样更规范的问题，即应该为"承认的人"，"承认的人"拥有自信、自尊、自重以及独特的个体性等特征，其中自信、自尊和自重分别对应于爱、法律和团结，三者紧密相连、相互依赖。不过，他也担忧道：由于现实中充满着多种多样的蔑视（Miβachtung），如虐待、强奸、剥夺权利、排斥、诽谤以及伤害等，这些蔑视是承认关系的否定等价物，可能迫使社会行为者认识到他们被拒绝承认，[2] 因此承认过程是一个漫长的斗争、冲突过程。

其次，批判的对象有变异的现代性动力（科技和货币）、神化的同一性思维以及精神动力式微的主体

其一，变异的动力。科技和货币本是现代性发展的动力，但是由于人过分依赖技术和宠爱货币，结果致使它们变异为人的主宰者。变异的科技成为了最成熟、最有效形式的物化，它通过精细的算计来榨取人的能量，使人无法反抗，因此技术合理性的过程就是一个政治过程，它也造成了全球的现代性极其"不均衡"[3]。变异的科技也把人们丰富多彩的日常生活碎片化了，如列斐伏尔批判道："信号——那些工业社会的技术发明——侵蚀了街道、工作和休闲活动、日常生活（总是缓慢，总是确信无疑的）。……图片、电影和广告都有助于加

1 让•菲利普•德兰蒂：《作为一种唯物主义方案的承认伦理学》，载《当代国外马克思主义评论》，人民出版社 2007 年版，第 263 页。

2 参见霍耐特：《为承认而斗争》，胡继华译，上海人民出版 2005 年版，第 101 页。

3 参见拙文：《不均衡的现代性与审美现代性》，《理论与现代化》，2008 年，第 1 期。

快形象传播，多层次的信息和贬值的象征画满了墙，塞满了人的意识。”[1]另外，人们被新的科技产品——电视全面控制，结果涌现了大量的“电视人”，他们盲目自大、无所不知但毫无主见、孤独但不希望与他人交流，于是雷蒙德·威廉斯感慨道：电视改变了人们的世界。而货币犹如一个巨大的“均衡器”（阿格尼丝·赫勒语），它虽为许多人谋求平等和自由提供了自信和帮助，但它也致使人们堕落为它的奴仆。于是一切都成为了代沽的商品，甚至是友情、亲情、爱情这些永恒的东西。为此，伊格尔顿讽刺道：面对着如此庞然大物，担任批判任务的文化左派也畏惧不前，“资本的力量现在是如此令人意气消沉地放肆、如此令人崇敬地无限权威和无处不在，以至于甚至大批左派都继续采纳它、理所当然地把它看作是这样一种不可动摇的结构，好像他们根本没有勇气谈论它”。[2]并且随着商业社会的深入化和细致化，商品取代了事物本身具有了独立性，商品的观念成为了人们的消费对象，甚至商品的形象也成为人们消费的对象，出现了一个“景观”社会：“在现代生产条件无所不在的社会，生活本身展现为景观（spectacles）的庞大堆聚。直接存在的一切全都转化为一个表象。”[3]

其二，神化的同一性思维。“同一性”（Identity）可以聚集差异个体的力量来实现浮士德式的宏大计划，来共同抗击全球性危机，但当它绝对化和神圣化时，就会转化为扼杀差异个体的凶手。表现之一是出现了极权主义统治。为了使社会稳定发展，统治阶级利用技术、政治、经济以及文化等多种手段来控制大众，这样的政府是一个“极权主义者”，是一个极具控制力、压制力和欺骗性的体系。它通过控制大众的日常生活需求，满足大众的“虚假的需求”（马尔库塞语）来压制大众，这些虚假的满足包括广告带来的放松、娱乐和消费，文化工业所提供的感官刺激和视觉享受，媒介所进行的虚假宣传等。在此细密的体系中，被管理的人不太可能有挣脱的契机，更可怕的是，长期的压制会致使这些人认同这种极权主义体系，甘愿做一个悠然自得的顺民。表现之二是出现了帝国主义。在现代性的进程中，资产阶级利用商品、金钱、坚炮利舰等击破了地域间的阻隔，把自己的价值观推销甚至强加给其他国家，从而在全球范围

1 Henri Lefebvre，*Introduction to Modernity*，P180.

2 特里·伊格尔顿：《后现代主义的幻象》，华明译，商务印书馆2000年版，第30页。

3 居伊·德波：《景观社会》，王昭凤译，南京大学出版社2007年版，第3页。

内制造出同一性的资产阶级文化。二战结束后，帝国主义则采用一种隐性的侵略方法——文化帝国主义，即通过向其它国家输出文化产品和消费产品，使他们自然地喜欢上输入的文化和意识形态，并在一定程度上漠视本土文化，从而实现经济和文化上双赢。当今的典型就是美国，詹姆逊说："不管怎么说，目前向全世界输出的晚期资本主义本身的确是美国文化。因此关于晚期资本主义的理论也会随着美国文化而四处传播。是好事也罢，是坏事也罢，这反映了这样一个事实，即美国的生产，或不如说将'美国'不断地生产出来的娱乐业和文化在当今世界占支配地位。"[1] 在强大的美国文化的控制下，发展中国家只能无抵抗地接受，任由它们塑造，其结果就是培养出众多的美国文化的拥趸者和模仿者。

其三，精神动力式微的主体。今天，享受物质文明的现代性主体正在经受多重质疑，例如尼采的"末人之死"、卡夫卡的"变形人"、马克思的"异化"、卢卡奇的"物化"和马尔库塞的"单面人"等。如此困境的外在原因可以归咎于技术、政治、经济和文化等方面，而内在原因在于人丧失了两个重要精神动力——快乐和否定。关于"快乐"，弗洛伊德指出人格结构可分为本我、自我和超我三层，本我指人的本能，包括性欲望（爱欲）和攻击欲望（死亡本能），它遵循的是"快乐原则"，讲究"我行我素"的率性行为；尼采认为酒神（狄奥尼索斯）精神不但激发了人的全部潜能，使人身体强健，而且把人的精神提升到一种乐观、果敢的境界；总之，快乐既激发了人的内在欲望和内在潜能，让人陶醉在一种自由愉悦和快乐享受之中，又催发了人的创造欲望，使人具有超强能力。而"否定"，弗洛伊德认为它使人摆脱压抑，释放自己的本能，"否定的判断就是压抑的理智替代物。用'不'来表示是一种压抑的标记，是商品产地的证明书，就好像'德国制造'一样。借助于否定的符号，思维的过程就能够使自己摆脱压抑的限制，并且以主观事物来丰富自己，而没有这些，它是无法有效地起作用的"。[2] 弗洛伊德和尼采告诉我们：一个完整的人应该是肯定和否定、压抑和快乐等矛盾体，纯粹肯定的人只是一个他人意志的传声筒，而否定体现

1　詹姆逊：《新马克思主义》，王逢振主编，中国人民大学出版社 2004 年版，第 161 页。

2　弗洛伊德：《弗洛伊德著作选》，贺明明译，四川人民出版社 1986 年版，第 72 页。

出一个人的独立性、创造性，受压抑的人只能是他人驱使的可悲奴仆，而快乐展现着一个人的应有潜能和创造力。但是马尔库塞揭示道：基本压抑和现实原则、"额外压抑和操作原则"的双重压制，致使人不再是一个流溢着生机、乐观和坚强的"快乐的人"，他已变得僵化、悲观和萎缩，而丧失了否定思维的人被简化一种"单面人"，他只知道肯定和听从，而不敢质疑、反抗。

二　反思[1]现代性

首先，反思的内涵

其一，反思是思维的思维，是思维的平方。本雅明指出：反思作为人的一种思维方式，具有无限性和不可完结性，每前一个反思都会变为下一个反思的对象，这是因为反思是为了检验第一次思维的正确性，所以反思并不处于第一次思维之中，而是产生于对第一次思维的认识和检验之中。他说："而完全意义上的真正反思，在第二阶段才产生，即在对第一思维的思维之中。……第二阶段产生于第一阶段，也就是说，直接通过真正的反思而产生。换言之，第二阶段的思维自己自行地作为第一思维的自我认识而产生于后者之中。……在认识论意义上起决定性作用的思维形式对早期浪漫派的观点具有基础意义。它不是逻辑——逻辑更多属于第一级的、素材的思维——，而是思维的思维。"[2]在本雅明看来，这种无休止的反思过程并不仅仅局限于认识本身，并不满足于思维中的抽象推演，而是把认识者和外在事物紧密地连接在一起，使抽象和具体、假设和真实融合在一起，这样才真正地为反思过程注入新鲜血液，使其处于永不停止的探索状态。这意味着反思不是一个纯粹的、主观的、感性的意识过程，而是建立于丰富、多样的现实基础上的一种"冷静"的认识过程。总之，

1　周宪指出审美现代性具有内在的反思性。参见周宪：《审美现代性批判》，商务印书馆 2005 年，第 178 页。另外，在《现代性的后果》和《自反性现代化》中，吉登斯指出反思从根本意义上说是对所有人类活动特征的界定。现代性的反思具有本质性、持续性、全面性，还有对反思自身的反思。参见吉登斯：《现代性的后果》，田禾译，译林出版社 2000 年版，第 34 页。

2　本雅明：《经验与贫乏》，王炳钧译，百花文艺出版 1999 年版，第 44 页。

本雅明的分析表明：只有以一种“冷静”的客观态度，反思者才不会迷失于主观的狂热之中而忘记追问事物的本质，他们才能静下心来反观和审视第一阶段的思维，也才能在不断收获中提升自己的认识。

其二，“反思”是艺术的“自我反应能力”，是艺术自律性的保证。阿多诺认为艺术具有自律性（autonomy）和异律性（heteronomy）双重本质，自律性指艺术拥有自己独特的规律，不必完全受制于外在事物的管制，而异律性说明艺术没有完全超脱于社会事实，而是与社会保持着一种张力关系。在他看来，“反思”是艺术的一种禀赋，它驱动着艺术发展，保障着艺术的自律性，“艺术所要求的是缜密的反思。艺术可以抛开朴素的作法。这行吗？审美意识绝不能让其经验受到文化常规的制约。相反地，审美意识务必保存自发反应的能力，这也包括对前卫艺术流派作出反应。无论个体的心灵受到社会和盛行的客观精神的调节或影响会有多深，它依然是唯一的自我反思与精神扩展的工具”[1]。既然艺术拥有着反思这个“自发反应的能力”（阿多诺语），那么它就不应该轻易地被社会蒙蔽和控制，就应该以自我形式来阐述真理和论说真相，这样既促使了自身发展，使自己不会因肤浅和媚俗而凝滞不前，又担负起解放思想和救赎心灵的重任，始终得到读者的信任。的确，反思培养了和提升了艺术的自律性，使艺术拥有了更多的主动性，并有助于它建构“精神”，阿多诺说：“精神不只是灌注艺术作品以生气的呼吸，能够唤醒作为显现现象的艺术作品，而且也是艺术作品藉此取得客观化的内在力量。”[2] 从阿多诺的思想中，我们体会道：凭借持续地反省，艺术作品了解到其与社会的关系，也拷问着自己的状况，从而保持着“自治”（詹姆逊语），建构着和提升着人们的精神，而这样的作品才能升华为经典和世界性作品，如鲁迅的小说和贝多芬的音乐等。

其三，反思有助于现代性自我确证、诊治以及重建。关于“反思”，哈贝马斯分析道，首先反思是“意识的省悟”，是现代性自我确证的最可靠工具之一。他认为现代性是一个不同于传统社会的崭新时代，它的内涵和特征无法从传统社会中获得更多的证明，因此它只有从自身的发展中寻求自我确证，但是单

1　阿多诺：《美学理论》，王柯平译，四川人民出版社 1998 年版，第 458 页。

2　阿多诺：《美学理论》，王柯平译，四川人民出版社 1998 年版，第 156 页。

单一个“批判”还不足以担当此重任，还需要依靠反思来不断地寻找问题和解决问题。正是因为拥有反思这个“省悟”功能，现代性才能不断地获得更准确的确证，为此哈贝马斯梳理了这方面的思想资源，如康德的三大《批判》奠定了这种反思哲学的基础，黑格尔的“和解理性”或“绝对理性”试图解决知识和信仰分裂这个问题，霍克海默和阿多诺批判了工具理性，韦伯揭示了“意义丧失”和“自由丧失”，哈贝马斯挖掘出“交往理性”等。其次，反思的动机在于诊断和解决“疾病”，它是诊治现代性病症的最佳手段之一。现代性虽取得不俗的成就，但患上了一个病症——知识和信仰相分离，为此，理论家们纷纷来诊断此病症，例如黑格尔的“绝对理性”、后现代理论家所宣扬的“排斥的理性”等，但是哈贝马斯认为这种包容性或排斥性理性的实质仍然是主体哲学，仍然在强调权力至上，而正确的媒介应该是能够促进人们交往和对话的“交往理性”。最后，反思是“解放”，是现代性重建的一个不竭动力。哈贝马斯指出：经常使用反思的人会从自己的实践活动中提炼出一种“生成力的规则”，此规则可帮助主体摆脱对固有思维和旧经验的依赖，可提升主体的判断力、洞察力和创造力；同时这样的主体会从人类的解放兴趣这个宏大的立场出发，来与他者进行对话和交往，双方在不断地反思过程中，求同存异而达成共识。

其次，反思的对象有艺术自身和艺术批评

其一，艺术丧失了反思者这个身份。审美现代性与启蒙现代性（以科技成果和社会进步为主的现代性）是充满着张力的，很大程度上审美现代性作为启蒙现代性的一个“他者”（周宪语）和监督者而存在的，它的职责在于揭示、改善后者所带来的负面效果。但是在现实中，面对着社会强大的控制力量和艺术自身的不健康发展，艺术陷入一种举步维艰的困境之中。困境之一，艺术与现实的对立被弥合了，反思的距离消失了。艺术之所以能反思现实生活，就在于它与现实生活保持着一种不妥协的对立关系，但是技术、金钱和商品等一起对艺术这个反抗者施加压力，尤其是商品的侵蚀和金钱的诱惑使得许多艺术家不战而降，他们的作品不再是现实生活的揭示者、异在者，而直接就是现实生活肤浅的写照。尤其后现代主义作品，如詹姆逊揭示的：“其最重要和最明显的特征是一种新的直接性或浅显性、一种最刻板意义上的新的表面性，像安迪·沃霍尔的《钻石粉末鞋》突出了商品和技术的因素，而缺少艺术应有的韵味和可解释的深层含义”。[1]当艺术被整合于现实生活之中，此时批评和反思的距离便消失了，艺术也就难以担当现代性的监督者这个重任了。困境之二，审美形式被标准化、单一化了，艺术失去了反思者的身份。艺术家为了能够以自己的洞察力来揭露现实假象和说出真理，他们创造出风格迥异的审美形式，如勋伯格的“十二音技术”，而今天的艺术在商品侵蚀下趋向标准化、单一化，简化为一种快速生产、无限制复制的“文化工业”（霍克海默、阿多诺语）。这种“文化工业”能够快速流行，赚取巨额利润，博得众多观众的掌声，但它牺牲了艺术最重要的品质——审美形式，这使得艺术的自律性就无从谈起，它的反思身份也就消退了，艺术混同于保护社会的“肯定文化”（马尔库塞语）。更悲哀的是，要想重获认可、继续流传，艺术就必须求助新的传媒方式（如电影），如本雅明心情复杂地说：于是所有的传奇、神话和传说都排队等在电影的门口，等待着在银幕上的复活。[2]由于电影本身就是巩固统治秩序的“社会水泥”（阿多诺语），要靠电影来批判、反思现实生活必然会令人大失所望的。

其二，分裂的艺术批评。韦勒克认为文学是由文学史、文学批评和文学理论三部分组成，其中“批评的目的是理智的认识。批评并不创造一个同音乐或诗歌的世界一样的虚构世界。批评是概念的知识、或者说它以得到这类知识为目的。批评最后必须以得到有关文学的系统知识和建立文学理论为目的。”[3]在他看来，文学批评不是一个单纯地倾诉感情、挥洒想象力的感性场所，而是一个谨慎认知、辨别真伪的理性栖居地。因此作为作品的“法官”（弗莱语），批评家必须讲究公正、客观和真理，他需要与作品保持一定反思距离以对其进行全面地、客观地分析评价，为此詹姆逊提出了“元评论”和“辩证的批评”。“元评论讲究每一个单独的解释必须包括对它自身存在的某种解释，必须表明它自己的证据并证明自己合乎道理：每一个评论必须同时也是一种评论之评论。”[4]所以詹姆逊强调：反思性批评需要返回到历史本身，既回到作品的历史环境，

---

1 参见詹姆逊：《快感：文化与政治》，王逢振等译，中国社会科学出版社 1998 年版，第 162—163 页。

2 参见本雅明：《经验与贫乏》，王炳钧译，百花文艺出版 1999 年版，第 264 页。

3 韦勒克：《批评的概念》，张今言译，中国美术学院出版社 1999 年版，第 4 页。

4 詹姆逊：《批评理论与叙事阐释》，王逢振主编，中国人民大学出版社 2004 年版，第 4 页。

也回到批评家的历史环境，这样的批评既能挖掘出作品隐在的内涵，也能纠正一些偏颇的评论，从而重写作品的意义和价值。而“辩证的批评”是一种辩证思维，“是正常思维过程的强化，从而使一种更新了的光线照亮这些过程强化的客体（对象），仿佛在它的直接困惑中，心灵试图凭借意志力，凭借命令，抓住自己的鞋襻，使自己高扬起来”。[1]詹姆逊认为，辩证批评主要目的不在于解决什么问题，而在于要站在一个更高的立场上来审视和反思原有的问题，力图达到客观地、准确地认识。

显然，现实中的批评辜负了韦勒克和詹姆逊等理论家的殷切期待，因为批评分裂为两种类型：机械的技术性批评和媚俗的大众化评论。首先，机械的技术性批评既压抑了艺术作品中的潜意识内容，也丢失了批评本身的创造性。詹姆逊认为虽然结构主义为艺术作品贡献了一种类似恒等式的分析方法，使得批评家们可以在其框架中自由地填充一些内容，但这种固定、机械、僵硬的二元对立模式束缚了不断涌现的现实问题，而且结构主义禁止自我反思，固执地坚信自己的观念方法是永恒的、完美的。结果，这种机械的批评压抑了历史的潜意识内容，遮蔽了艺术作品的内在的、深刻的涵义，从而歪曲或者简化艺术作品的意义。另外，这种机械的批评往往“为了批评而批评”，此批评模式虽然使用起来简便有效，但它对艺术作品本身的独特性关注不够，往往会为了照顾批评模式的稳固性而牺牲艺术作品的偶然性，其结果丢失了批评本身应具有的创造性，使得批评简化为一种无效的重复性活动。其次，媚俗的大众化评论追求当下的市场效应，却淡化了艺术作品的长远价值。大众文化的蓬勃发展促进了艺术的发展，许多没受过高等教育的人因大众文化而成为艺术家庭一员，他们参与大众文化创造，如做电影的配角，甚至有些人升华为大众文化的评论者和“主考人”，只不过这是一些“心神涣散的主考人”（本雅明语）。他们以一种消遣的、嬉戏姿态来调侃文化产品，仅是感性地对文化产品做表层的、浮躁的评论，这种媚俗的大众化评论不良趋势会引诱一些专业批评家投降到他们阵营之中，而原来苛求深刻的、长远的艺术创作的批评家队伍越来越小，其结果如列斐伏尔所言：“有可能大众文明和大量的文化会把歌手放在音乐家和诗人之上，

1　詹姆逊：《新马克思主义》，王逢振主编，中国人民大学出版社 2004 年版，第 2 页。

把节目主持人放在哲学家之上，把政治家放在作家之上。”[1]这样的文化氛围怎样培育出优秀作品和杰出作家，又何谈提升读者的审美趣味和审美情操呢！

三　坚持现代性

首先，“坚持”的内涵。

其一，“坚持”是一种信任，它相信现代性不会终结。人们对现代性的批判主要有两种，一种以悲观心态把希望寄托于彼岸，如阿多诺；一种以激进心态走向后现代，如哈桑和利奥塔。而韦尔默认为现代性虽然存在着危机，但这些危机不足以导致现代性终结，因为在现实基础上，“东方集团”是由于没有很好地实施自由民主政策而导致了失败，而西方国家由于贯彻了自由民主政策而在继续前进，在理论基础上，反思的解释学和开放的语言哲学强调无限期地反思和解释。在明确了乐观的现实背景和提倡自主性的理论资源之后，韦尔默心目的现代性“是一种知道自己是偶然的、但不能从它自身反思的结论中退却的现代性，是一种没有坚固基础、而有不确定前景的现代性，是一种具有含糊过去和开放未来的现代性，是一种为这个世界带来了同样多的自由和恐怖、而只能依靠自己的力量推进自身的现代性。”[2]韦尔默认为这种现代性虽有负面效应但不回避其缺陷，虽遭受着质疑但不因此而沉沦，相反它通过反省来寻求改善和进步，以自信来反击误解和攻击，因此它能够突破重重困难而发展至今，这也赢得了人们对其的信任和坚持。

其二，“坚持”是一个中介，它是连接批判、反思与对话、交往的桥梁。关于“批判”，韦尔默分析了阿多诺对同一性的批判，“在‘秩序强迫’中所表露出的‘对非同一的特殊事物的愤怒’并非是话语理性的表现，这恰恰揭示出了话语理性的缺乏。话语理性的缺乏表现为体验的无能和对论证的阻碍。”[3]韦尔默认为，如果阿多诺充分地理解和使用话语理性，并对现代性持有一种“坚持”

1　Henri Lefebvre，*Introduction to Modernity*，*introduction*，P278.

2　Albrecht Wellmer，*Endgames：the irreconcilable nature of modernity*，*tr.* by David Midgley，Cambridge，Mass.：MIT Press，1998，P233.

3　韦尔默：《论现代和后现代的辩证法》，钦文译，商务印书馆 2003 年版，第 105 页。

态度的话，那么阿多诺对同一性批判就不会那么偏执和绝对，就不会显得那么悲观，就会减少“停顿”（韦尔默语）和僵化这样的弊端。关于“反思”，韦尔默认为需要反思的原因在于交往的不成功、理解不能实现以及意义被误解等方面，这意味着要想实现交往和理解，就必须进行反思，“但只要我们反思我们的真理取向的交往和商谈实践，我们当然必须承认绝不能排除新的论证或新的经验也许会迫使我们修正我们的真理要求的可能性。关于我们的真理要求的可错性的这种反思意识于是就被理解成这样一种意识，我们当作‘认识论上理想的条件’有可能被证明根本不是理想的条件”。[1] 因此，他强调：反思不应该停止，而应该持之以恒，这样才会不断地出现“比较理想”的事物，而非绝对的理想事物，这样也才能使交往进行下去，使交往多样化、丰富化和民主化。并且如韦尔默所言解释学反思的标准就是一种否定性、批判性标准，这表明反思和批判是相辅相成的，通过批判可以获得反思的结果，进而把反思的暂时成果再用于批判新的对象，最终，这样一个持续的、坚持性的批判和反思过程走向了一种开放的、包容的自由民主文化，即通过“坚持”这个中介，批判和反思确定了一个乐观的、明确的奋斗目标——交往和对话的前景。

其三，“坚持”是交往主体的一个基本权利，它保证交往主体具有独立性，也促进了个人和社会共同发展。韦尔默认为交往是主体间的行为，交往需要得到交往和商谈的环境的保证，需要接受他人的论证和异议，而一旦交往只成为某个所谓强者的一言堂，那么交往就失败了。这说明：每一个交往主体都有各抒己见的权利，都有坚持自己见解的必要性，这样才能使交往丰富化、深刻化，如韦尔默所言：“虽然真理是公共的，但它并不是公共地确定的：在每一个单独的情形中，必须由我自己确定我是否应当认真地对待一个论证，必须由我自己确定一种异议是认真的还是不相干的，必须由我自己确定一种真理要求是否已经得到辩护。”[2] 具有“坚持”品质的主体能够充分地发挥自己的潜能，能够实行自己“一定的自然权利和目标取向的理性”，这保证了每个个体的自由，使他们不易受到社会的压迫。但是韦尔默紧接着说个人和社会是相互依赖，密

1 韦尔默：《后形而上学现代性》，应奇 罗亚玲编译，上海译文出版社 2007 年版，第 327 页。

2 韦尔默：《后形而上学现代性》，应奇 罗亚玲编译，上海译文出版社 2007 年版，第 130 页。

不可分，“因此，自由的来源并不在孤立的个人，而在于社会，后者正是通过社会化实现个人化的媒介；自由应当被认为最终存在于一个更大的社会整体的结构、制度、实践和传统之中。但是，正因为这个更大的整体只有通过作为它的组成部分的个人才能保持活力，才能‘再现’（reproduced）自己并得到解释，个人的和‘公共的’自由就是不可分离地交织在一起的”[1]。最终，坚持己见的个体既充分地言说了自己的观点，施展了自己的才能，社会也因个体的强大而强大起来，从而个体和社会都得到了发展和提高。

其次，“坚持”现代性的理由。

其一，宏大叙事存在的必要性。在《后现代状态：关于知识的报告》一书中，利奥塔指出思辨叙事和解放叙事（启蒙叙事）这两种宏大叙事都出现了危机，如思辨叙事，由于“过去的‘院系’分裂为形形色色的研究所和基金会，大学丧失了自己的思辨合法化功能，被剥夺了研究的责任（它被思辨叙事扼杀了），仅满足于传递那些被认为可靠的知识，通过教学保障教师的复制，而不是学者的复制”[2]，因此当承担思辨叙事的主体衰微时，思辨叙事自然随之难堪重任了。而解放叙事，利奥塔认为它所倡导的伟大英雄、伟大冒险和伟大目标等的单一语用学模式与现实中多元的语用学模式相矛盾，为此，他断言：正在到来的社会基本上不属于牛顿的人类学（如结构主义或系统理论），它更属于语言粒子的语用学。[3]那么，宏大叙事真的淡出了历史舞台吗？在伊格尔顿看来，宏大叙事非但不会退出历史舞台，相反它仍然是社会的主要价值体系。从“思辨叙事”角度看，今天涌现着许多危及全球人们生存的大事件（如核问题、生态问题和恐怖主义等），而后现代主义所鼓吹的微观叙事是难以承受这些宏大问题的，它所擅长的简单嘲讽和肤浅批判是无法深刻认识这些问题的，为此，伊格尔顿提出“理论”在今天的必要性和重要性[4]。他认为理论可以帮助人们对现象进

1 韦尔默：《后形而上学现代性》，应奇 罗亚玲编译，上海译文出版社 2007 年版，第 192 页。

2 利奥塔：《后现代状态》，载江怡主编：《理性与启蒙》，东方出版社 2004 年版，第 404 页。

3 参见利奥塔：《后现代状态》，载江怡主编：《理性与启蒙》，东方出版社 2004 年版，第 391 页。

4 参见特里·伊格尔顿：《理论之沉浮——〈理论之后〉》第二章，邹涛译，《中外文化与文论》，2006 年第 1 期，第 193 页。

行一种合理的、系统性的反思，避免使人陷入新现象的迷人外貌之中，从而既保证人们正确地认识世界，又开拓了他们的眼界，增进了人们的认识能力。而从“解放叙事”角度看，今天的世界仍旧存在着大量的苦难和不幸，多数人并非生活在一种自由、平等的美好社会秩序之中，他们还在为自己的幸福和集体的美好生活而艰辛地奋斗着。为此，伊格尔顿痛斥道：“人类的政治纪录是骇人听闻的。从他们在地球上形成的那一时刻开始，人类系统化地互相伤害、掠夺和奴役。我们自己的世纪毫无疑问地是纪录上最血腥的，这说明，关于特别衰败的这一观念不再必然意味着一种对旧日好时光的怀念，同样，对特别类型进步的信仰并不必然是把历史整体作必然主义的理解。”[1]总之，那些重大问题召唤着宏大叙事来思考和解决，召唤着全人类联合起来，群策群力、共同协商，来有效地解决它们。

其二，交往理性：理性的自我超越、现代性的自我超越。虽然哈贝马斯也对现代性持批评态度，但他认为现代性的病症并不在于理性的匮乏，而在于没有充分发挥和挖掘理性的潜能，尤其是交往理性。在他看来，现代性是一项未完成的规划、一项未竟的事业，而交往理性的凸现则为现代性注入新鲜的血液和无穷的活力，使其继续前进，这是因为交往理性包含着承认、理解、包容和学习等因素，它们是交往和对话的基石——既可以促进主体间达成共识，又能够增进全世界人民和睦共处。在继承哈贝马斯的交往理性思想的基础上，韦尔默又从后现代主义和工具理性批判中挖掘出交往理性的潜质，从而证明了现代性拥有着强大的自我超越潜能。具体而言，关于后现代主义，韦尔默指出：詹姆逊把后现代主义美学刻画为一种“隐喻性”美学，这种美学否定了艺术渴望某种确定方式和固定模式的企图，它试图将极端的非连续性和不可通约性维持在一起，同时又不想旗帜鲜明地取消它们之间的差异。“詹姆逊视野中的后现代主义揭示的是一种崭新的、后理性主义的审美、心理乃至社会总体性（‘统一’、‘综合’）形式：它不是对总体化理性及其主体的简单纯粹的否定，而是一次理性及其主体的‘自我超越’（卡斯托里亚蒂斯语）运动。”[2]而关于工具理性批

1 特里·伊格尔顿：《后现代主义的幻象》，华明译，商务印书馆2000年版，第63页。

2 韦尔默：《论现代和后现代的辩证法》，钦文译，商务印书馆2003年版，第55页。

判，韦尔默认为阿多诺的“非暴力的统一体”就是理性的自我超越，“与此相对，对同一性逻辑的批判却具有另一层含义，前提是同一性逻辑不但在心理学上被揭下了面具，而且在语言哲学上也被追问和探究。在工具理性的骨子里显示出某种交往实践，因为这对于语言意义的存在是具有决定意义的。这种交往实践既不能约减为某种自持的主体性，也无法约减为某种构成意义的主体性。”[1]另外，韦尔默揭示了后现代主义的歧义性，指出詹克斯的后现代主义建筑美学并不是对启蒙的批判和否定，而是属于“工具理性批判”中的一部分，即它也是理性的自我超越。而韦尔默如此信任现代性自我超越的潜能，在于现代艺术正显现这样的特征，更在于现代社会中日益重要的民主商谈，这种来自日常生活中的潜流正在不断壮大，它既证明了交往理性的合理性，又为理性和现代性的自我超越提供了最有效、最有能量的资源。

其三，现代性的“不均衡性”为它的继续发展提供了巨大的空间和场所。对于全球范围的现代性而言，它并没有如启蒙所许诺的那样把人们带入一个自由、平等、民主与和平的美好世界之中，相反世界各地的现代性暴露出极其“不均衡”的缺陷[2]。不均衡之一是现实的歧视性。现代性秩序的掌控者（一些西方国家）利用种种方式和借口阻挠着“第二世界”和“第三世界”的发展，后两者为跨入现代性的大门常常被迫付给西方国家高额的门票钱。不均衡之二是对弱势群体的思想压抑。例如，西方发达国家刻意而阴险地丑化了第三世界人民，把他们界定为懒散、落后和无知的种族，强调他们天生就是被关照的、被欺凌的贱民；在社会中女性被界定为一个边缘的、可被忽略的角色，在文学中女性形象往往由男性作家界定，更不幸的是殖民地女性，斯皮瓦克揭示出：她们承受着殖民者和男权的双重压抑，是双倍的“属下”和“他者”。但是“不均衡”是一个两面的雅努斯（Janus），一方面凸现了现代性的内在缺陷，引起了人们对

---

1 韦尔默：《论现代和后现代的辩证法》，钦文译，商务印书馆 2003 年版，第 84 页。

2 参见拙文：《不均衡的现代性与审美现代性》，《理论与现代化》，2008 年，第 1 期。另外，詹姆逊谈到过现代主义的不均衡现状，参见詹姆逊：《时间的种子》，王逢振译，江苏教育出版社 2006 年版，第 213、215、225 等页。詹姆逊也指出今天的世界发展是“不平衡”的，甚至发达国家也基本上是“不平衡的”和“不同步的”。参见杰姆逊：《晚期马克思主义——阿多诺，或辩证法的韧性》，李永红译，南京大学出版社 2008 年版，第 12 页、第 279 页等。

现代性的质疑；另一方面，它类似文本中的“空白”一样，在召唤着现代性这条河流（齐格蒙特·鲍曼语）继续流动，并为现代性提供了广阔的空间和场所，同时它为现代性走向多元化而非同一化提供理论支持。为此，艾森斯塔特说：“毫无疑问，所有这些发展趋向都表明，多元现代性或对现代性的多元解释获得了不断的发展，尤其重要的是，出现了一个非西方化的趋势，切断了现代性与其‘西方’模式的联系，在某种程度上剥夺了西方对现代性的垄断权。在这个广阔的背景下，欧洲或西方的现代性（或几种现代性样式）不能被看成是唯一真实的现代性，它实际上只是多元现代性的一种形式。诚然，不仅在现代性的起源方面，而且在其不断扩张和重新解释的过程中，西方现代性都发挥了特殊的作用，但它仍然只能算是现代性的一种样式。”[1] 这种思想给予了那些坚持现代性的人们以信心，使他们相信建构自己的现代性的可能性，同时提醒了那些“西方中心主义”者不要妄想以西方模式来同化全世界、来压制现代性的多元化发展。

四　交往与对话的现代性

首先，交往与对话的内涵。

其一，语言是人们“介入”世界的“解码器”（萨特语），它的目的在于沟通。首先，萨特认为，人们说话不只是为了“轻轻地触拂事物”，而是为了对事物采取行动；语言不是要表露人们的“与世无争的静观行为”，而是要介入事物之中；任何东西一旦被叫出名字来，它就无法保持自身的平静和自身的秘密，它的本质便被语言揭示出来了。他说道：“所以，我在说话时，正因为我计划改变某一情境，我才揭露这一情境；我向自己，也向其他人为了改变这一情境而揭露它；我触及它的核心；我刺穿它，我把它固定在众目睽睽之下；现在它归我摆布了，我每多说一个词，我就更进一步介入世界，同时我也进一步从这个世界冒出来，因为我在超越它，趋向未来。”[2] 其次，萨特指出：通过语言，人们进行着交流和沟通，“它是我们的甲壳和触角，它保护我们不受别人的侵犯，

1　艾森斯塔特：《反思现代性》，旷新年，王爱松译，三联书店 2006 年版，第 105 页。

2　萨特：《萨特读本》，艾珉选编，人民文学出版社 2005 年版，第 531 页。

并为我们提供有关别人的情况，它是我们的感官的延长。我们处在语言内部就像处在自己身体内部一样；我们在为抵达别的目的而超越语言的同时自发地感到它，就像我们感到自己的手和脚一样；当别人使用语言的时候，我们对它有感知，就像我们感知别人的四肢一样”。[1]总之，在萨特看来，语言既是个人感知事物和改造事物的一个有效工具，借助语言，个人的潜能得到了发挥和挖掘，语言又是主体间交往和对话的一个重要媒介，凭借语言，人们消除了隔阂，达成共识，但这种共识不是一个强制性结果，而是双方包容、协商的结晶。

其二，借助着作品，作家与读者进行着交流和对话。萨特阐述道：说话是为了揭示和介入，更是为了变革，因此对于作家而言，语言就是“上了子弹的手枪”（勃里斯·帕兰语），只要他说话，就是在射击，就要像一个男子汉一样瞄准目标果敢地射击。所以他强调：文学的目的就是“作家选择了揭露世界，特别是向其他人揭露人，以便其他人面对赤裸裸向他们呈现的客体负起他们的全部责任。……作家的职能是使得无人不知世界，无人能说世界与他无关。一旦他介入语言的天地，他就再也不能伪装他不会说话：如果你进入意义的天地，你再也无法从中脱身了；还是让词语自由自在地组织起来吧，它们将组合成句子，而每句话都包含整个语言，指向整个宇宙”[2]。另外，萨特指出：作家往作品中投入的豪情和想象力需要读者来挖掘和再创造，只有这样，作家所主张的自由才能得到实现，因此审美意识是一种召唤，它召唤读者进入作品中阅读和再创造作品的内容。这样，进入作品中的读者就和作家共同承担起揭示、建构和完善整个世界的责任，此时，作品成为连接作家和读者的桥梁，通过作品，作家根据他要倾诉的对象来构思和布局，而读者则从作品中了解到作家的初衷，进而丰富了自己的思想。

其三，交往和对话的终极目标是实现全球性交往和对话，实现全世界的“永久和平”（康德语）。哈贝马斯认为全球性危机把世界的各个民族“牵扯”在一起，形成了一个风险共同体，来共同面对全球性的灾难，“全球性的危险与

1　萨特：《萨特读本》，艾珉选编，人民文学出版社 2005 年版，第 530 页。

2　萨特：《萨特读本》，艾珉选编，人民文学出版社 2005 年版，第 532 页。

日俱增，它们悄悄地迫使世界上各个民族不由自主地组成一个风险共同体；从这个角度来看，的确有必要在跨民族层面上建立起具有政治行为能力的机构。暂时还没有什么集体行为者，能够担当起管理世界内政的使命，并且能够就必要条件、协议和程序达成一致。面对这样一种压力，民族国家联合成为了一个更大的统一体。”[1]在当前情况下，哈贝马斯认为欧洲具有一定的先天优越性，因为在经济、社会以及行政等方面欧洲已经协同发展很久，而且具备相同的文化背景与战争带来的深刻经验教训，因此建立一个欧洲交往共同体是切实可行的。但是要建立一个理想的全球性交往共同体，他认为则是一项任重道远的任务，因为联合国虽然在应对全球性危机（例如核危机、全球的气候和疾病等）上发挥着重要的作用，可是，由于它缺乏一种行政权力和一定数量的军事力量，而且各个国家的经济、政治、文化等方面的差异非常明显，所以联合国所能发挥的作用是有限的。但是哈贝马斯并不太悲观，因为他从普通民众身上发现了强烈的责任心和使命感，他们希冀以非政府组织方式来“曝光”与解决一些世界性危机，“如果得不到国民已先行发生转变的价值取向的响应和支持，即使政治精英首脑能够倡导制度创新，他们所处身的社会也无法实现制度创新。因此，这类‘设计’的主要承担者不是政府，而是社会运动和非政府组织，即超越国界的公民社会的积极成员。”[2]的确，由于一直涌动着为世界性危机而劳作的民众这样巨大的暗流，因此在此暗流的推动和影响下，跨国界的交往和合作会越来越多，这有助于一个世界性共同体逐渐地渗透到民众心目之中，并逐步地被付诸于实践之中。

其次，交往和对话：现代性继续发展之动力和目标，这表明它们既为现代性带来了活力和动力，也成为了现代性发展和奋斗的目标。

其一，艺术方面，交往和对话既是具体作品的生命之本，也是艺术整体的生存之道，还是民族文化发展的正确途径。首先，艺术作品不是艺术家的私有品，而是艺术家和读者的共同财富。萨特认为作家是为了读者而创作的，而非为了自我娱乐和消遣，因此作家创作时要考虑读者的性质和需求，创造之后要

1　哈贝马斯：《包容他者》，曹卫东译，上海人民出版社 2002 年版，第 173 页。
2　哈贝马斯：《后民族结构》，曹卫东译，上海人民出版社 2002 年版，第 68 页。

召唤读者来阅读和阐释作品。这表明：只有读者进入了作品之中并创造性阐释之后，作品才变得富有活力和意义，否则作品只是一堆文字而已。萨特说："作家为诉诸读者的自由而写作，他只有得到这个自由才能使他的作品存在。但是他不能局限于此，他还要求读者们把他给予他们的信任再归还给他，要求他们承认他的创造自由，要求他们通过一项对称的、方向相反的召唤来吁请他的自由。这里确实出现了阅读过程中的另一个辩证矛盾：我们越是感到我们自己的自由，我们就越承认别人的自由；别人要求于我们越多，我们要求于他们的就越多。"[1]就是在"召唤——更高的要求——进一步改进——再召唤"这样的循环过程中，作家、作品和读者之间建构了一种良性的对话关系，从而使它们都受益匪浅。其次，交往和对话保证了艺术的自律性和他律性。阿多诺认为艺术本性是喜欢交往的，"艺术作品之所以喜好交谈，正是因为它们个体构成要素之间需要沟通，而这些构成要素不同于那些处于纯然传布状态中的事物。作为人工制品，艺术作品不仅进行内在交流沟通，而且还同其极力想要摆脱的、但依然是其内容基质的外在现实进行交流沟通。艺术摒弃强加于现实世界的概念化解释，但其中却包容着经验存在物的本质要素"。[2]正是交往和对话保证了艺术的自律性和他律性，使得艺术既有一定的独立性，又处于一种社会环境之中，从而使艺术不至于因自闭而窒息、因顺从社会而迷失自己。再次，交往和对话可以创造一种新的民族文化。列斐伏尔指出："民族性中重要的是把从国外文化借鉴的（1815 年获得成功）与法国的传统和历史中的要素高度融合。在抢救在它们国家中一定程度上已成为'经典'化石的英语和德语著作过程中，这样的融合会把它们包含于法国蒸蒸日上的浪漫主义之中，从而冲破了沙文主义狭隘的态度和解放者的偏见，进而创造一种新的民族文化。"[3]在他看来，经过合理地吸收和借鉴，民族文化如同被注入了一股新鲜血液一样，焕发出生机和活力，甚至一定程度上民族文化是否有活力、有创造力以及能否与时俱进，主要看它的同化能力、融化能力如何，当然，文化的融化、移植、同化要立足于合理的交往和对话基础之上，而不能采用生硬的搬运和强制的命令。

1 萨特：《萨特读本》，艾珉选编，人民文学出版社 2005 年版，第 553 页。

2 阿多诺：《美学理论》，王柯平译，四川人民出版社 1998 年版，第 7—8 页。

3 Henri Lefebvre，*Introduction to Modernity*，*introduction*，P248.

其二，哲学上的论证有助于人们恢复对现代性的自信，从而继续建构现代性。首先，交往理性纠正了主体理性带来的偏差，为现代性提供了新的动力。哈贝马斯认为出现危机的现代性不是说现代性将要终结，而是说明现代性的潜力远未被挖掘出来，而工具理性批判和非理性思想都是一种主体哲学、意识哲学，因为它们只从主体的角度而没有从主客体的双方立场来思考问题，所以它们必然会陷入悲观（如阿多诺）或拒绝（如尼采）这样困境之中。而他相信：交往理性既可以激发交往双方的积极性和创造性，还可以建构一个良好的人际关系；交往理性既凸现出人类交往的规范性，它还扎根于变动不居的现实生活之中，即将理论与实践有机结合；这样，交往理性既不断地帮助现代性确立自身，挖掘出它的潜能，又能持续地吸收外在的资源来充实现代性，当然也就会重新赢得人们对现代性的信任。其次，交往理性拥有民主的因素，它使得商谈持续进行。韦尔默认为交往理性包括交往和理性两个方面，"交往"揭示了日常语言交际的复杂结构，而"理性"表现了获得解放的意识的规范核心，而交往理性"这一概念之中包含着现代性意义上的'开放社会'的观念，即一个后—传统的、可以从多方面去理解的民主的观念。因此，交往理性这一概念也表明了诸多条件，除了在普遍基本价值的元—层面之上，在这些条件下，理所当然地不可能再存在什么具有普遍约束力的含义系统（詹克斯）。"[1] 在他看来，交往理性提倡多元化的价值、含义和生活方式，而多元化便是释放交往潜能的必然结果，它使得人们不必局限于单一的价值判断之中以同一种眼光来看待事物，而可以本着自由、民主的宗旨，从多个视角分析和阐释事物。再次，星座理论给如何处理主体间关系带来启示。本雅明指出："理念是永恒的星座，根据在这个星座中作为各个点的诸因素，可以对现象进行细部划分，同时恢复其原样；这样，概念为履行其功能而从现象中抽取出来的那些因素就明显地见诸于各个极端。……正如母亲只有当孩子们紧紧围在身旁而产生亲近感之时，才开始生活在真正充实的权力中一样，理念也只有当各个极端都聚集在周围之时才具有生命。理念——或用歌德的话说，理想——就是浮士德式的'母亲'。"[2] 犹如本

1 韦尔默：《论现代和后现代的辩证法》，钦文译，商务印书馆 2003 年版，第 139 页。

2 本雅明：《德国悲剧的起源》，陈永国译，文化艺术出版社 2001 年版，第 7—8 页。

雅明“星座”中的理念，主体们既具有一定的独立性，不存在隶属关系，又同处于一个“星座”之中，具有一定的依存关系。

其三，社会层面上的承认，丰富了交往理性，促进了现代性的未竟事业。首先，主体间的相互承认既确保了各自的自由，又确立了集体的利益。萨特说：“在我思故我在之中，人们不仅发现了自己，而且还发现了他人。我们与笛卡尔的哲学不同，与康德的哲学也不同，通过我思，我们充分意识到我们的存在是与他人相对而言的，因此我们像充分意识到自己的存在一样，也意识到他人的存在。这样，通过我思，直接意识到自己存在的同时，也发现了所有其他人的存在，而且是作为他自己赖以存在的条件而发现的。”[1]在他看来，在这种相互确认的交往之中，每个人都得到了来自他人的承认，这既有助于确立自我的同一性，又有益于建构主体间的亲密关系，从而在一个和谐的、团结的集体中实践着良好的交往和对话关系。其次，民主的伦理生活为主体间的交往赋予了民主因素，现实的偶然性促使交往的无限化。韦尔默阐述道：交往是一种自反性观念，交往者在相互承认的同时，又可以从自我的立场来指出对方的缺点，自己也可以学习他者的立场来看待自身，从而丰富了交往理性的内涵；融进了民主资源的交往理性会变得更丰富、更有活力，更容易取得更多的共识，但这样的共识不全是绝对意义上的而只是某一时间段的共识，因为现实中充满着偶然性和不确定性；大量偶然性的存在瓦解了必然性的控制，它使得一种封闭的、守旧的语境不再可能，同时对偶然性的承认意味着对他者、弱势群体的认可，意味着对主体间商谈的赞同与对民主自由制度的肯定性。因此，韦尔默认为对偶然性的承认具有一种颠覆性效果，它为现代性的民主和自由主义原则提供了“附加”的论证[2]，从而极大地促进交往理性的发展和现代性的进步。再次，蔑视经验丰富了承认思想，激发了主体的反抗意识，促进了现代性的未竟事业。霍耐特指出在交往过程中个体除了得到他者的认可之外，有可能遭遇“蔑视”和“伤害”，这使得原本单维的承认思想变得复杂或者说更丰富起来，因为包含强暴（身体上）、剥夺权利（法律上）以及侮辱（交往地位上）等蔑视经

1 萨特：《萨特读本》，艾珉选编，人民文学出版社 2005 年版，第 644 页。

2 韦尔默：《后形而上学现代性》，应奇、罗亚玲编译，上海译文出版社 2007 年版，第 337—338 页。

验加入到承认之中。但霍耐特并不认为蔑视经验是一种有害无益的事物，相反他相信：蔑视经验作为承认的否定一面，可以刺激个体的反抗力量，使他变得积极、主动起来。他说："正如集中体现在肉体虐待、剥夺权利和侮辱中那样，仅仅是因为人类主体根本无法以情感中立的方式对社会伤害作出反应，社会生活世界中相互承认模式就有得以实现的机会。因为，伴随着使个人的承认要求被蔑视的经验而产生的每一种消极的情感反应，都延续了一种可能性，即那种对个人的不公正将在认识上自我展示出来，并成为政治抵抗的动机。"[1] 在霍耐特看来，如果主体能够辩证地看待这些蔑视因素，他就会把它们转化为前进的动力，使自己借此反动力而提升自己的意识和思想，使自己变得更丰富、更坚强，而主体能力的提高无疑会促进了现代性的建构。

总之，围绕"完整的人"这个理念[2]，审美现代性的这四个内涵构成一个有机体，它们大致上呈线性发展，即批判——反思——坚持——交往和对话，这说明了人们对现代性的认识由原初的不满和批判走向了冷静的反思，再有柳暗花明又一村的信心的恢复，最后到挖掘出现代性的自我超越潜能以及确立了现代性的进一步发展目标。这样的轨迹可以从卢梭——本雅明——哈贝马斯——韦尔默等人身上体现出来，当然这四个内涵也并非是绝对的历时关系，有时呈现共时关系，例如哈贝马斯身上就集中着批判、反思、坚持和交往四种因素，而这表明四者是一个完整体，也说明现代性自身的状况是丰富多样的。无论如何，我们可以看出，批判现代性中的揭示和揭露并非要彻底地否定和摒弃现代性，而是希望找出病症的根源，从而更准确地诊治现代性，即批判走向了冷静、客观的反思；反思现代性中的分析和反省增进人们对艺术自身和社会现象的认识和了解，并提出了解决问题的方法和途径，即反思给了人们坚持的信心；坚持现代性给予了思辨叙事和解放叙事以莫大的信任，并充分地挖掘出交往理性的潜能和民主力量，即坚持的美丽前景就是交往和对话的现代性；而交往和对话既激活了现代性的内在动力，又促进了现代性与后现代性之间的对话，因此一定程度上交往和对话既是现代性继续发展的一种动力，又是现代性前进的一个

1　霍耐特:《为承认而斗争》，胡继华译，上海人民出版 2005 年版，第 147 页。

2　曹卫东:《从"全能的神"到"完整的人"——席勒的审美现代性批判》,《文学评论》, 2003 年，第 6 期。

美丽前景，但是交往和对话自己无法完成这样的神圣使命，它需要与批判、反思和坚持等共同规划和协同完成更完善的现代性方案；而审美现代性的一切初衷和意图都是为了实现人的完满性，兑现现代性发轫之始所给予人们的幸福的诺言，这需要充分地发挥它四个内涵的作用，有机地协调它们之间的关系，当然实现“完整的人”这样的理想和更合理的现代性规划的过程是路漫漫其修远兮，需要全世界人民上下求索！

第一章　中国历程：西马批判美学的引入、契合与局限[1]

西方马克思主义批判美学在20世纪文化开放与思想解放的条件下被引入到中国当代文艺美学中来，对当代中国马克思主义文艺美学、艺术问题、文化批判与现代性话语建构等方面产生了重要且深远的影响。

一

“文革”结束后，文学创作作为文艺领域的实践环节率先表现出了新的美学探索，首先是“伤痕文学”，其次是“反思文学”的创作实践，传达出了文学对自身的最初渴望，虽然，这种渴望在今天看来仍然使用着与过去时代类似的表达形式，但是，作为一种“言词”背后的“声音”，却已经体现出与以往文学的区别，那就是将“审美”本身作为一种美学要求提了出来。

一个值得注意的现象是，无论是对“伤痕文学”与“反思文学”持称赞态度的人，还是对其创作方法持有异议的人，其立足点却都不约而同地站在了把审美性从以往的政治性约束中解放出来这一自觉的要求上。“‘文革’刚刚结束，非常僵化的文学教条还严重地束缚着文学——比如‘文学从属于政治’，文学一定要写‘典型环境中的典型人物’，以及从样板戏里总结出来的‘高大全’等等，这些‘艺术原则’都成为不能违背的教条，成为文学‘解放’的严重障碍。在那种情况下，作家只有冲决、抵制、批判这些文学教条，写作才能解放，才可能

1　本章由施立峻撰写。施立峻，文学博士，上海交通大学讲师。

发展一种新的写作。”[1]这可以看作是一个客观的叙述。在这种叙述中，“伤痕文学”与“反思文学”的“冲决”与“批判”意识更多地体现为一种情绪的传达，而不是一种新的文学形式的体现，因而，对“伤痕文学”与“反思文学”也就有了不同的看法。“评论界当时普遍认为这是一种新的文学发展（所谓‘新时期文学’），把它看成是‘拨乱反正’在文学领域的具体实践，具有非常的创新意义。但是我一直对这种写作评价不高，觉得它基本上还是工农兵文学那一套的继续和发展，作为文学的一种潮流，它没有提出新的文学原则、规范和框架，因此，伤痕文学基本上是一种‘旧’文学。”[2]用“新的文学原则、规范和框架”来要求伤痕文学与反思文学，似乎有些责之过切，但是在这种不满中，却表达出了对文学创作新的审美原则与观念的渴盼。

一方面，文学创作的实践已经内在地提出了需要建立新的审美原则的要求，另一方面，新的具有审美特点的美学理论又无法从艺术实践中直接加以抽取与提炼，这就促使人们把对审美观念的热情从单纯依靠艺术实践的做法中转移出来，文学批评与美学理论的崛起更为有效地促进了新的美学观念的形成。从宏观上讲，“伤痕文学”与“反思文学”后的“寻根文学”以及“先锋派小说”都是直接在西方现代审美理论与观念的触发下进行的艺术实践。[3]从20世纪80年代中期开始，不是艺术创作的实践，而是美学理论的探索、创新与争鸣成为美学艺术领域的主角。审美研究视角的变化成为这种变革的先声。我们可以把刘再复在这个时期的文章做一个代表来说明这个问题。他在文章中说：“我们过去的文学研究，主要侧重于外部规律，即文学与经济基础以及上层建筑中其他

1　蔡翔：《何谓文学本身》，《当代作家评论》，2002年版，第6页。

2　同上。

3　这里涉及的问题较为复杂，在这里，我是从两种文学在特定历史条件下的美学共同性的意义上来加以概括的。对“寻根文学”与“先锋小说”的分析还需要作具体展开，这方面的内容有大量的当代文学方面的资料可以作为说明，限于篇幅，在这里不再具体论述与说明。不过，需要做出特别说明的是，“寻根文学”的创作与“先锋小说”的出现更大程度上是在美学观念的先行激发下产生的。在这一点上，两种文学在程度上还存在着差异，相比较而言，先锋小说不仅有观念的激发，而且还更直接地体现为对西方现代主义文学的直接模仿。对这种模仿的性质还可以作进一步的讨论，但总的说来，也包含着观念的激发与艺术形式的模仿意义。

意识形态之间的关系，例如文学与政治的关系，文学与社会生活的关系，作家的世界观和创作方法等，近年来研究的重心已转移到内部规律，即研究文学本身的审美特点，文学内部各要素的朴素联系，文学各种门类自身的结构方向和运动规律，等等，总之，是回复到自身。”[1]这种文学研究的转向以“回复自身”来加以总结，其要旨并不在于划定一个新的研究领域，要知道，当文学向自身回复就意味着美学思维在审美性问题上的无限展开。审美观念领域的转变以及对这种转变的迫切需要，促使文艺美学领域开始了大规模的对西方现代文艺美学思想的介绍和引进的活动和工作，从此开始了一场影响深远的文艺美学思想解放运动。

新时期的文艺美学思想解放运动打开了人们的思想视野，改变了人们对西方文化与思想原有的褊狭看法，这在客观上也为西方现代文艺美学的大规模引进创造了条件。80年代初期对西方文艺思潮的介绍还停留在单篇的、零星的译文形式，散见于当时的《文艺理论研究》、《文艺理论译丛》和《外国文艺思潮》等杂志上。到了80年代中后期，对西方文艺思潮的介绍就越来越呈现出大规模的状态。国内出版了中国社会科学院外国文学研究所编《二十世纪欧美文论丛书》、《当代外国文艺理论丛书》和胡经之、张首映主编《西方二十世纪文论选》等数以十计的研究资料与译文集。在以后的短短十年间，这种介绍与引进已经遍及西方文艺思潮的各个不同角落。在大量的译文集中，尤以李泽厚主编、由辽宁人民出版社出版的《美学译文丛书》、上海译文出版社出版的《二十世纪西方哲学译丛》以及北京三联书店出版的《现代西方学术文库》最为重要。其中上海译文出版社与北京三联书店的这项工作不仅质量高，而且其工作一直持续至今。人们在这个过程中也迅速体验了西方现代文艺思想在百年中的复杂情绪（当然，这种体验不仅是快速的，也是浮光掠影式的）。通过这些研究资料和译文集，西方百年来的文艺美学思想，诸如精神分析美学、英美新批评美学、现象学美学、存在主义美学、阐释学美学、生命美学、直觉论美学、神话原型美学、符号美学、西方马克思主义美学、结构主义美学、接受美学、解构主义美学、女性主义美学等悉数登陆中国。其中，对法兰克福学派的批判美学是在对

1 刘再复:《文学研究思维空间的拓展》,《读书》，1985，2、3。

西方马克思主义美学的介绍中进入到当代中国的美学视野中的。

二

批判美学一经进入中国当代文化的视野，就立即与当代中国美学的实际需要相互获得了契合。由于批判美学是作为西方马克思主义美学之一部分被介绍和引进当代中国的，这样，最初与当代中国文艺美学现状发生联系的就是整体的西方马克思主义美学，当然也包括批判美学。就西方马克思主义美学与批判美学而言，也存在着理论上的渊源关系，并且在讨论的问题上也基本上采取了共同的立场。那么，是什么原因导致了批判美学与当代中国文艺美学的契合呢？

首先，西方马克思主义美学与当代中国占据主导意识形态地位的马克思主义存在着直接的理论渊源关系，这是批判美学能够迅速在当代文艺美学界引起反响的重要原因。西方马克思主义美学在它自身的发展历程中，始终关注着社会历史的现实进程，对新时代中出现的新问题始终保持着敏锐的感受和判断，加上西方马克思主义美学在理论渊源的关系上与在中国占据主导意识形态地位的马克思主义又存在着最为切近的理论关联，这样，在马克思主义美学中所关心的理论问题以及这些理论问题在当代社会现实的实际运用，就可以在西方马克思主义美学中找到最为直接的对应之处。就西方马克思主义美学而言，其理论家们也大都一直自诩为是马克思思想在当代的解读者和运用者，而在他们对当代问题的回答中也自觉地与马克思所论述的问题联系起来，从这个意义上说，西方马克思主义美学始终保持着与马克思主义美学的密切与直接的联系。对包括批判美学在内的西方马克思主义美学的介绍与引入也有利于马克思主义美学的进一步发展。由陆梅林选编的《西方马克思主义美学文选》是最早引进批判美学的美学文选之一，于1988年由漓江出版社出版。这一选本比较多地体现了这一思想[1]。以后由董学文、荣伟选编的《现代美学新维度——“西方马

1 陆梅林:《西方马克思主义美学文选》，漓江出版社，1988年版。该书收辑了布洛赫、本雅明、马尔库塞、费歇尔、阿多尔诺、勒菲伏尔、萨特、戈德曼、阿尔都塞、马歇雷、雷蒙德•威廉斯、伊格尔顿、杰姆逊等13位美学家的理论文章。

克思主义"美学论文精选》扩大了国内对西方马克思主义美学原始资料的占有。以后冯宪光的《"西方马克思主义"美学研究》[1]和陈厚诚、王宁主编的《西方当代文学批评在中国》[2]中关于"西方马克思主义批评在中国"的专题研究，也都是从这个意义上加以展开的。在这里，还需要强调的是，批判美学既延续了对马克思主义理论问题的现代考察，也自觉地以纠正教条主义式的、苏联模式的马克思主义美学为理论出发点，从而形成了批判美学在马克思主义立场上的复杂性与现代性。这应该是当代中国文艺美学主动寻求批判美学的现实动因。

其次，批判美学以对艺术问题的关注与深刻的理论研究而著称，这引起了中国当代美学界的重视。由于批判美学对艺术问题的关注是以建立新的认识论基础作为起点的，这就使它的艺术理论不仅表现出本体论的气质，而且也表现出试图重新建立与现实生活关系的要求，这对于原本建立在反映论基础上试图开辟出新的艺术研究空间的当代中国美学而言，实在是一种迫切的需要。霍克海默在《传统理论与批判理论》中对批判理论的认识论基础的重新设定，为当代中国美学重新开始重视艺术自身规律的要求提供了理论启示。相对于马克思主义美学而言，批判美学是不主张经济决定论与社会决定论的，这对于经历了几十年单一的社会决定论的当代中国美学而言，不啻是期待已久的理论召唤。"在西方'新马克思主义'中，法兰克福学派是影响最大的派别之一。如果说以卢卡契、本亚明、葛兰西为代表的文论家在西方开辟了一条研究马克思主义文论的蹊径，那么，法兰克福学派却在研究马克思主义文论方面更具独特风姿。无论就其独特性抑或片面性来说，法兰克福学派的文论比早期的新马克思主义文论都更为突出。"[3]这是一本在八十年代后期名为《西方二十世纪文论史》的高等教育教材的书中的话，在这里，法兰克福学派被作为具有美学特质的思想整体从"西方马克思主义"的笼统称呼中区别出来了，虽然，其中对本雅明的归属问题还不甚清晰，但这种区分却是很能够说明问题的。它表明，批判美学对艺术自律问题的关注已经超出了西方马克思主义在社会文化意义上所进行的文化批判的范围，并且在当代中国文艺美学领域找到了理论对接点。在当代中国

1 冯宪光:《"西方马克思主义"美学研究》，重庆出版社，1997。

2 陈厚诚、王宁:《西方当代文学批评在中国》，百花文艺出版社，2000，第184—247页。

3 胡经之、张首映:《西方二十世纪文论史》，中国社会科学出版社1988年版，第343页。

文艺美学的新时期中，寻求艺术（包括文学，在论述中又往往是以对文学的论述来代替对艺术整体的论述）作为“审美主体”的渴望从八十年代中期就开始成为文艺美学领域理论讨论主题中的主题。理论界为了确立这一审美主张，从两个方面寻求到了理论与历史资源：一方面是王国维、宗白华等近、现代美学理论家所开创的历史传统，另一方面是从西方近、现代文艺哲学所形成的审美论历史传统。这两种传统在新时期文艺美学领域获得了汇通融合。在这两种传统的汇通融合之中，一些美学理论家特别强调了康德美学的非功利原则。[1]值得关注的是，在康德那里，审美是“纯粹理性”与“实践理性”之间的桥梁，是人类的一种纯粹的主体性活动，这种活动是自主的，同时也是自律的。在《判断力批判》里，康德把审美活动与人类的各种其他活动严格区分开来，借以进一步限定审美活动的范围。康德通过这种方法，为审美活动划定了一个不受现实社会利害关系左右与影响的世界，即一个纯粹的审美世界。这个世界不仅与现实世界不存在利害关系，而且就这个世界本身而言，也必须保证在不受到现实利害关系影响的前提下，才能获得充分的发展。“在康德的审美非功利学说中，维持生存、自我保护因素已荡然无存，审美活动成为纯粹的自我实现、自我超越，成为人的主体性、人的最高度的自主性的体现。这种对审美的功利性的剔除和自主超越性的强调，正是中国新时期某些文论家建构文学审美论，寻求文学的本体自由的哲学支撑，以及文学的审美规律寻找者的精神向导。”[2]我们注意到，在王国维与宗白华的理论渊源中，康德都是一个重要的思想家，而在批判美学的思想言路中，康德美学也是其重要的理论源头，这样，对康德美学的强调就在上述两种历史资源间建立起了互通与积极的对话关系，这就进一步激发了新时期中国文艺美学从审美功利论走向审美自律论的热情与信心。

1986年，刘小枫的《诗化哲学——德国浪漫美学传统》（以下简称《诗化哲学》）的出版是一个引人注意的事情。这部作品虽然不同于李泽厚主体论审美哲学的立场，但是他的审美自律论的意图却是十分清晰的。严格说来，《诗化哲学》的主要成绩是把审美从主体论的审美活动领域推向了审美本体论的领域，这意

1　李泽厚曾就这个问题作过专门论述，成为一个阶段以来中国美学界就审美问题达成的共识。可以参见《美学四讲》一书，北京三联书店，1989年版。

2　张婷婷：《中国20世纪文艺学学术史》（第四部），上海文艺出版社2001年版，第205页。

味着：一切艺术的历史以及和这一历史相关的思想都必须在审美本体论的视野中重新加以审视。就审美自律论作为一个美学目标而言，这是一次在主体论原则基础上的更大程度的推进。《诗化哲学》并不满足于李泽厚单纯从康德那里获得理论支援的做法，而是要将自康德以来的审美的非功利性学说在它继续推进的历程中划出一条通往当代的路线。从表面上看，这虽然是刘小枫个人的理论选择，但是在他的理论选择中所透露出来的却是当代文艺美学界的共同理论关切。从审美功利论向审美自主论的转变需要一个新的视角，这个视角可以解释自康德以来的美学历史是怎样形成并延续的，而且这一历史叙述也应该成为当代美学变革的思想资源。《诗化哲学》把艺术活动与艺术历史都看作是有思想起源的成果，这种思想不仅是一种理论形态，更是一种精神气质，它们以浪漫精神的形式固定下来，而理论则赋予了它精确的表述形式。

《诗化哲学》实现了这样一种理论叙述：现代美学本体论的建立可以追溯到德国古典哲学那里，即在康德的美学叙述中已经孕育了可以不断被本体化和浪漫化的艺术精神，或者说是浪漫精神。“针对唯理主义的自信，康德规定了以逻辑为基础的思维方式的权限，认定它只能认识现象世界，根本触及不到纯粹道德的、信仰的物自身。费希特则把康德的纯粹道德的自我进一步理性化、思辨化，上升为本体论意义上的意志。谢林、施莱尔玛赫、辛克莱尔、诺尔格等浪漫派美学家把自我、直觉、情感作为自己哲学的重要根据，纷纷推演出一大套理论。早期浪漫派诗群中的诗哲 F. 施勒格尔、诺瓦利斯、克莱斯特、蒂克充满激情地追求着诗化的世界，拼命反抗功利化、机械化的世界。”[1]“反抗功利化和机械化的世界”就是审美自律论的首要要求。刘小枫把这种要求转化为一种自始至终延续不断的历史过程，并且也要求历史表现出主动的选择态度。这种美学叙述的立场比单纯美学思想的叙述更能起到对美学当代转型的推动作用。《诗化哲学》把历史叙述放在“人与社会解放”的更为开阔的背景上，并且在“诗与自律”的章节中做出了总结：“马尔库塞说，艺术凭借他的审美形式使自己成为一个和既定的社会关系相对立的自律领域。作为自律领域，艺术即反抗这些社会关系，又超越这些社会。艺术有自己的对象，自己的人类学的依据、

1　刘小枫：《诗化哲学》，山东文艺出版社 1986 年版，第 9 页。

自己的形式组织。它并不依赖于生产力、生产关系这些外在经济因素的规定，也并不总是屈从于特定的社会阶级的利益和观念。艺术的永恒领域是爱恋、激情、灵性、想象、悲哀、欢乐、苦恼、希望，以及个人的历史命运、遭遇、苦难和追求。艺术的普遍性就在于它超越出某一特定的经济范畴、阶级观念，紧紧依持于人类的个体本身。欢乐与忧伤、喜悦与绝望、爱欲与死神之间的不可抗拒的纠缠是永远无法消溶在阶级斗争的问题之中的。”[1] 马尔库塞的批判美学思想无疑已经转化为了当代审美自律论的理论前提。我们现在来看这样的叙述，明显可以看出对批判美学进行当代的“中国式改写”的痕迹，也就是说，对批判美学的历史叙述已经急切地转化为现实的批判性叙述，在马尔库塞那里以“新感性”所表达的理想社会的解放性质现在已经具体化和现实化为“艺术”或“审美”的自身解放了。

自从席勒在《素朴的诗与伤感的诗》中对文艺创作存在的两种不同的创作方法——现实主义和浪漫主义进行了最早的美学概括以来，艺术的创作原则和方法问题就一直成为文艺美学关注的重要问题。就像安德森所说的那样，“‘西方马克思主义’典型的研究对象，并不是国家和法律，它注意的焦点是文化。”“在文化本身的领域，耗费‘西方马克思主义’主要智力和才华的，首先是艺术。”[2] 所以，批判美学的当代中国化的过程凸显的是在文化领域中文艺美学从文化功利主义的立场转向文化自主论的新立场的意愿和要求。这种意愿和要求反映在创作方法和原则上就是从以往的现实主义的大一统的整体格局中分化出来，追求一种具有浪漫主义精神和气质的新的创作方式和文艺批评的原则。文艺美学在新时期以来的理论建设中体现的正是这种大变化。冯宪光在他的《“西方马克思主义”美学研究》一书中把布洛赫、勒斐伏尔和马尔库塞的美学分别称作“希望美学”、“新浪漫主义美学”和“超越现实的美学”，这种概括大致抓住了几种不同美学各自的特征。冯宪光将这三种不同的美学共同概括为“走向浪漫主义的美学”，更是体现了批判美学的共同精神气质，即一种浪漫美学的气质。这也就不难理解刘小枫要把浪漫派美学的历史从康德以来一直延续

1 刘小枫:《诗化哲学》，山东文艺出版社 1986 年版，第 266 页。

2 《西方马克思主义探讨》，人民出版社 1981 年版，第 96—97 页。

到批判美学，并且借批判美学表达“人与社会全面解放”的浪漫原则的美学诉求了。除了上面提到的走向浪漫主义的美学以外，阿多诺的“救赎”美学和本雅明的“寓言”美学[1]，也同样体现出共同的浪漫美学原则。可以这样讲，批判美学的浪漫美学气质进一步激发了当代中国美学向艺术自律论迈进的热情。

第三，批判美学与当代文艺美学文化批判的需求取得了一致。在新时期文艺美学观念变革之前，文艺美学几乎成为主导性意识形态的单纯附庸，属于文艺自身的要求和特点几乎全部被取消或被掩盖。进入新时期以后，文艺美学在对文艺本体加以追问的同时，也转向了对文艺与社会生活关系的再思考，其中也包含了对文艺与意识形态关系的再思考。意识形态问题在马克思主义美学中是一个得到广泛讨论和深入思考的问题，在整个西方马克思主义美学看来艺术与意识形态的关系问题在庸俗唯物主义那里已经是一个被搞乱了的问题。他们认为，第二国际庸俗马克思主义者与苏联社会主义现实主义的提倡者，都把艺术作为意识形态的直接表达，或者说意识形态是艺术的全部内容，基于这样一种判断，西方马克思主义把正确阐释艺术与意识形态的复杂关系作为自己的首要任务。西方马克思主义在研究艺术与意识形态关系时主要研究了三个方面的内容：

1. 什么是意识形态？对究竟什么是意识形态，西方马克思主义美学家不仅对马克思著作中的意识形态概念作了深入阐释，而且还结合与吸收了现代非马克思主义的思想流派对意识形态的理解，做出了各种不同的解释。根据杰姆逊的归纳，在西方马克思主义美学中存在着七种不同的理解，它们是：错误意识、领导权威或阶级合法化意识、物化意识、日常生活的意识形态、阿尔都塞意识形态国家机器的理论、支配权的意识形态、语言异化意识[2]。这些对意识形态的种种解释运用到文学的分析上，就形成了葛兰西的文化霸权思想，要求摧毁在文学艺术上的资产阶级意识形态文化霸权，谋求建立无产阶级意识形态霸权。批判美学在此基础上形成了对体现物化意识的大众文化、文化工业的批判，也形成了批判美学后期哈贝马斯建立在语言异化分析上的文化交流理论。

1 这里沿用冯宪光的概括性说法，以保持上下文的一致。参见冯宪光：《“西方马克思主义”美学研究》，重庆出版社 1997 年版。

2 ［美］杰姆逊：《后现代主义与文化理论》（精校本），北京大学出版社 1997 年版。

2. 意识形态与艺术本质的关系问题。我们知道，马克思主义美学是从意识形态来界定文学艺术的本质的。而西方马克思主义美学与此不同的是，它认为艺术就是一种意识形态，但同时又不要把艺术简化为意识形态。这是西方马克思主义美学总的思路。从这个总的思路出发，又延伸出各种不同的说法。对批判美学产生直接影响的卢卡契认为，艺术家的现实主义方法有艺术的自主性，可以突破世界观的意识形态局限。他认为，像巴尔扎克、托尔斯泰这样的作家在这些方面成为很好的榜样。批判美学在这个基础上提出了艺术解放的思想。在马尔库塞那里，艺术真正具有解放意义的动力，不仅在于艺术自主性的确立，同时也表现为突破既有的现实社会的规范性束缚，使其不断地升华、塑造为一个崭新社会的新形式。阿多诺更是把艺术的创造性理解为那些"非概念性、个别性和特殊性"的东西。在这里，非概念性是指还没有被抹去质的差别的活生生的存在的具体事物，尤其是指人的作为个别性的具体存在。这样，阿多诺就由人的创造性的艺术活动指向了人的具体存在的新人本主义的方向。阿多诺的艺术自律性的美学立场表达着艺术面对现实的哲学立场，它区别于传统古典时代的哲学，而选择了对现实意识形态加以批判的姿态。

3. 艺术活动与意识形态的关系。自从艾布拉姆斯在《镜与灯》中把文学的组成区分为世界、艺术家、作品和读者观众四种不同的因素以来，这种划分的方法就几乎成为了美学界的共识。批判美学在思考意识形态与文学艺术的关系问题时，往往抓住四要素间动态的相互关系来展开分析与思考，形成了对艺术创作过程的深入分析。在这种思考过程中，历史现实—意识形态—作家—作品的关系成为这个动态活动过程的具体表述形式。卢卡契认为，现实主义作家只有超越世界观意识形态的局限才能使艺术获得突破。这种思想对批判美学思想家们产生了奠基性的影响。马尔库塞在此基础上作了更进一步的探索，他对艺术活动的认识更突出地体现了艺术超越现实社会的愿望。阿多诺则是借对现实社会的简单化与同一性的分析，表达了艺术作为差异性与特殊性存在的意义。这些思想把20世纪文艺美学的重心从对文艺与社会、文艺与作家的关系研究转移到文学文本与接受者的关系上来了。"西马文论的研究虽然进入了研究院，并且采用当代学术文化的概念体系把自己武装起来，但是他们都有用文论和美学来批判当代资本主义社会的明确目的。从这一点看，安德森说西马理论家研究艺术与美学是脱离革命实践的表现的说法，并不准确。”[1]在这种叙述中，批判美学连同西方马克思主义美学都一同成为了批判并改造社会现实的文化力量。比较而论，在当代文艺美学的现代进程中，批判美学在批判僵化的功利论和反映论的美学观方面起到了最为直接的作用。尤其是包含着批判美学在内的西方马克思主义美学特别注意研究艺术与意识形态关系的问题，其本身的意图就在于把艺术从意识形态的桎梏下解放出来。这对于有过以狭隘的意识形态理论来指导和束缚文艺思想的当代中国美学界而言，获得的帮助与启示都是十分直接的。值得注意的是，批判美学的意识形态批判的政治指向也同样明显，一方面是批判资本主义，另一方面是批判苏联模式的社会主义。而在批判美学的思想家那里，比如马尔库塞和阿多诺，就往往把苏联模式中存在的种种问题与资本主义社会的全面异化相互等同起来，所以，当代中国新时期文艺美学对批判美学的借鉴，比较重视的是艺术与审美在实行批判的过程中所具有的解放意义，而忽视了这种批判本身所同时具有的政治指向，或者即使是注意到了，但也还是缺乏对之进行的深入阐释和必要的分析。

第四，批判美学与中国当代文艺美学现代性话语的进一步确立和深化关系密切。中国当代文艺美学对现代性话语的研究和反思开始于90年代。虽然在此之前的近一百年的时间中，中国现代性的历史进程已经展开，作为文化的现代性的展开不仅成为这一过程的先导，而且也在不断推动这一过程的持续进行。但是对这一话语所作的研究和反思也基本上同时始于90年代。这就意味着处于现代性历史过程中的人们已经开始反过身来重新打量这个现代性本身了。批判美学对当代中国文艺美学的现代性话语的深化起到了推动作用。霍克海默和阿多诺在《启蒙辩证法》对现代启蒙的批判性反思加深了当代文艺美学对现代历史与人类关系问题的认识。马尔库塞的《单向度的人》对现代文明的批判，不仅犀利地解剖了现代文明的结构，而且把现代文明的历史与文化的历史性矛盾展现出来，对于当代文艺美学进一步强调以文学艺术的自律性来反抗文化的压抑，提供了理论依据。哈贝马斯的《现代性的哲学话语》、《后形而上学思想》以及他的访谈录《现代性的地平线》对现代性话语的历史展开厘清了在

1　陈厚诚、王宁主编：《西方当代文学批评在中国》，百花文艺出版社2000年版，第194页。

这一领域已经变得日益混乱的理论缠绕。在这些理论思想的激发下，当代文艺美学界也出现了一些研究现代性话语的理论著作。其中有吴予敏的《美学与现代性》、沈语冰的《透支的想象——现代性哲学引论》等著作问世。其中，《美学与现代性》把批判美学放置在一个高度现代性的文化社会中，使其承担起文化批判的任务。这样，它就突出了批判美学对人在这一现代社会历史性中状态的关注，比如，人的本质的异化、人性的整体性的压抑以及人类活动价值体系的消解等问题。在此基础上，该书强调了阿多诺的否定辩证法的理论方法具有的批判价值。由于阿多诺的艺术原则是站在艺术的自主性的立场上的，因而，它赋予了艺术以反抗社会为特征的文化价值。越是工业文明高度发达，越是社会的空前日益繁荣，就越是需要艺术来承担起社会批判的职能。作者把马尔库塞的著作看作是对同一历史过程中社会经济与心理结构的基础性探索。由于马尔库塞吸收了弗洛伊德的精神分析学说的思想，从而形成了爱欲与文明对立的观点，并在弗洛伊德理论的基础上形成了对现代社会的批判性结论。即现代社会是快乐原则与现实原则的对立、感性与理性的对立。压抑性的理性统治将人变成了单向度的人。艺术与审美在现代具有颠覆性的政治作用。艺术应该充分发挥它作为主体力量所具有的反抗作用，使人充分地获得自由与解放。《美学与现代性》延伸了这种批判性思想，并且将这一批判美学的支配性原则反映在了中国美学的现代性叙述中。不过，由于历史的叙述大于文化的诊断，作者对中国现代美学的分析虽然也表达了中国现代性的特殊性与复杂性，但是并未对其中涉及批判美学所形成的多方面话语加以分析。

凭借对批判美学思想资源的运用，当代中国文艺美学形成或进一步发展了几种不同类型的现代性话语。

1. 对大众文化的批判

90 年代初，伴随着当代中国经济市场化的到来，社会文化也呈现出快速的世俗化转变。当代文艺美学也在社会的转型中发生着变化。在社会市场化之前，中国社会还是一个高度统一的社会，社会内部各个系统缺少分化，文化自身的运作缺少自律的性质，其文化的合法性是以依赖意识形态的体制化力量来实现的，文化与文艺美学事实上成为政治权力话语的直接表达形式。社会市场化改变了这种单一的文化结构形式，文化呈现出多元互动的基本形态。一部分知识话语从主导性话语中游离出来，并使自己呈现出更多的精英文化的特点。与此同时，大众文化作为一种新的文化种类也在这一时期中以快得惊人的速度生长起来。大众文化是社会市场化在文化领域中的必然产物。由于大众文化的载体是大众传播媒介，崭新的现代科技力量成为这一文化形式快速传播的有力武器。所以，在主导文化、精英文化与大众文化的文化格局中，大众文化显然占据着最为显要的位置。

当然，文化的三分格局的说法只是一种体现出更多描述性的划分。三种不同文化间还存在着彼此间的相互转化与互生的现象。比如，大众文化在很多时候也主动地表现出对主导性文化的认同与靠拢，而主导文化也愿意借助大众文化在传播上的快捷性来更好地发挥自身为维护社会存在合理性而服务的特点，这样，在很多场合，主导文化注重规劝、训导，强调秩序和统一的特点以更具娱乐性的大众文化的形式出现，往往能够取得更好的宣传和感染效果。但是总的来说，大众文化的价值取向显得相对比较驳杂，它没有主导文化和精英文化那样容易被界定清晰，也没有那么容易被主导文化与精英文化所覆盖。在社会市场化已经成为必然性的历史过程中，大众文化作为自身存在的独特性还将获得不断地持续增强。

大众文化与精英文化也并非一开始就形同水火。在80年代初期，大众文化以最初潜滋暗长的形式发展的时候，它与文化界要求从单一的主导性文化向多元文化的转变的要求取得了默契。那时候，人们唱流行歌曲，读三毛、琼瑶的小说随笔，看武侠小说，跳交际舞等等，这个时候的大众文化与精英文化洋溢着同样的解放激情和浪漫情调。“这一时期的大众文化在汇入思想解放运动的洪流之中的同时，也承担着与精英文化相似的使命，有着较深厚的生活底蕴，强烈的社会责任感和人文关怀精神。”[1] 但是，大众文化毕竟是大众文化，在文化差异的类的划分问题上，精英文化比以往任何时候都更加强调自我的主体性立场。所以，一方面是大众文化的进一步弥漫与膨胀，另一方面又是对这种弥漫与膨胀趋势的忧虑。“泡沫文化放逐了深刻，这无形之中接受了一个基

1 邢建昌、姜文振：《文艺美学的现代性建构》，安徽教育出版社2001年版，第400页。

本的假定：人们周围的一切已经就绪。小康的气氛开始弥漫。”[1] 在这种看似客观的描述中，对精英文化主导性失落的忧郁还是掩饰不住地流露出来。文化被看作是“泡沫”，乃是因为这种类型的文化的基本任务所确定的，“有声有色地填满剩余时间，提供娱乐、无害的知识和通俗的道德训诫，避免人们闲得发慌，寻衅滋事”就是大众文化得以发展的充足理由。虽然大众文化的定位并没有以文化的创造性为己任，但是，在客观上，大众文化却具有潜在的塑造力，“泡沫文化无形地使公众的精神陷于抑制和被动”，选择对大众文化的批判已经势所必然。在各种不同的思想资源中，批判美学成为当代文艺美学展开大众文化批判的最为直接有力的武器。在批判美学中，不仅有本雅明对机械复制艺术的历史性分析，而且还有阿多诺对文化工业的尖锐抨击。这些思想在被用来构建精英文化的思想基础的同时，也被用来反抗大众文化的强大声势。

然而对大众文化的批判总是显得效力有限[2]，这一方面与站在精英文化立场对大众文化的分析缺乏客观性有关，另一方面也与对批判美学的片面使用有关。然而，与实际的批判效果恰成对照的是，批判美学不仅没有遭到文艺美学界的拒绝，反而得到了更大范围的推广。批判美学在中国当代的精英文化美学的建设性过程中成为重要的思想资源，并进一步引发了文艺美学当代转型的新思路的诞生。

2. 对后现代主义无中心与无主体性的批判

当代中国对后现代主义话语的引入是伴随着大众文化的崛起而同时展开的。现在看来，这种历史性的巧合是存在着理论逻辑上的相互对接之处的。就

1 南帆：《膨胀的“泡沫文化”》，《文艺理论研究》，1996 年第 3 期。

2 在上世纪 90 年代中期的文化批判中就普遍存在这一现象。参见《大众文化时代的批判意识》一文，《文艺理论研究》，1996 年第 3 期。对大众文化的批判大都采用批判美学的两种分析方法，一是强调它的机械复制的特点，二是把它作为文化工业的产品来加以批判。这里存在的问题是，本雅明在用机械复制时代来说明一个新的艺术时代的到来时，固然指出其丧失“韵味”的缺点，但也同时指出了机械复制时代所具有的优势与潜在可能性，对于后者，文化批判者几乎都不加关注，而是一概因其机械复制性而加以批判与拒绝。而就文化工业产品而言，文化批判者忽视了阿多诺的批判指向，因而，也丧失了对阿多诺美学批判立场的分析与反思，所以，文化批判成为了简单的借用。

像杰姆逊对后现代主义的形象描绘一样,“它更像一把野火”[1],虽然,杰姆逊的描述是在整个世界范围内的描述,但对中国当代文化的影响来说却显得十分恰切。它悄无声息地到来,却又在短时间中扩展成为燎原之势。中国当代文艺美学对后现代主义的认识、了解与评判都与杰姆逊对后现代主义的介绍与判断有关,并形成了如下认识:在后现代主义那里,文化已经丧失了传统的意味,狭义文化的界限已经被突破,商品化的形式已经遍布于文化艺术的各个领域,伴随着资本逻辑形式的介入,文化向大众化转移的趋势愈加明显,文化已经完全大众化。杰姆逊将意识形态分析作为透视后现代的基点,并形成了这样一个结论:后现代主义是当代多国化资本主义的逻辑和活力偏离中心在文化上的一个投影。这决定了后现代主义在性质上与现代主义的区别。这些区别可以概括为这样几个特点:深度模式削平、历史意识消失、主体性丧失以及距离感的消失等几个方面。“不管对柏拉图的解读是怎样的,我认为后现代主义文化正是具有这种特色。形象、照片、摄影的复制、机械性的复制以及商品的复制和大规模生产,所有这一切都是类象,所以,我们的世界、起码从文化上来说是没有任何现实感的,因为我们无法确定现实从哪里开始在哪里结束。正是在这里,有着后现代主义理论中最核心的道德、心理和政治的批判力量。这一理论必须探讨的不仅是艺术作品的非真实化、事物的非真实化,而且还包括形象,可复制的形象对社会和世界的非真实化。”[2]杰姆逊从后现代主义的生产机制入手,分析了后现代主义的主要特征。当然,在这种分析中,我们也不难发现深重的忧虑与彷徨。

批判美学到了哈贝马斯这里发生了程度较大的转变。相对于批判美学的前期思想而言,哈贝马斯更倾向于现实社会和历史的分析,在整体上呈现出完整的系统论证的特点。但这并不意味着哈贝马斯改变了批判美学的总判断。在现代性的病理学分析的意义上,批判美学的前后期思想家们保持着立场的一致性。在与后现代主义的论争中,哈贝马斯的现代性思想也得到了进一步充实与

---

1 [美]杰姆逊:《后现代主义与文化理论》(精校本),北京大学出版社1997年版,见作者自序部分。

2 [美]杰姆逊:《后现代主义与文化理论》(精校本),北京大学出版社1997年版,第219—220页。

扩展。由于立足于将现代性看作未竟事业而不断促进其发展的思想，加上在学术视野上的宽阔性和总体立场上的重建理性的指向，哈贝马斯的批判态度与前期思想家们已经有所不同。相对于霍克海默和阿多诺的悲观而言，哈贝马斯更愿意将理性从以往的桎梏中解放出来，使其在新的情境中获得整合和重新规划，这样，理性原本在狭窄的范围中所暗示出的悲剧性结果也得到了改变。相对于马尔库塞过分乐观和激进的批判而言，哈贝马斯更愿意把批判放置在可以通过主体间的交往和商谈而达成的理解与共识上，避免将批判本身乌托邦化。他也着重批判了阿多诺的否定辩证法的概念，强调了这个概念的不可操作性。哈贝马斯通过确定并重建关于可能理解的普遍条件，把交往行为的一般假设前提都一一落到理性的实践环节中去，并在这个基础上设想一个不受压抑的对话可能性的诞生。哈贝马斯的交往行为理论为当代中国文艺美学应对后现代的挑战提供了充分而具稳健性特征的理论资源。所以，伴随着后现代主义的长驱直入，人们能够找到的最好办法就是用哈贝马斯的交往行为理论展开与后现代主义的对话，在相互了解与沟通的基础上逐渐获得新的认识。同时在这个过程中也进一步强化了自身现代性的立场。

当代文艺美学选择哈贝马斯交往行为理论是具有充分合理性的。我们可以把吉登斯的一段话用来作为论证。他说："在任何社会环境下，解决价值冲突的办法都只有寥寥几种：一种办法是通过地理上的隔绝。另外一种更主动的办法是退出。弥合个别或文化上的差异，第三种方法是通过对话，在这种情况下，价值冲突原则上能够表现出一种积极的征象，也就是说，能够成为增进交流和自我理解的手段。最后，价值冲突也可以通过物理或暴力来加以解决。在我们今日生活于其间的全球化社会里，这四个选择有两个的可能性已经急剧地减少了。"[1] 在各种不同的选择中，交流对话可以保证不同文化、价值在新的共同性中寻求到各自的主体性位置。对一个正处在新旧交替，传统与现代既冲突又相互融合的当代中国而言，一种交流对话的理论也就成为了一个必选的理论。

3. 对知识分子问题的思考

对知识分子问题的思考在上个世纪 90 年代成为中国文化界与知识界的显

1 Anthony Giddens, Beyond Left and Right Cambridge, P19, Polity, 1995.

要话题。这一话题在当时不仅十分热闹，而且涉及的范围还十分广泛。包括知识分子在社会转型期中的社会地位、社会角色、社会作用，知识分子，尤其是人文知识分子的边缘化，知识分子与世俗化、大众文化的关系等一些问题。激烈的争论并没有获得具有一致性的共识，而与这一结果相应的却是人们已经认识到：人文知识分子的内部分化已经成为一个基本事实。促使这一现象发生的根本原因，当然是由计划经济向市场经济体制的转轨所带动的一系列社会变革，整个社会处在一种快速、持续的转型变化之中。“原来设置在计划经济体制下的人文社会学科发生了相应的分化。有些学科迅速靠拢市场需要，其研究人员大抵能在商品实现过程中直接分得一部分剩余价值，如经济学、法学、社会学等，以及与决策部门相关的一些学科；也有些学科（主要是人文方面的学科）因为在市场经济运转中没有直接的可用性，顿时失落了其原有的社会价值，从事这些学科的研究教学人员无法在目前还不完善的市场经济体制中找到自己的位置，经济上相对处于贫困化。这种分化以后，人文学科的内在价值受到怀疑。其原因来自两方面：一是原来在计划体制下的人文学科是权力意识形态的一部分，它在社会转型中已经渐渐变得不合时宜，趋于淘汰；二是人文学科自身的社会价值在一个急功近利的时代里得不到承认，新的‘读书无用论’，轻视文化的粗鄙化思潮重新泛滥起来，并得到社会舆论的推波助澜。”[1] 为了能够应对这种变化，人文社会科学更加强调知识分子的启蒙传统，通过强调知识者独立自由的品格来强化人文社会学科的精英传统和对社会的责任感。

知识分子问题是一个涉及范围相当广泛的问题，仅就批判美学与当代中国文艺美学一个方面而言，我们可以说，批判美学的思想也不可避免地在这个争论广泛的问题上与当代中国文艺美学发生了关联。主要表现在两个方面：一是当代知识者从批判美学的批判精神中获取了文化批判的启示。批判美学不仅承担起了继续推进文艺意识形态化的任务，而且在文化市场化的社会转型中又自觉地将自由批判的精神转化为维护自身作为现代文化启蒙者尊严意识与价值立场；二是哈贝马斯对后现代主义的批判也成为知识者维护自身新文化启蒙者地

1　陈思和：《我往何处去——新文化传统与当代知识分子的文化认同》，《文艺理论研究》，1996 年第 3 期。

位与身份的有力武器。在某些特定的场合，后现代主义的解构性思路充当了嘲弄文化知识者启蒙立场的理论后盾。因而，哈贝马斯将现代性作为一项未竟的事业，也鼓舞和促进了人文知识分子在一个价值分化时代中坚持启蒙传统的选择。

三

无论就批判美学在西方语境中的衍生，还是就其在中国语境的发展而言，批判美学都与二十世纪的现代性历史关系密切。现代性作为整体的历史结果已经嵌入人类二十世纪的集体记忆之中。而我们一旦剥开这个整体存在的外壳，我们自身的文化立场以及我们所背负的传统重压就既使我们充满期待，也使我们不由得一再审查自身，以期在一个充满交错和变换的时代中重新书写我们真实的意愿。

这当然增加了在这个时代中书写与立论的困难。难怪丹尼尔·贝尔曾经用这样的笔调来描述二十世纪的文化状况："圣徒启示录里，智慧女神密涅瓦的猫头鹰在暮色中飞翔，因为生活的色调越变越灰暗。现代主义胜利的启示录里，黎明所展示的光彩不过是频闪电子管不停的旋转。如今的现代文艺不再是严肃艺术家的创作，而是所谓'文化大众'（culturati）的公有财产。对后者来说，针对传统观念的震惊（shock）已变成新式的时尚（chic）。文化大众在口头上已经采取了对资产阶级秩序和质朴作风的反叛态度，可他们又造成一种统一舆论，不容他人冒犯这种信仰。"[1] 二十世纪文化状况的复杂性可以从这忧郁的描述中找到部分现实的折射。在西方语境里，现代性的历史以整体性的形式不断推进和展开，工具理性就是在这个过程中表现出来的，并且作为社会的现代性结果而被单独地划分出来。当社会的现代性以它固有的分析方式来重新组接一套在叙述中可以成立的文化历史的现代性话语时，工具理性正是在这个时候凭借其对时代的直接作用关系从历史现代性的整体结构中独立出来，获得了自己的历史理性。批判美学觉察到了工具理性与时代间的相关性，并试图以理论

1 ［美］丹尼尔·贝尔：《资本主义文化矛盾》，赵一凡等译，北京，生活·读书·新知三联书店1989年版，第37页。

分析的形式对时代作出判断。弗里斯比指出:“本雅明后期著作受十分明确的意图激励,那就是发展一种现代性理论,这一事实或许表明他的现代性论述乃称得上水到渠成。的确,与齐美尔、克拉考尔相比,本雅明是着意从事现代性理论研究的。但是,不仅其理论的主要部分仍旧是一个不得不重新装配的‘架构’——正如,维特(Witte)提及的本雅明的有关波德莱尔研究——而且,蕴含在更为广义的‘拱廊街计划’中的现代性理论的整个研究设计,也面临重构。”[1]批判美学把工具理性从其时代中划分出来,并使其获得了在哲学逻辑上的先验性前提。在本雅明的现代性理论中,历史理性分析已经开始呈现出划分性的解释了,这样一来,原本从历史理性中区分出来的工具理性又反过来成为了历史理性的代表,而与此相区分的文化现代性虽然体现着审美的特点,但是,在整个历史分析的过程中,本雅明从未对它的来源作出过明确的解释,而作为这一区分的结果却获得了长久的延续,以后,这种区分又继而以“社会现代性”与“审美现代性”两种相互区分的形式获得了更具深度性的阐释,而且还进一步形成为当代中国审美话语的理论基础。

由此可以看出,当代中国审美话语对批判美学的考察是站在本雅明现代性理论中文化理性一边的,因而,这种考察也就不可避免地延续了从文化理性到审美现代性的逻辑。可以这样说,对工具理性的批判在中国语境中更多的是在做对工具理性的限制和具体化的工作。所谓“限制”就是确定概念的明确外延,而“具体化”则是指工具理性历史性的解释。也就是说,批判美学对工具理性是作了特定的历史性分析的,这样一来,工具理性就从西方现代历史进入到批判美学的理论系列中,开始占有了一个独特的历史话语空间。在以后的批判美学叙述中,工具理性又进一步摆脱了理性构成对它的约束,而获得了特定的历史语境内涵。随着批判美学的中国化程度的加深,中西语境的不同内涵在单一化的现代性理论移植中再一次获得了理论批判的优势。然而,这种优势由于欠缺语境对接方面的具体分析,因而,对工具理性的批判在客观上成为对工具理性神奇历史威力的描述和渲染,也就是说,在当代中国语境中的工具理性批判并不是在解决工具理性本身的问题(当然,以这样一种批判的方式在事实上也

1 [美]戴维·弗里斯比:《现代性的碎片》,卢晖临等译,商务印书馆2003年版,第253页。

无法达到真正的批判目的）。毋宁说，这种批判延续着批判美学的先验逻辑，而并没有在自身的语境中形成新的逻辑。

所以，当我们对批判美学从漫长的价值分析过渡到文化意义上的语境分析上时，一个与此相关的问题也随即出现。一方面是中西语境的不同所导致的美学批判的立场差异，另一方面则是对批判美学合理性接受的程度性差异。这就造成了中西文化语境中对审美现代性在理解上的错位。审美现代性总是作为启蒙现代性的对立面出现，这是批判美学建立自身美学批判合理性的条件。然而在当代中国，社会现代化还处在不断建设和积累的过程中，被批判美学一再批判的工具理性在这个现代化的过程中始终要以社会现代化工程的必要结构部分而存在，这种原本已经存在的理解上的错位必然带来在价值定位上的困惑。这样一来，当代现实选择现代化的历史合理性和既有的批判美学的知识合理性之间是否会存在价值上的裂痕呢？更进一步来看，中国社会现代化的历史并非完全类同于西方的现代化过程，对于中国来说，现代化的社会工程不仅需要不断追求和建设，同时也需要找到适合中国自身国情、符合中国自身文化特征的现代化道路。所以，从历史合理性与知识合理性的关系来讨论当代中国美学的发展，实际上存在着把问题简单化的嫌疑。

哈贝马斯曾经以非常坚定的口吻说："无论何时，我们一旦使用'合理性'（rational）这样一种说法，也就在合理性和知识之间建立了一种紧密的联系。"[1]当然，联系可以有各种各样的联系，"当合理性更多涉及到的是具有语言和行为能力的主体如何才能获得和使用知识，而不是对知识的占有"时，合理性和知识的关系便是把体现出具体的合理性作为这一关系的有效性体现。我们也同样可以得出这样的结论："一种表达的合理性可以通过批判和论证加以还原。如果只要一种表达所体现的是可以证伪的知识，并因而和客观世界建立起一种联系，而且可以从客观上加以判断，那么，这种表达的合理性前提也就得到了满足。"[2]当我们把批判美学作为既有的西方理论知识与当代中国具体现代条件

1 ［德］哈贝马斯：《交往行为理论·第一卷 行为合理性与社会合理性》，曹卫东译，上海人民出版社 2004 年版，第 8 页。

2 ［德］哈贝马斯：《交往行为理论·第一卷 行为合理性与社会合理性》，曹卫东译，上海人民出版社 2004 年版，第 9 页。

相互取得联系时，批判美学所要求的合理性却悖论性地转化为知识性的存在。与一切知识的共同特征相同的是，批判美学作为知识性存在也同样存在着可以证伪的可能性，尤其是当我们考虑到产生这一知识的确定语境和我们追求合理性的确定语境之间的差异时，对批判美学的批判就不能仅仅到还原为止。如果对批判美学的批判还仅仅是一种还原的话，那么，批判美学坚持用审美现代性来反思和批判由启蒙理性和工具理性带动的现代社会，都会把“现代性”的问题夸大为一个难以跨越的“合理性”命题，从本雅明到阿多诺的美学批判，我们可以看到，这种审美的“现代性”一方面突出了那个已经呈现为充足的总体性特征的启蒙“现代性”，审美的现代性也在逻辑前提上为自己赢得了原初的整体性意义(比如阿多诺的“星丛”)。到了哈贝马斯这里通过交往合理性的形式也同样突出了“现代性”的主题。所以，对批判美学的批判虽然可以还原它的某些历史合理性，但是这种历史性的考察还必须为在当代中国语境中的审美创造性扫清障碍。也就是说，对批判美学的批判一定要从它的知识还原出发，更进一步地摆脱“现代性”对“创造性”的遮蔽，使审美的创造性获得它所需要的条件。

也许正是这种时代性的忧虑使我们一遍又一遍地来重温批判美学的思想家们在他们那个时代中的愤怒和希望，也一再地告诉我们自己以审慎的态度来面对曾有与将有的美学批判。不同的历史境遇和空间差异并没有使我们对批判或者说是美学的批判更加茫然和手足无措，相反，它增加了我们对美学批判的信心。在这一点上，批判美学的思想家们的确对时代做出了明确的回答。这使我们有充分的理由来回顾霍克海默的那篇《传统理论和批判理论》。霍克海默说：“关于人类的社会的各门学科一直试图效法那些取得了巨大成就的自然科学。那些更多地重视事实调查研究的社会科学学派与那些更多地注意原理的社会科学学派之间的差别。与这种理论概念本身并无直接关系。一切有关社会生活的学科都在勤奋地搜集事实材料，搜集与问题有关的大量细节，通过精心设计的问卷和其他手段进行经验调查……所有这一切都意味着一种模式，这种模式外表上很像由工业生产技术控制的社会生活的其他方面。这种研究似乎迥异于脱离实际的学者对抽象原理的阐述和对基本概念的分析，而这种阐释和分析恰恰是一部分德国社会学的典型特征。”[1]因此，霍克海默有必要将批判美学的理论基础建立在新的起点上，只有为批判美学寻求到了新的理论起点，理论才能摆脱自身本有的浓重的“理论气”。由于存在着“以社会本身为其对象的人类活动”，因此，必须寻找到一种更好的、具有生产性的理论活动来取代以往僵硬的理论形式，从而使理论真正参与到社会结构的组织活动中去。

这样，批判美学的批判性就从两个方向上为我们提供了借鉴：一、批判美学的批判性不应将自身的批判性孤立化；二、美学在批判性的意义上要完成对美学的批判性超越。在这里，我使用“超越”这样一个概念，不是用它来体现放弃或者否定的观念，也就是说，不是对批判性本身的否定，而是通过批判性的审美活动来形成一种积极的具有肯定价值的社会性意义。由此我们可以确知：美学的批判性从来不是一个孤立的概念，作为一种美学的实践活动，它时时不断地参与到对生活和世界的观察和判断中，并从这样一个新的起点出发，来重新组织新的审美活动，并在一个新的起点上来再次规划和安排价值和对生活的肯定。审美的批判是这样一种行为：它从来不为自己设定最后的目标，但是它也决不允许自己满足于已有的批判性成果，即使当这些成果已经转化为既有的社会话语现实时，它也不会将自己停留在其中。与此同时，审美批判也拒绝单纯从否定性批判的角度来界定自身，如果我们可以把批判从更大的空间中去寻求它对肯定性价值和社会性价值的追问的话，我们就会发现，那些已经成为批判性成果的社会现实是被充分保留的，所以，这样的审美批判保留了自为性的批判方向，但是它的基础却是建立在肯定性的自在现实性和必然性之上的，因而，在保证自己是自为方向的同时，并不会因为它是审美批判的，就因而取消了其自在性的始源性根基。

从另一方面来看，审美批判虽然保留了自为精神作为批判的条件，但是也必须在批判性的意义上对自由精神本身做出时时不断的维护。这种“维护”的意义在于使批判切实地成就为批判本身，使心灵体现为自由的形式。“在批判理论中，必然性的概念本身就是一个批判性的概念；它以自由为先决条件，即便这种自由尚不存在。但是，甚至当人仍被奴役的时候，作为纯粹内部实在的

1 [德]霍克海默：《霍克海默集》，上海远东出版社 1997 年版，第 167—168 页。

自由观念也总是存在的，这种自由观念是唯心主义精神所特有的。”[1]这种自由精神既不是与生俱来的，同样也并不为某个特别的阵营或个体所专有。自由精神只是当它面对自身的必要性和可行性并努力确证这一必要性与可行性时才得以显现，当康德把启蒙精神与一种自由批判的精神相联系时，一个独立的个体能够有勇气运用自己的理智来面对真实的现实世界时，给予他这种充分理智的东西不独是来自于勇气本身，因为就勇气本身来讲，它也需要理智判断和独立的自我来为它确立起一个坚实可靠的基础。所以，审美的批判精神如果不是导向活跃的、富于生机的创造性和完整而全新的个体之建立与生成的话，审美的批判在多大程度上能够发挥批判的职能，或者说，审美批判在多少真实的意义上能够保持对意义事件的追求与争取，都将是一个很大的问题。

1 ［德］霍克海默：《霍克海默集》，上海远东出版社 1997 年版，第 201 页。

第二章　本雅明：一个批判理论的游牧民[1]

理论的游牧民意味着本雅明穿行在各种理论的疆域中，他的理论也因而裹挟了经历之所理论的印痕，他的文本内容丰富却背景模糊，形式逻辑缺乏却富有张力；理论的游牧民还意味着他居无定所，对于每一种理论，作为理论的过客的他的理论始终都只是处于相对边缘的位置。因而，对本雅明的研究，聚焦于某一个方面都将是徒劳的、甚至是绝望的。说徒劳，是因为即使在认识论的层面，作为批评家们的我们的针对性专业知识太有限；说绝望，是因为没有文章能够包容他超常广泛的兴趣。

对问题的聚焦，本雅明往往是把问题放置在各种理论场域中，或者是将同一个理论放置在不同理论场域进行透视，考察这一理论在不同场域的变化和差异，或者是放置在理论与理论场域的交互作用的界面上，作开放的审视和哲学的思考。

不同的理论家也因此得以从各自的立场去观照本雅明的思想，总能够获取并得到和本雅明思想不尽相同的结论。“以阿多诺为代表的一派，坚持把本雅明的著作放在法兰克福学派的框架中，视之为该学派的马克思主义收获中的一部分，尽管是边缘的一部分，以朔勒姆为代表的犹太文化研究学者，强调本雅明思想中的犹太神学来源，并义为本雅明的思想主旋律最终回归到犹太教救世主义；新左派则塑造出一个‘布莱希特式的本雅明’形象，鼓吹本雅明不屈从于任何学派、任何思想传统的反叛创新精神。”[2] 因而，对他的理解，应将他提出

1　本章由朱宁嘉撰写。朱宁嘉，文学博士，上海交通大学副教授。

2　刘北城：《本雅明思想肖像》，上海人民出版社 1998 年版，第 3 页。

的主题和关键词放置在它们产生的理论场域，才能真正把握它们的意蕴、感受到它们的光芒。如果把他提出的主题和关键词放置在一个固定的框架或同一的模式内，或放置在一个不恰当的理论场域，问题理论域的错位，自然会导致误读并引发争议。理论错位引发的误读与争议，像阿多诺和本雅明有关《机械复制时代的艺术作品》的争论，就是由于双方的立场处于同一问题的不同纬度及二者之间的基本方法论的差异造成的。阿多诺站在新古典主义的立场上，他认为大众文化背叛了古典主义的艺术自律的原则，使传统的审美准则失去了评定的效力，他将此作为其批判的起点；而本雅明则是将机械复制时代的艺术视为必然的“客观存在”，正视和承认这一客观存在成为他对这一时代的艺术展开分析的前提。

此外，本雅明对同一个问题的讨论，由于是在不同的场域或针对不同的场景展开，他的论述往往充满差异，甚至充满矛盾和悖论，让人感到诧异和混乱，怎么对同一个问题居然会产生相反相对的观念？本雅明的理论像面“多棱镜”，折射着多样的色彩和光芒；阿多诺因此称本雅明的理论为“万花筒”。

当然，如果我们机械地认为本雅明所有的理论都是在不同的理论边际产生的，都裹挟着丰富复杂的背景色彩，这其实又是以另一个模式去框定他的理论，同样，有违他的思想的丰富性，从而有可能抹杀他的理论思想的原创性。所以，J. M. 科埃特斯说：“瓦尔特·本雅明是一个什么人：哲学家？批评家？历史学家？（或者）仅仅是‘作家’？最好的回答，或许是汉娜·阿伦特的话：他属于那种‘无以分类的……作品既不合现存秩序又不引领新型文体样式的人。’”[1]

本文拟从本雅明对大众文化、浪漫批评、犹太文化、日常的感情生活等方面所体现出的多样丰富性，来展示本雅明理论的游牧性质。

大众文化的多重身姿

本雅明始终密切关注当代艺术实践，并率先对艺术转变时期，机械复制技

---

1 ［德］汉娜·阿伦特：《瓦尔特·本雅明：1892—1940》，见孙冰编译《本雅明：作品与画像》，文汇出版社 1999 年版，第 162 页。

术对现代艺术形态生产、销售和功能的影响及其作用作了审美的探讨。作为理论对现实生活与文化现象的一种回应，本雅明撰写了《发达资本主义时代的抒情诗人》、《机械复制时代的艺术》和《拱廊计划》等文章。对运用机械复制生产传播的以商业营利为根本旨归的大众艺术的认识，本雅明的认识是丰富多彩的。一方面，他意识到文化的工业化生产对于文化产业与文化市场提出要求是艺术发展的历史必然；另一方面，他又意识到建立在资本主义私有制社会中的商品生产法则对艺术生产与传播的渗透与负面影响。一方面，他认同机械复制对文艺生产所起到的促进生产力的作用；另一方面，他又批判了这种作为新型意识形态的技术统治的危害——机械复制使文学艺术沦为现代工业文明中的商品。

本雅明没有明确提“大众文化”，但他对这种文化形态的本质特征——商品性的发现，启发了法兰克福成员。1947 年，阿多诺和霍克海默在《启蒙的辩证法》一书中，首次使用了“文化工业”概念，并对这种文化形态作了比本雅明更为鲜明、彻底的批判。本雅明的观点在法兰克福学派之内并未获得普遍性赞同和支持；因为他的理论中有对艺术复制和文化工业的若干的辩护性的看法和观点，区别于阿多诺对文化工业的彻底否定。为此引发了阿多诺和他之间的一场论争。二者论争的核心问题是技术（作为媒介或工具）对艺术领域的介入以及由此而带来的后果应该如何评价。阿多诺在他和霍克海默合著的《启蒙辩证法》一书中，集中而鲜明地表达了他对技术时代文化艺术的激烈的反对态度，并批评了本雅明对大众文化不加分析的接受态度。而本雅明大众文化思想中具有的乐观精神，即意识到“由技术复制创造出来的美学作品的侵入，已经为政治上进步的群众艺术创造了可能性。”[1] 又为伯明翰的文化研究开辟了道路。其实，我们已经分析了阿多诺和本雅明有关大众文化的论争产生的原由：是由于双方的立场处于同一问题的不同立场及二者之间所使用的基本方法的差异造成的，也就是他们的论争并不涉及真正意义上的对话。阿多诺们并不真正理解本雅明的理论游牧性质。

本雅明对大众文化的积极意义的肯定，它也有它自身适应的语境。我们切

1　马丁·杰：《阿多诺》，社会科学出版社 1992 年版，第 193 页。

不可以将它普遍化。他也意识到大众传播在大众意识形态建构中的主宰作用，以及这种主宰力量的政治威力的强大，被法西斯主义成功地利用的现实。本雅明与法兰克福学派的差异，是他没有固守于一个理论疆域去看待问题，而是在动态发展的语境中和各种理论场域中考察文化的种种可能性。对于法西斯主义成功利用电影资本和现代艺术这一传播媒介操控大众以及危害，本雅明有清醒认识：法西斯主义构造出适合自己政治意识生长的文化土壤，并将这种政治意识转化为群众意识，从而“把大众这种主宰性的革命可能性转变成了反革命的可能性。”[1] 在《机械复制时代的艺术作品》第一稿的最后，他写道：“法西斯主义谋求的政治审美化就是如此，而共产主义则用艺术的政治化对法西斯主义的做法作出了反应。”[2] 本雅明这一段的论述表明，无产阶级在反对法西斯主义的斗争中，同样可以成功利用电影资本和现代艺术这一传播媒介，即也可以采取“以子之矛攻子之盾”的方法，对法西斯主义的审美政治化作出艺术政治化的反应。

我们必须注意到，本雅明从根本上并不同意采用这样一种对艺术异化的方式，这种艺术手段和策略，在特定时期有它特定的政治作用与威力。但对现实的根本改变，或者说艺术政治化策略成为一种真正的群众性革命力量而发挥作用，在本雅明看来，只有在社会的生产资料所有制得到根本改变的时候才能实现。正因此他说：“正确的倾向与先进的文学技巧不论在任何情况下都存在于功能的依赖性之中。”[3] 就像技术的合理运用，只有在社会成熟到使技术仅成为它的手段，或者技术充分把握社会的自然力的时候。要不，革命的力量和手段，随时都可能因为服务于特定集团利益而成为一种邪恶的力量和手段。也就是变换对同一问题的思考语境，本雅明对艺术政治功能的发挥又有了别样的理论阐述，而且是一种与上述理论看似矛盾的观念。本雅明既看到了艺术在阶级社会

1 [德] 瓦尔特·本雅明：《机械复制时代的艺术作品》，王才勇译，中国城市出版社 2002 年版，第 36 页。

2 [德] 瓦尔特·本雅明：《机械复制时代的艺术作品》，王才勇译，中国城市出版社 2002 年版，第 46 页。

3 [德] 本雅明：《作为生产者的艺术家》，见 [爱尔兰] 塞·贝克特等：《普鲁斯特论》，沈睿、黄伟等译，社会科学文献出版社 1999 年版，第 151 页。

中积极与消极的功能发挥，又发出艺术应该超越这种为政治效命的功用，并指出超越的可能以及如何超越。

本雅明对艺术政治功能发挥的别样理论阐述，我们却不能因此得出本雅明反对艺术的政治功用，我们只是从中可以看到本雅明的社会主义立场。因为在《作为生产者的作家》一文中，本雅明专门探讨了文学的政治功用如何审美地实现的问题，即文学超越为政治效命的可能以及如何超越的问题。他指出，即使无产阶级要充分发挥艺术的社会影响与政治功能，根本也在于正确处理现行生产关系中的文学倾向。现行生产关系即社会主义生产关系，在本雅明看来，社会主义生产关系为正确处理文学与政治关系或者说审美地实现文化的政治功能提供了社会保障，而真正要发挥文学的力量，依然不能简单地从无产阶级革命的使命出发，那样，反而发挥不出文学的真正威力。他说："一部作品只有在文学上具有质量，其倾向才可能是正确的。这就是说，在政治上倾向正确也就包括了正确的文学倾向。而且我还要补充一句来说明：正是这个文学的倾向而不是别的，构成了作品的质量，它无论是隐性地还是显性地都包容于任何一个正确的政治倾向之中。正是由于这个缘故，一部作品正确的政治倾向也就包括了其文学质量，因为其文学质量包括了其文学倾向。"[1]

本雅明对大众文化的探讨，还结合自身的切身体验加以审视，也就是他再次转换审视大众文化的理论场域，探讨艺术复制和文化工业产生所带来的"震惊"感和人们因此产生的对已经逝去的传统文化"灵韵"的怀恋感体现了艺术生产方式和功能怎样的一种改变，并努力在这种改变中寻求一种政治上进步的群众艺术创造的革命可能。换句话说，他没有为艺术复制和文化工业产生"震惊"作用而简单地拒拆它，也没有情绪化地为文化工业出现使艺术丧失"灵韵"而否定它，而是理性而冷静地考察或描述它们的出现与消失所展现的新的积极的可能。

本雅明看到了现代化机器大生产对人的异化"震惊"作用，造成了传统的审美经验和完整的人性经验的衰微，他要努力唤醒处于受震惊状态下生活的、

1 [德]本雅明：《作为生产者的艺术家》，见[爱尔兰]塞·贝克特等：《普鲁斯特论》，沈睿、黄伟等译，社会科学文献出版社 1999 年版，第 149 页。

变成了纯粹受反射行为规范的机器“大众”（Die Menge），法兰克福文化批判理论也因此找到它的源头；同时，他发现由于“震惊”的防震作用的过滤，虽然人们的经验被震碎了，不再保有它自身的完整性。但是，震惊的经验也是一种现时代的经验，它又呈现出怎样的特征呢？或许破碎、或许短暂、或许偶然；他努力寻求，并试图为这种震惊经验寻求相应的文体表达。本雅明这种对现代异化世界特征的捕捉和把握，积极寻求大众文化的社会意义的努力，为日后英国伯明翰文化研究学派的研究开辟了道路。

同样，本雅明也没有因为对“灵韵”的怀恋，阻止他对传统艺术中潜在的美学霸权问题的忽略。须知，“灵韵”概念，在古代艺术中，是艺术家创造努力追求的理想目标，而今天则被利用来制造效应，以提高作品的销售数量，成为一种谋取商业成功的营销策略和手段。当然销售数量的提高，并不意味肯定产生负面影响，作品价值的实现：包括艺术的和商业的。我们可以肯定的是，现代传媒具有的惊人的传播力量，无论是积极的或者是消极的，越有“灵韵”的作品它的社会影响力就越大。

本雅明对传统文化的无可挽回的惋惜并不像有的人所分析的是停留在浪漫派思想家惯有的思维套路中，即自觉或不自觉地对过去的东西美化或理想化，而是一种对逝去东西的无力挽留的无奈痛惜，这和他拥有的生命意识是相一致的：与生命相伴的是不可避免的死亡。本雅明的这种所谓矛盾态度是以承认这样一个事实为基础：现代艺术不可避免地对传统艺术造成很大的冲击。因此，艺术的现代性乃是必须接受的事实。

本雅明对艺术现代性的态度：我们可以用“矛盾”一词来概括。一方面，他承认现代性给文学艺术带来巨大的变化，认为这种变化是不可逆转的过程；另一方面，他又惋惜现代性造成传统艺术形式和传统价值观念的式微。其实，现代性本身就是一把双刃剑，它一方面促使新的艺术形式和审美观念的产生；另一方面促使传统的艺术形式和审美观念的毁灭。只是本雅明更清醒地直觉、更现实地面对、更理性地分析了这样的现实。一般人拥有的一种普遍的心理，往往将人生不可得到的和已经逝去的东西作为最可宝贵的，而忽略自己拥有的；本雅明高于别人的地方是他对传统惋惜的同时，也珍惜对现时拥有的东西的重视。而且这是一种深邃冷静的重视。

不否认他身上具有的把拯救艺术的理想寄托在少数艺术家身上的精英意识，但最终的解决是以大众掌握技术为自己生产属于自己的意识形态，既表现出立足平民意识的最深切关怀，具有非常清醒而深刻的历史唯物主义；也体现了对艺术的最深刻理解。因为，对现代科技在艺术创作中的重视，本雅明对技术复制时代艺术作品制造过程中技术与物性的考虑，恰恰是为了恢复艺术创造中的人性力量，这是一种有限的人性的力量。以往艺术理论忽略对艺术作品制作过程中物性的考虑，仅仅着意人的创造，其实也是对人力的扭曲与膨胀。这是对人的主体性和创造力的无限夸大，是把艺术家当作了主宰物质性作品的上帝："以戏剧化形式出现的美学意象就是人类想象力对生活的净化和重新规划。美学的奥秘和物质创造的奥秘一样，就在于完成。艺术家就好比创世的上帝，他隐蔽在自己的创造物之中、之后、或之上，他是看不见的……冷漠的，好像正在悠闲地修剪着自己的指甲"[1]，艺术因此成为神话。

他是从现代科技的高速发展导致艺术形式和社会环境的变化的独特视角来阐释大众文化的，从而彰显了精英与大众、高雅与低俗等二元对立的范畴背后的阶级意识对立的社会现实，并剖析了现代社会生产力的解放，包括艺术生产力的解放，对消除二元对立的可能，尤其是在社会生产资料改变后，艺术回归人们大众之手的可能现实，这在他对苏联社会电影功能的描述中我们可以深切感受的。在如何看待大众文化的问题上，人们或许觉得他思维混乱，思路不清，其实，其中一个根本的原因是他并不交替探讨问题视域的转化，时而是在资本主义生产条件下谈论，时而又是在社会主义制度下推断未来的可以等等，不一而足。从而，真正质疑了传统理论的范式和抽象方法。不管本雅明这种努力成功与否，都体现了他对解放的追求。如果我们的理论研究，立足单一的立场、执着简单的思维模式，采用固定的视角，转而指责他对技术肯定，是对造成现代西方艺术困境的根源：即资本主义制度本身认识不够清楚。在此，需要检讨的恰恰是我们自己。

在大众文化问题上，他的理论游牧结果：产生了肯定或否定面貌不清的大众文化理论，从而将自身置于文化研究理论两大阵营的边缘处，在为法兰克福

1　詹姆斯·乔伊斯：《一个青年艺术家的画像》，第 215 页。

批判理论和伯明翰文化研究这两种理论的发展提供自己的思想资源的同时，又遭受来自这两种理论的夹击。

浪漫批评与现代文论的互解

艾布拉姆斯在《镜与灯》中宣称，西方文学批评的传统发展到浪漫主义时期才被彻底打破。浪漫主义文学的出现是对以往文学思想的反动并预示着现代文论的诞生。本雅明以《德国的浪漫主义的艺术批评概念》为他的博士论文，选题本身将他自身置于理论的交界处，寻求浪漫主义与现代文论的互相理解。

本雅明通过对“内在批判”概念的分析，作品内在固有的结构既提供了“对一切主观性的修正”，同时，又潜藏着独特的自我展开的动力。作品的内在性保证了批评的客观性，从而明确不受束缚的主观意志表现对浪漫主义是多大的误解。他论文的宗旨是针对“极其流行的对浪漫派理论的现代误解”，即把浪漫派看作是不受束缚的主观意志的理论加以修正。本雅明不仅修正别人对浪漫主义的误解，还努力澄清浪漫主义理论家们对主观性的正确强调与为追求理论的偏面深刻而有意夸大理论的主观性之间的区别。本雅明从两方面替浪漫主义批评进行辩护，一是批评理论的客观意图，“在欣赏评判中，对作品的特殊的主观评价是不存在的。评价内在地存在于对作品的研究认识之中。”[1] 二是在审美事宜上，浪漫主义通过评价作品在历史上的持续效应，也保证了它批评的客观性。遗憾的是“早期浪漫派的客观意图的力量被大多数评论者所忽略。”尽管青年施莱格尔思想中的确存在“大量的傲慢的主观性例证”，但如果考虑到他的经历以及整体的思想，那么，“在他的最主观的言论中，有些的确是单纯的措辞，所以不应对所有的这些言论都信以为真。”[2]

本雅明还从人们对施莱格尔的素材反讽和超越文学形式整体的反讽理论的误解着手，进一步论证无论是浪漫主义创作还是批评都不可能是任意主观的。

本雅明从浪漫派文学所主张的“诗人的任意性不能容忍任何法则”着手，论证素材反讽不是任意主观的。本雅明指出这一说法其实包含两种内容，“是

1 ［德］本雅明：《经验与贫乏》，王炳钧译，百花文艺出版社 1999 年版，第 95 页。

2 ［德］本雅明：《经验与贫乏》，王炳钧译，百花文艺出版社 1999 年版，第 96 页。

对进行创作的艺术家的权利范围的肯定陈述，还是对浪漫派文学为它的诗人提出的要求的过分激昂的表达？”如果是后一种理解，即“如果艺术家是诗本身，那么他的任意性便不能容忍任何法则，因为任意性只是艺术自主性的一种不足比喻。那样，这句话便是空洞的。”[1]如果是前一种理解，“必须把诗人理解为真正的、原型的诗人，这样也就直接把任意性理解为真正诗人的有限的任意性。……真正的艺术作品的作者，在艺术作品受艺术的客观规律制约之处，是受限制的”[2]。也就是“真正诗人的任意性活动范围完全在素材之中，只要这种任意性的运作是有意识的游戏式的，它便成为反讽。这就是主观主义的反讽”[3]。

同样，超越文学形式整体的反讽即形式反讽，在本雅明看来是对艺术形式的瓦解与毁灭，是有限的作品对绝对物的接近。这是什么意思呢？本雅明把作品形式分为表现形式和绝对形式两种，“具体作品的确定形式——可以把这种形式称为表现形式——成了反讽瓦解的牺牲品。在它之上，反讽劈开了一个永恒的形式天空，即形式的理念。这种形式可称为绝对形式”，“对表现形式的反讽如同一场风暴，揭开了艺术的超验秩序的幕帐，把这一秩序以及处于其中的作品这一神秘物的直接存在揭露出来”[4]。也就是“通过在反讽中毁灭作品的确定表现形式，具体作品的相对整体被更加深刻地返归于作为总汇作品的艺术整体性之中，从而获得了与后者的紧密联系，但又不丧失自己。”[5]

本雅明的理论修正，饱含有他深刻的严肃。他在给朋友信中概述论文写作的目的：“这项工作是研究浪漫派的批评（艺术批评）的概念。现代的批评概念是从浪漫派的概念发展而来的；但是‘批评’在浪漫派那里是一个极其玄奥的概念，它是基于神秘主义的认知假设。从艺术角度看，它把当时和后来诗人的许多真知灼见纳入一种新的艺术概念，后者在许多方面与我们今天的概念相同。”也正是基于这样的信念，本雅明努力寻求现代批评概念和浪漫派的艺术批评概念沟通互解。

---

1 [德]本雅明:《经验与贫乏》，王炳钧译，百花文艺出版社1999年版，第97页。

2 [德]本雅明:《经验与贫乏》，王炳钧译，百花文艺出版社1999年版，第98页。

3 [德]本雅明:《经验与贫乏》，王炳钧译，百花文艺出版社1999年版，第98页。

4 [德]本雅明:《经验与贫乏》，王炳钧译，百花文艺出版社1999年版，第101页。

5 [德]本雅明:《经验与贫乏》，王炳钧译，百花文艺出版社1999年版，第101页。

本雅明在对浪漫主义“批评”概念的阐释中，建立起一种与现代解释学相通的理论理念。他在对施莱格尔的《雅典娜神殿》的解读中，指出：“批评在实质上同样也不是评判，是一种对作品发表意见。它更多是一种创作品，尽管它的产生是由作品促成的，但它的存在却不依赖于作品。作为这样一种创作品，它与艺术作品在原则上是不可区分的。”[1]也就是说，在本雅明看来，浪漫主义批评与传统批评尽管都“由作品促成的”，但浪漫主义批评与传统批评有着根本的差异。

传统批评“依赖于作品”，对作品好坏作出评判，是对作品发表意见，并通过批评传达信息或教育读者。而对浪漫主义批评而言，在本雅明看来，第一、批评本身就是一种艺术，是一种创作，并与艺术创作活动一起构成文学史；第二、只存在可不可以批评的作品，“劣质作品的不可批评性这一基本原理表现出的是浪漫派的艺术与批评构想的最典型特征之一”[2]；第三、“批评概念指的不是对作品的评判”[3]，因而，批评“不依赖于作品”，尽管他由作品促成；第四、他区分了评价的主观性和内在地存在于作品的评价两个概念，评价的主观性的消除，基于内在于作品评价的存在。

既然批评就是一种艺术，“对作品作评判的不是批评家，而是艺术本身，它或是借助批评媒介把作品吸收于自身，或是拒绝之并因此而视其为不值得批评的。”[4]也就是批评作为一种艺术，是与值得批评的艺术发生关系，尽管这是一种怎样的关系，本雅明没说，他只说：“借助批评媒介把作品吸收于自身”，也就在这一过程中，内在于作品的评价建立了起来，因而，这种评价不是批评者将自己的思想强加于作品的过程，而是批评者的思想与作品思想交流的结果，因而是消除评价主观性的评价，“反思的增强更多是扬弃了事物中的被自身和被另一物认识之间的界线。在反思媒介中，事物与认识者相互交融。两者都只是相对的反思单位。……的确没有一种通过主体对客体的认识。每一认

1　[德]本雅明：《经验与贫乏》，王炳钧译，百花文艺出版社1999年版，第100页。
2　[德]本雅明：《经验与贫乏》，王炳钧译，百花文艺出版社1999年版，第93页。
3　[德]本雅明：《经验与贫乏》，王炳钧译，百花文艺出版社1999年版，第94页。
4　[德]本雅明：《经验与贫乏》，王炳钧译，百花文艺出版社1999年版，第95页。

识……是主体中的一种内在关联。”[1]也因此，我们看到，本雅明搭建起了通向现代解释学思想的桥梁，用现代解释学理论话语来表述：即批评者与作为独立个体而存在的值得批评的艺术品产生了交流，批评者不是以自己既有的知识架构或批评标准去评判作品或作出评判，即不是把自己映射到文本中去，而是向批评者对话的对象敞开自己，在思想中，使自己与艺术的世界归一，同时又可把自己扩展为世界的构成，即从中接受一个扩大了的自我世界。也就是说，批评者通过增强自身的反思收纳作品于自身，从而也把他的原本的自我的认识扩散于作品。浪漫主义批评与现代解释的结果都是通过交流接受一个扩大的自我世界的过程。浪漫主义批评，本雅明给它的一个说法是“展示作品的反思”。

反思，是一种智力行为，是对先于精神中一切具象事物而构成的精神的纯粹形式的反思，是一种重新塑造。只是这种形式的反思是对具体表现形式的瓦解，也是对批评者先在的关于形式知识的毁灭，这是两相相遇时发生的震动以及对各自的修正，而形式中面向未来的因素，作为种子得以长久地或者说永恒地留存下来，也就是说，这种瓦解与毁灭恰恰表现了具体表现形式的不可毁灭性，“证实的是作品的幸存，作品从这一范围汲取的是它不可毁灭的存在。”[2]这种重新塑造，正是表现形式的有限运动对绝对形式的接近。这与把解释看成是一种生存本体的向未来无限开放的现代解释学，在思想上是极为相似又不尽相同的。

本雅明这种看似相对又不尽相同的思想，再次表现了他思想的自我矛盾。一方面，他认为不存在一成不变的文学，“如果谁要认为有古希腊罗马时期作品的存在，他将是错误的。古希腊罗马时期的文化现在才开始产生……；古典文学的状况和古希腊罗马时期的文化一样，对我们来说，它本来是不存在的——它是没有的——它将要由我们产生出来。通过对古人的刻苦而富有思想的研究，才能产生一种我们的古典文学——一种古人自己本没有的文学”[3]，他对诺瓦利斯诗学理论的认同，表达了文学是与我们对文学的认识一同产生的，同样，在他看来，作为文学史构成的批评，是在批评者的反思中，在批评者与

1 [德]本雅明：《经验与贫乏》，王炳钧译，百花文艺出版社 1999 年版，第 73 页。

2 [德]本雅明：《经验与贫乏》，王炳钧译，百花文艺出版社 1999 年版，第 101 页。

3 [德]本雅明：《经验与贫乏》，王炳钧译，百花文艺出版社 1999 年版，第 130 页。

作品的交流中得以生成、延续和发展的。另一方面，本雅明对德国早期浪漫主义的重新解读，目的就是要“恢复”早期浪漫主义关于批评概念的“真相”。既然本来是不存在的，它将由我们产生出来，经由批评而产生的艺术的理念，或者说绝对的形式是面向未来延展开放的，不是本质主义所谓的那种先在的图式或先验的形式，那么，又何来什么“真相”呢？

以有机主义为核心的浪漫主义理论和现代批评概念的根本区别在：前者信奉的是对立面的调和统一，后者描述的是有机断裂中意义碎片的救赎。浪漫主义有机文学理论和碎片废墟的现代批评思想间的悖谬的和解是怎样实现的？本雅明在对浪漫主义批评概念的分解深入中，依据的是心理化的辩证法。因而，对于本雅明对德国早期浪漫主义的重新解读，重要的不在于它是否“恢复”了早期浪漫主义的“真相”。

游移于犹太教文化与历史唯物主义

本雅明这种理论游牧性既体现在他对犹太教文化的接受上，也体现在他对历史进步的认识上。

由于本雅明对超越性精神的追求，他很容易对宗教产生共鸣，他对朔勒姆说过：“如果我有一种自己的哲学的话，那么它在某种程度上会是一种犹太教哲学。”[1]“本雅明的马克思主义始终是混合着犹太教的神秘主义和救世主义的。在接触马克思主义之前，本雅明就已经形成了救世主义的观念。”[2]也就是说，本雅明的马克思主义和犹太教救世主义都是不纯粹的。这是国内外学者比较一致的看法，具体还可参见朱立元《“寓言式批评”理论的创立与成熟》一文的分析。即使不纯粹、好歹被认为是贯穿他生命始终的宗教思想，本雅明也与之有着极大的疏离，以至巴黎落陷时，本雅明再次向朔勒姆提出前往巴勒斯坦研究计划，朔勒姆对此没有给予回复，其中的一个可能的理由是本雅明在这个问题上的反复无常，让朔勒姆无法确定本雅明这次到底是不是真正下定决心了。

本雅明对犹太教“未来观念”也表现为一种游移性。在马丁·布伯看来，犹

1 G. Scholem：Walter Benjamin：The Story of a Friendship，P32.

2 ［德］瓦尔特·本雅明：《德国浪漫主义的批评概念》，陈永国、马海良编译，中国社会科学出版社，第38页。

太教的精神包含着对三个观念的追求，其中之一就是“犹太民族的时间感比它的空间感发展要强得多，犹太文化是一种具有深厚历史意蕴和时间感的文化。”[1]对此本雅明不以为然，这种出于对“时间无限性信念，仅仅致力于辨别人类和时代在进步道路上时快时慢的节奏。……针对这种观念有如下一种思考：就像以前的思想家的各种乌托邦设想，历史在一种决定性时刻停顿下来，汇聚到一个焦点。这种终结状态的种种因素不是呈现为不定形的进步倾向，而是作为危险的、被诅咒、被讥讽的创造物的理念，埋藏于每一个现在。历史的任务乃是用一种真正方式赋予实现的内在条件以绝对形式，使之在现在就变成可见的和支配性的，……但是只有在形而上学结构中这才是可理解的，正如弥赛亚一国或关于法国革命的理念。”[2]也就是说，本雅明反对在同质的时间中的无限进步历史观。历史会有终结，但终结并不意味对“进步”的完成，而恰恰是对“现在”时间中被排斥的异质因素的肯定。

基于对资本主义文化生产方式的深刻认识，本雅明意识到对历史“进步”的衡量，由于尺度的不同而有截然不同的结果。

文化领域里的价值来源与经济领域的不同，因而，历史的文化价值及其评价方法必须要依从文化的特性。他说的：“任何一部记录文明的史册无不同时又是一部记录残暴的史册”[3]，实际上是他把“进步”概念放置在于一体历史的经济与文化两个面上，从两重评价体系得出的结论。从资本主义生产的经济评价体系出发，即从生产、消费与交易等过程是否具有效率着眼，社会经济的发展无疑是文明进步的表征，如果从经济生产体系运作是否公平公正角度着眼，也就是从经济的文化发展入手，我们会发现经济的进步恰恰是资产阶级对无产阶级野蛮剥夺的过程，是一部血债累累、血雨腥风的野蛮史。恰恰是由于他把对“进步”的考察，放置在不同理论场域的不同评价体系中，资产阶级所谓的“进步”的被历史掩盖的野蛮一面就此彰显出来，历史不再是以往向我们显现的那

1　马丁•布伯著，《论犹太教》，刘杰等译，山东大学出版社，第35页。

2　R.Wolin：Walter Benjamin：An Aesthetic of Redemption，University of Califonia press，1994，P49.

3　[德]瓦尔特·本雅明：《历史哲学论纲》，见《本雅明文选》，陈永国、马海良编译，中国社会科学出版社1999年版，第407页。

样是匀质空洞的随时间流逝的进步的历史。

本雅明的《哲学历史论纲》实际上是对我们一直来认为自明的进步观提出质疑，并进一步明晰这是“一种脱离实际、教条武断的进步观”，是社会民主主义理论的基础。这样的进步观之所以得以延续，既有理论思维的惰性，“因袭成文从一开始就是社会民主主义的重要组成部分，这不仅表现在它的政治策略中，也表现在它的经济观点中，这是它日后衰落的一个原因”[1]。还有就是基于人类对于匀质空洞的时间的经验，以及对于人类的历史性进步的信念。从根本上忘却了这是一种源于资本主义生产方式的历史进步观，它的危害是“极大地腐蚀了德国工人阶级”，“回避了产品在不属于工人支配的情况下如何造福于工人的问题。它只看到了人在支配自然方面取得的进步，而没有看到社会的退步”[2]，尽管这是针对社会民主主义抽象谈论技术进步和劳动的改进而言的，但对于如何面对人类的文化遗产也同样适用。

人类的文化遗产，在一个移情胜利者的历史中，文化财富往往是胜利者从失败者那儿俘获的战利品，不可避免地沾染着易手的主人们所携带的残暴气息。本雅明正是承继犹太教禁止探察未来在记忆中体验未来的文化思想，与历史唯物主义提供的则是人在过去的独特经验联系起来，同时，在厘清概念产生的历史场域后，坚持把技术、劳动和进步等概念放置在资本主义的社会现实和生产方式中，致使他从容地从现行流行的时间和历史观念中抽身，深刻理解马克思对现行的抽象谈论劳动所产生的危害的批判：“……一个除自己的劳动力没有任何财产的人”必然“不得不为占有劳动的物质条件的他人做奴隶。”[3]但是，很显然，他的历史唯物主义又具有浓郁的犹太教的弥赛亚主义气息，是从禁止探察未来出发，“倒着跃向过去的”[4]。这并不意味“未来就成了匀质的、空

1 [德]瓦尔特·本雅明：《历史哲学论纲》，见《本雅明文选》，陈永国、马海良编译，中国社会科学出版社1999年版，第409页。

2 [德]瓦尔特·本雅明：《历史哲学论纲》，见《本雅明文选》，陈永国、马海良编译，中国社会科学出版社1999年版，第409页。

3 [德]瓦尔特·本雅明：《历史哲学论纲》，见《本雅明文选》，陈永国、马海良编译，中国社会科学出版社1999年版，第409页。

4 [德]瓦尔特·本雅明：《历史哲学论纲》，见《本雅明文选》，陈永国、马海良编译，中国社会科学出版社1999年版，第412页。

洞的时间。因为每一秒的时间都是一道弥赛亚可能从中进来的狭窄的门”[1]。这是他沟通过去、现在和未来，联结历史唯物主义与犹太教弥赛亚，寻求的历史救赎。

日常生活显现的热情与冷酷

本雅这种对待事物的复杂态度，在他的日常生活中也往往有非常明显的体现。一方面，他对事物保持高度的热情与兴趣，甚至令人吃惊地显现出与他年龄不相仿佛细腻。这在他的《1900年柏林的童年》里有着非常集中而细腻的体现。这是他年近四十时对童年生活场景的片断描述，对许多场景中孩子心态的刻划可以是真切而细致入微。如《发烧》中孩子的心理，在他笔下是多重而曲折的。对枕头游戏的描述，生动地表现了一个病中的孩子在极其狭隘的空间中的游戏，逼真地再现了病中的孩子在拓展有限空间的游戏中的快乐，真切地模拟了在寂寞无聊中打发时光寻求慰藉孩子的想象。

此外，对生病表现出的态度也尽显一个遭遇冷落的病中孩子的矛盾与复杂心态：既害怕真正的病魔，又渴望借由疾病得到母亲的关爱。从妈妈以非常谨慎的方式对待体温表，“仿佛我的生命就装在那细管之中”，感受到真正的病魔对脆弱生命的摧残；又有生病孩子的孩子式期待，因为“病的渐渐痊愈就像分娩一样把我与母亲的维系解除了”，“佣人越来越经常替代妈妈来到我的身边”，淋漓尽致地表达了一个缺少母爱的孩子对母爱的渴望。

本雅明采用“阿里阿德涅”以绕线团走出迷宫的方式，也就是儿童文学中常常用的重复，在回环往复的迂回复沓中，在阿里阿德捏的往返引领中，让人与他一起感受病中孩子反复多变的心情。疾病来来去去，最后“在我就要忘记它的时候，它却在我的成绩簿上向我发出最后的问候”。怎么也想不到令人伤痛的疾病会以这样的方式与孩子告别，还有什么比“最后的问候”更让人意外又更让人会心的表达了。成绩簿上最后的问候：“缺课，一百七十三小时”。并没有让孩子感到惭愧，相反，缺课的小时数，在孩子眼中“像残疾人胸前的功

1 [德]瓦尔特·本雅明：《历史哲学论纲》，见《本雅明文选》，陈永国、马海良编译，中国社会科学出版社1999年版，第415页。

勋带”和“荣誉的标志”。这表明发烧是让人头痛的事，而上课则更让孩子伤心。缺课因为生病成为一种不得以的缺席，却给无力反抗大人、无理违背规则的孩子带来多么大的快乐！这种快乐是血液中浸淫着对制度反抗渴望的孩子才有的快乐！

一个年近四十的成年人，是如何保有这种曲折而生动表达病中孩子的游戏想象、恐惧与渴望的矛盾心态和不得以的缺席带来的反叛的快乐等丰富内容的，尤其是在经验破碎的现代性社会中，这应该是一位保有赤子的天真和无邪的童心的人！也因此，知识的渴求于他才不会成为他观察事物的障碍，即知识于他才不会发生“智障”的问题，而是成为他生命的底色。这种生命的底色将贯穿在他观察世界的过程，尽显在他理论的结论中。他的理论从而呈现出游牧的特性。

另一方面，当他的热情消失了，他便毅然决然地选择放弃。这在他私人生活中得到最充分的体现。他曾经是那么地迷恋阿丝亚·拉西斯，大老远地跑到寒冷的莫斯科，并将他的《单行道》献给她，在题记中写道：“我把这条街命名为阿丝亚·拉西斯街。作为一个工程师，她使这条街穿过作者。”事实上，拉西斯的确以她个人的魅力对本雅明转向马克思主义起了启蒙的作用，尽管在《莫斯科日记》里我们看不到本雅明曾经对朋友所说的拉西斯对他在理论上的重要影响。但正是通过与拉西斯的接触，本雅明感到“一种根本的解放”。对阿丝娅·拉西斯的爱情则为他的学术创造开启了另一片天地，唯物主义理论与实践的天地。……本雅明在1924年9月16日写的一封信中这样写到。这是他第一次比较详细地谈到了他对当时关于共产主义问题的看法。[1]其间正是由于她的反对，本雅明放弃了去巴勒斯坦的第一次计划。[2]放弃移居巴勒斯坦，也是一种思想方向的选择。与拉西斯的再度重逢，强化了本雅明对马克思主义的兴趣。本雅明对拉西斯的迷恋，不单纯是男女情欲，而是包含着一种精神追求。因为阿丝亚是一个对本雅明有双重吸引力的女人，“在一定程度上，阿丝亚在本雅明试图与一种社会现实建立精神联系的过程中是一个不可替代的中介”[3]。正是拉

1 ［德］毛姆·布罗德森：《本雅明传》，国荣、唐盈译，敦煌文艺出版社2000年版，第168页。
2 刘北城：《本雅明思想肖像》，上海人民出版社1998年版，第152页。
3 ［德］毛姆·布罗德森：《本雅明传》，国荣、唐盈译，敦煌文艺出版社2000年版，第213页。

西斯的介绍，1929年5月，本雅明与布莱希特会面。两人一见如故，惺惺相惜。……肖勒姆后来认为，布莱希特给本雅明的生活注入了一种全新的因素。本雅明思想中的马克思主义倾向进一步加强了[1]。本雅明在认识布莱希特之后，特别值得玩味的是"随着与布莱希特友谊的开始，拉西斯在本雅明的视线里便消失了，尽管还有联系"[2]。他与布莱希特所接近的东西的关系比和拉西斯的关系更密切，换言之，布莱希特的思想较拉西斯的感情更强烈地吸引了本雅明，他便自然而然地疏远了拉西斯。

本雅明就是这么一个非常情绪化又非常冷静追求真理的人。正是这种对什么都充满热情、又对什么都不能全心全意的态度，他被背运的或者说不济的命运跟踪。本雅明这种像个刚睁眼的孩子充满好奇地穿行于各个理论论域中的行为，全然不顾各种理论话语背后的集团利益的博弈与交锋，本着"吾爱吾师，吾更爱真理"的理想，忽略世俗社会中吾师往往不会喜欢较爱自己更爱真理的弟子的现实（因为吾师们往往会有一种被弟子背弃的感觉），依然天真地吸纳、赤诚地拥抱向自己敞开的世界。难怪阿伦特·汉娜在《启迪》（本雅明文选英译本）导言第一部分用德国民间诗歌集《魔角男孩》中的"驼背小人"，这个被他注视就会遭遇厄运的童话形象来概括本雅明的一生。

理论表述的马赛克

本雅明游牧各种理论疆域的特色还体现于他的写作。他的游移理论边缘的思维特征是用他的充满悖论的表述来展现的。

我们先截取一段他的话，看看他说些什么？并试加分析他是怎么说的？

> 在破坏型人物的眼中，没有什么恒常之物。但恰恰因为如此，他在任何地方都能发现道路。在别人因墙壁或山脉而阻隔的地方，他却看到了一条道路。但是，因为他处处都看到路，他也就不得不处处清除这条道路上的障碍。（这种清除工作）并不总是仰仗蛮力的，有时借助的是最精巧优雅的力量。

---

1 刘北城：《本雅明思想肖像》，上海人民出版社1998年版，第153页。

2 ［德］瓦尔特·本雅明：《莫斯科日记》《柏林纪事》，潘小松译，东方出版社2001年版，盖里·史密斯《莫斯科日记》后记，第191页。

> 正因为他在哪里都能发现道路，他总是使自己置身于十字路口。这一刻不知道下一刻会发生什么。他将存在的事物化为瓦砾，并不总是为了瓦砾本身，而是为了那条穿过瓦砾的道路。[1]
>
> ——瓦尔特·本雅明

本雅明所叙述的内容本身表达了一个身处现代性社会的具有敏锐洞察天赋的人的彷徨与迷惘，一方面他总是可以在别人找不到路的地方开辟出路来，并且有能力将存在的阻碍前进的道路上的事物化为瓦砾并从中穿越；另一方面自我选择与开拓所必须面对的自我承担又让有限的自我不堪重负，“这一刻不知道下一刻会发生什么”。

本雅明的叙述形式也破坏了以往理论叙述的简单一贯的逻辑发展链条。线性的语言无法安置他那旁枝逸出的丰富思想。这段文字中，与在别人看不到出路的地方“他在任何地方都能发现道路”衔接紧密的应该是跨越几行的“正因为他在哪里都能发现道路，他总是使自己置身于十字路口”。而行文实际紧跟的是“但是，因为他处处都看到路，他也就不得不处处清除这条道路上的障碍”，并在清除障碍的语言推力作用下，他的叙述又指向了对清除方式的描述，即“不总是仰仗蛮力的，有时借助的是最精巧优雅的力量”。叙述从主干的旁枝逸出后，经历一个曲折，才又拐回到主干。行文的文气因此也显得断断续续、磕磕碰碰，更要命的是他在将自身置于一个个十字路口不知如何选择的当儿，还通过他的感受体验，将我们也带入他的惘然中，与他一起置身布满网络的线路图中。如何清除道路的障碍于本雅明是不成问题的，问题是不知如何选择？因为有限个体的盲目选择，很多时候并不回到主干，而且，有没有主干这本身也是个问题。行文一如在城市中迈步的“流浪汉”，迈着与乌龟相同节奏的步伐惘然地穿行于城市的各自街道，盲目地选择这一刻不知下一刻地徒然地游走。本雅明所创造的文体也如波德莱尔对现代性的描写那样，是充满“过渡的、短暂易逝的、偶然的”，已然成为城市风景的一段段残片。

1 转引自［英］戴维·弗里斯比：《现代性的碎片》，卢晖临、周怡、李林艳译，商务印书馆 2003 年版，第 4 页。

此外，本雅明急于把自己的种种破坏性想法告诉别人的行文，缺少必要的交待，以蒙太奇的方式组接和转换电影的场景，从而加剧了他的混乱。这从他对《贝尔托尔特·布莱希特》的批评中我们可以感受到。文章一开始，他首先指出“如果人们声称自己不带党派立场，超然客观地谈论在世的诗人，这总是一种虚伪……是一种科学上的虚伪”。这表明他批评的立场，是带着党派立场的，是站在维护布莱希特立场上的批评。为表明自己离经叛道的合法性，为别人指控布莱希特是教育家、政治家和组织者而不是文学家，甚至是剽窃者、破坏者而辩护，他指出要真正地把握布莱希特，“默默地略过他创作中的内在危险性，他的政治态度问题或者甚至是剽窃事件，这将是愚蠢的。由此人们将使自己失去进入他的创作的入口”。也就是说：“越是远离廉价的高贵，越是坚决地探讨一部作品中正具现实性的观点，它就越是严格。”[1]

对于作品价值的描述应该放置在它所处的历史位置与所要发挥的历史功能着眼，基于这样的标准，对于作为教育家、政治家布莱希特的辩护词是“布莱希特投入自己才能的位置……这些位置以它们的全面重要性凸现出来，为了它们的缘故，作家告别了自己的‘创作’，就像工程师在荒漠中开始钻探石油一样，在现实的荒漠中，作家有数个经过确切推算的位置上开始他的工作。在这里，类似位置就是戏剧、佚事体故事和广播——以后将涉及其它类型。”[2]

布莱希特的情感在立志改变世界，而他的对象又很贫穷，“思考者不得不以尚存的寥寥几个切合实际的想法来应付一切”，采用重新装配的方式写作，“写出的东西越是高水平，就越能够改形、拆卸和转变”[3]。这便是布莱希特被指责为剽窃的缘由。但为了在现有条件下对社会的改变有切实的作为，“文学对他将不再有所期待。文学知道，它所面临的唯一机会就是在一个分支繁多的改变世界的过程中成为派生的产物。在这里，它就是这样一个产物，而且是一个不可估量的产物”[4]。“布莱希特将它宣布为文学形式。写出的东西对他来说不是

1 ［德］本雅明：《经验与贫乏》，王炳钧译，百花文艺出版社 1999 年版，第 234 页。

2 ［德］本雅明：《经验与贫乏》，王炳钧译，百花文艺出版社 1999 年版，第 235 页。

3 ［德］本雅明：《经验与贫乏》，王炳钧译，百花文艺出版社 1999 年版，第 241 页。

4 ［德］本雅明：《经验与贫乏》，王炳钧译，百花文艺出版社 1999 年版，第 236 页。

作品，而是器械和工具。”[1]

对照本雅明在《作为生产者的艺术家》对倾向与文学关系的探讨，我们发现彼此似乎又存在矛盾。其实细细考量，我们可以知道他探讨问题的论域是不同的，在《作为生产者的艺术家》里，他更多是从普遍或一般意义的角度着眼，指出“一部作品只有在文学上具有质量，其倾向才可能在政治上正确。这就是说，在政治上倾向正确也就包括了正确的文学倾向。……正是这个文学的倾向而不是别的，构成了作品的质量，它无论是隐性地还是显性地都包容于任何一个正确的政治倾向之中。正是这个缘故，一部作品正确的政治倾向也就包括了其文学质量，因为其文学质量包括了其文学倾向。”[2] 而在《贝尔托尔特·布莱希特》中，本雅明是对具体的行动着的作家布莱希特的批评，因而，他是基于这样的一种认识展开批评的，即“正确的政治倾向与先进的文学技巧不论在任何情况下都存在于功能的依赖性之中。”[3] 这种混乱是他的追求。他引用施莱格尔的话说：“最高级的美，最高级的秩序也只是混乱之秩序，即那种在等待爱的触及，进而展现为和谐世界的混乱……”[4]

重要的不是本雅明说了什么，而是他是怎么说的。本雅明要求哲学与艺术共同分担表征世界的任务。如果说 17 世纪巴洛克悲悼剧成为适合表现德国的戏剧，那么，他的拼贴式写作、散文风格的行文、抑或蒙太奇表现，以艺术表现方式展示他理论意义的丰富性，向读者畅开自身，不是采用某个文化场域的特定规则来表现，而是摸索适合再现现代性破碎体验的表现。面对技术时代的艺术这个主题下展开的经验 / 体验、灵韵 / 震惊、创造 / 复制这一对对概念，如果我们立足于现代主义的立场去编码，结果呈现于我们面前的将是非此即彼的独断论，如果我们是以后现代主义者的眼光去探视，结果自然是或此或彼的选择论。他的弥赛亚情结，对由星星关系构成的星座的形而上迷恋让人自然地

1 [德] 本雅明：《经验与贫乏》，王炳钧译，百花文艺出版社 1999 年版，第 241 页。
2 [德] 本雅明：《作为生产者的艺术家》，见塞·贝克特：《普鲁斯特论》，社会科学文献出版社 1999 年版，第 149 页。
3 [德] 本雅明：《作为生产者的艺术家》，见塞·贝克特：《普鲁斯特论》，社会科学文献出版社 1999 年版，第 151 页。
4 [德] 本雅明：《经验与贫乏》，王炳钧译，百花文艺出版社 1999 年版，第 107 页。

将他与现代主义联系一起，而他的时间意识和历史哲学观又让人将他和后现代主义归为一路。事实上，无论对他作出现代主义还是后现代主义的编码，都是对他的简单化。本雅明在历史星空中的面目就这样在不断的阐释迷雾中若隐若显。

他的写作实践正是他语言理论哲学的践履。“一切语言都是在自身中传达自身。”“一切精神意义的传达都是语言，用词语进行的传达只不过是人类语言的一种特殊情况。”[1]“本雅明的写作在不同的文学体裁之间自由出入，而且他和巴特一样都致力于打破艺术和批评的界限，因此，他不仅呈现给我们一种新的写作方式，而且也呈现给我们一种新的看待写作的方式。”[2]用默克罗比的话来说：“本雅明还开创了一种文化写作的新方式，这种方式的特征是一种不确定感”，“对于当时占统治地位的马克思主义文化艺术的正统学说是很受欢迎的补充”[3]。

或许我们可以揣度，本雅明理论是受意大利建筑物的“多孔性”的启发。本雅明看到了各种理论场域及不同理论场域的交互作用，对每一个问题意义的理解都将产生影响和作用，因而，将问题放置在种种理论中或者理论场域之间，在不同场力的作用下，产生不同的意义；而理解产生的种种意义又处在均势的相互作用力中，并在接受对方或者与对方抗衡的关系中再次发生相互的影响和作用。缘此，产生了本雅明理论的多重内涵，这种种内涵又处于矛盾、紧张、模糊或不确定等状态中。事实上，对本雅明的理解，不必要也不可能从某个既定的理论框架或程式中去理解，他的理论本身就是在向你我显现或诉说他的哲学思索与生命体验过程。

很多人之所以把本雅明之死与自由知识分子灭绝联系在一起，是因为在20世纪伴随知识分子商品化、职业化和政治化现状加剧，他却试图背离这一

---

1 [德]瓦尔特·本雅明：《论语言本身和人的语言》，见《本雅明文选》，陈永国、马海良编译，中国社会科学出版社1999年版，第275页。

2 安吉拉·默克罗比：《后现代主义与大众文化》，田晓菲译，中央编译出版社1994年版，第140页。

3 安吉拉·默克罗比：《后现代主义与大众文化》，田晓菲译，中央编译出版社1994年版，第138页。

时代潮流，背负着好逸恶劳不谙世事的闲逛者之名，与各种主流思想都保持一定的距离，以一种真正的研究态度看待它们，他就这样游走在各种理论的疆域。以一个天真赤子的眼光，流浪者的闲荡漫游，背负着对上帝的敬畏，客观冷静地剖析，形上生动地沉思，以哲学和艺术交织的方式，表征他对世界和现实的体验。而在他冷静、审慎的分析中涌动的是桀骜不驯的浪漫激情。最后摘取弗里德里希·布尔舍尔评价本雅明和赫赛尔翻译普鲁斯特的关于本雅明的片断作为本文的结语：

"瓦尔特·本雅明则代表了他(普鲁斯特)微妙、准确、不懈探索、批判地前进的一面。""本雅明表现出了他传达诗性和共鸣的强烈情感和表达力，这一点不仅在这部翻译中，在他翻译的波德莱尔的作品中也可以看到。"[1]

1 [德]毛姆·布罗德森:《本雅明传》，国荣、唐盈译，敦煌文艺出版社2000年版，第209页。

第三章　阿多诺思想的二重奏[1]

关于审美现代性[2]与文化现代性[3]的关系，阿多诺的态度是比较明确的：两者基本上就是一对非此即彼的对手，他之所以坚持这种态度，就在于他认为从本质上与所扮演的角色方面看，艺术与文化基本上是背道而驰的，并且很大程度上，今天艺术困境的形成与大众文化的侵蚀有莫大关系。因此要想了解阿多诺的这种对立思想，就需要分析他眼中的艺术和文化的本质如何、它们所扮演的角色为何。

一　何谓艺术与文化

关于艺术，阿多诺认为，其一，从艺术自身而言，每个艺术作品都是一个“无窗的单子”。“无窗的单子”（windowlessmonads）原本是莱布尼茨的一个重要概念，他认为自然界最基本的组成部分是些没有窗口的单子，所有单子因其某种圆满性而被赋予“隐德莱希”之名。阿多诺借用了此单子概念并频繁地使用它，例如在《美学理论》中用它来阐述艺术作品的身份，在《启蒙辩证法》中

1　本章由李进书撰写。李进书，男，1972 年生，河北沙河市人，文学博士，现为河北大学文学院教授，主要从事西方马克思主义理论、审美现代性、文化现代性研究。

2　审美现代性指艺术、美学和哲学等围绕“完整的人”来审视现代性时所凸显的特性：具有批判、反思、坚持与交往和对话（交往和对话是一类）等四个内涵。此观点吸收了曹卫东关于席勒“完整的人”的思想。

3　文化现代性指现代社会的文化的特征以及此文化在现代性中所扮演的角色，法兰克福学派第一代人多数从大众文化批判开始，进而分析整体的文化概念以及文明本身，他们认为文化与文明是野蛮的、压抑性的。

用它来比喻被愚弄的个体等。在他看来，首先，单子特性保证了艺术作品是一个自律实体，即它无需攀援或寄生就可拥有圆满性和自足性，但自足性不等于自闭性，实质上，这些单子在交往着，因为“艺术作品之所以具有生命，正是因为它们以自然和人类不能言说的方式在言说。艺术作品之所以喜好交谈，正是因为它们个体构成要素之间需要沟通，而这些构成要素不同于那些处于纯然传布状态中的事物。”[1]其次，单子特性确立了艺术作品的社会性，但这种社会性并非“上帝的干预”（莱布尼茨语）所致，而是由艺术自身特性决定的，“所有艺术作品，其中包括那些冒充完全和谐的艺术作品，均属于各种问题的一种内在的关联（Problemzusammenhang）。于是，它们一起参与历史的发展，超越了自个的独特性或独一无二的品性。”[2]而阿多诺更超越莱布尼茨的地方，在于他认为艺术的社会性不是为了和谐，而是为了“不和谐”或对抗，因此他赞扬了勋伯格和他的学派为听众提供了“重大震惊”，体现出艺术家的一种冒险、批判和反抗精神。简言之，阿多诺认为艺术作品因“无窗”而自足，并有效地抵制外在事物的侵蚀，但由于语言的交往天性与艺术作品的历史性，因此艺术作品既亲密地交往着，又凭借其“无窗性”与社会对抗着。即如他所言：作为一个单子，艺术作品“既为一物的同时也是引力的中心”。

其二，从社会角色来讲，艺术是“社会反题”。阿多诺强调艺术既是又不是自为存在的，因为如果没有异质契机，艺术就无法获得自律性。但艺术的社会性不是要求艺术去屈从于社会，确切地说，“艺术的社会性主要因为它站在社会的对立面。但是，这种具有对立性的艺术只有在它成为自律性的东西时才会出现。通过凝结成一个自为的实体，而不是服从现存的社会规范并由此显示其‘社会效用’，艺术凭藉其存在本身对社会展开批判”[3]。为此，阿多诺既反对艺术脱离现实而闭门造车，又批判艺术融入现实而丧失自律，而艺术之所以能够担当“社会反题”角色，就在于艺术播撒的是“真理性内容”（truthcontent）。简而言之，“真理性内容”就是超越于时空而始终正确的思想，“真理性是现存社会的对立面；因为它比后者的活动规律更为广大，具有其自身活动的相反规

1　阿多诺：《美学理论》，王柯平译，成都：四川人民出版社 1998 年版，第 7—8 页。
2　阿多诺：《美学理论》，王柯平译，成都：四川人民出版社 1998 年版，第 602 页。
3　阿多诺：《美学理论》，王柯平译，成都：四川人民出版社 1998 年版，第 386 页。

律”[1]。而艺术要想能够达到真理性层面，一般情况下它需要满足两个条件：一，它必须坚持不懈地去批判社会，这是阿多诺以及第一代的法兰克福学派所信守的艺术职责，“真理性内容与社会性内容是互为中介的。艺术之所以化为认识，是因为艺术把握住了现实的本质，迫使现实露出真面目，于此同时又使这种真面目与其表象相对立。艺术不必直接谈论现实的本质，也不必描绘现实或以任何方式模仿现实”[2]。二，艺术必须持续地反思自身。阿多诺强调，批判性自我反思是艺术作品固有的东西，它通过超越单个作品而提炼出某种“意义”或真理性内容来；反思也确保着艺术的正确立场，因为只有不断地反思，人们才能辨析出哪些新兴的现象是艺术，才能保证艺术始终是真理性内容的负载者，相反文化工业虽是新兴的事物，但它消解着真理性内容；反思还是艺术建构的一种内驱力，艺术的双重任务是批判与建构，而它要想建构就需要通过反思找出解决方法来，去构想一个不同于当下的完美形象来[3]。

关于文化的概念，阿多诺虽没有太多的阐述，但我们可以从他文本的某些片段中找出真相来，如“真正意义上的文化绝不仅仅使自己适应于人类；相反它总是同时培养一种抗议他们之间石化关系的力量，由此应该尊重这种它们（力量）。”[4]还有“凡有理由被称作文化的，都要在回顾中接受在不断控制自然的进程中遗留在路上的一切，这一进程就反映在不断增长的合理性与愈发合理的统治形式中。所谓文化，就是在普遍性与特殊性未取得和解的情况下，特殊性不断地抗议着普遍性。”[5]也有“其成员从不倦于攻击作为人类努力的高级领域的文化和作为人类状态低贱方面的物质存在之间的对立”[6]，这些意味着，阿多诺认为文化应是一种“抗议”力量，应具有一种回顾或反思功能，应作为“人类努力的高级领域”等。他的期待包含了文化最初的“对心灵陶冶”功能，也体现

1　阿多诺：《美学理论》，王柯平译，成都：四川人民出版社 1998 年版，第 336 页。

2　阿多诺：《美学理论》，王柯平译，成都：四川人民出版社 1998 年版，第 441 页。

3　阿多诺：《美学理论》，王柯平译，成都：四川人民出版社 1998 年版，第 384 页。

4　Adorno. The Culture Industry[M]. edited and withanintroduction by J. M. Bernstein.London：Routledge，1991：100.

5　施威蓬豪依塞尔：《阿多诺》，鲁路译，北京：中国人民大学出版社 2008 年版，第 189 页。

6　马丁·杰伊：《法兰克福学派史》，单世联译，广州：广东人民出版社 1996 年版，第 203 页。

出人类学意义上的重要性，而这种高期待使得他以及学派其他人某种程度上将文化与文明等同起来，并以此来批判文化或文明的缺陷，如阿多诺赞扬斯宾格勒显示了“作为形式和秩序的文化自身的进程是与盲目的统治串通在一起的”，本雅明揭示道：“没有一个文明的记录不同时是野蛮的记录。”

但是文化本身的现状与阿多诺的殷切期待背道而驰，文化堕落为邪恶力量的同谋，为此他感喟道：“在奥斯威辛集中营之后，任何漂亮的空话、甚至神学的空话都失去了权利，除非它经历一场变化。”[1] 而最令阿多诺焦虑的是大众文化的现状，因为它是文化工业，是维护统治秩序的“社会水泥”。其一，因变质为消费品，大众文化丧失了自律性，变异为“文化工业”（cultureindustry）。关于大众文化的身份，詹姆逊提出了“经典文学”和“中等趣味的文学”之区分，前者对应着高级现代主义美学，后者对应着后现代主义文化，[2] 这种界定将大众文化抬升到了文学的层面，这赋予了它一个高贵的血统，也就要求我们以文学的标准来检验它的职责如何。但令人失望的是它已堕落为消费品，丧失了其应有的自律性，为此，阿多诺批判今天娱乐至上的大众文化并非一个简单的商品，而是一个有计划、有较强整合能力的工业体系，它张着血盆大口试图吞噬一切，即它是具有着“独特之处”和“可怕之处”的“文化工业”。阿多诺认为文化工业的“独特之处”指它不像流行艺术一样是文化自发的产物，而是具有着一种极强的“计划性”——利润，而崇尚利润势必消解了文化仅有的“人性因素”，势必刺激着它完全以工业的标准化来生产，以精确的算计来销售。而文化工业的“可怕之处”指它凸现着较强的吞噬和整合能力以及水滴石穿的韧性等。此韧性既表现为文化工业借助着技术和媒介持续地生产着同样的东西，向大众灌输着类似的观念，也体现出它要将不同年龄阶段的人都收拢到其规划之中的企图，甚至包括10多岁的儿童。

其二，从社会角色看，文化工业是维护统治秩序的“社会水泥”。阿多诺认为大众文化之所以会担当此角色，就在于其原欲是要将所有事物都变换为商品，赚取当下的巨大效益，如当代音乐就具有这种堕落性，“此音乐功能的变

1　阿多尔诺：《否定的辩证法》，张峰译，重庆：重庆出版社1993年版，第368页。

2　詹姆逊：《时间的种子》，王逢振译，南京：江苏教育出版社2006年版，第250页。

化涉及着艺术与社会关系的基本状况。交换价值越破坏人类的使用价值，它越会将自己伪装为娱乐的目标。人们已经质问了什么是水泥（cement）——将商品世界凝聚在一起。答案就是某种整体命令驱使着消费品的使用价值转化为交换价值，最终从交换价值中解放出来的每个快乐都扮演着颠覆性角色。商品的交换价值的表象具备了一种具体的融合功能。”[1]这种“水泥”功能使得艺术鉴赏变换为消费体验，艺术鉴赏强调的是审美能力和认识能力的提高，消费体验满足的是购买和使用的快乐；艺术鉴赏丰富了人们的审美感知，并挖掘了他们的再创造潜能，消费快乐投合了人们肤浅而短暂的娱乐；艺术鉴赏带来了“一千个哈姆雷特”，消费快乐将差异的人整合为同一的“消费者”。由于文化工业不再以思想和审美理念来吸引和打动大众，只靠炫目和刺耳的视听来取悦他们，而在这种多变的文化商品面前，消费者无法洞察到其真容，相反被它所迷惑，结果“在商品的神话性的不可揣测面前，消费者变成了庙宇的奴仆。没有哪个地方像此地一样，让他们牺牲自身，让他们背叛自身。”[2]可以说，真正的艺术创造出差异的人、丰富的人、自主的人，而文化工业规劝出同一的人、简单的人、奴性的人；前者呈现并创造着社会的“紧张关系”（霍克海默语），后者则凸显并伪造着社会的虚假和谐；前者威胁着当下所谓的稳定但有助于社会的长远发展，后者虽维护了时下所谓的安定但牺牲了人类的长久进化。

总之，在身份界定上，阿多诺坚信：艺术与文化（尤其大众文化）不是盟友而是对手，艺术享有自律或“自治”，并因此而生存，大众文化放弃自治而依附经济，变异为文化工业，却凭此而繁荣；艺术暂作社会的反题，并借此而进化，文化工业充当了社会水泥，并靠此而垄断社会；艺术因不合时宜而遭遇冷落，文化工业因趋炎附势而备受宠爱。可见，两者是如此不和谐，奇怪的是虽然艺术激烈地批判着文化工业，但后者以微笑来回报艺术的横眉冷对，并将艺术融合到自身之中，这似乎显得艺术是刻薄的，而文化工业是宽容的。那么真相为何？

1　Adorno. The Culture Industry[M]. edited and withanintroduction by J. M. Bernstein.London : Routledge，1991，P39.

2　Adorno. The Culture Industry[M]. edited and withanintroduction by J. M. Bernstein.London : Routledge，1991，P39.

二　恩怨的形成

在阿多诺这里，审美现代性对于文化现代性没有任何友谊和温情可言，只有满腔的仇恨和无情的批判，从表面上看，是因为文化工业消解着艺术的“灵韵”（本雅明语），威胁着艺术的地位，实质上，是文化工业加深了现代主体的异化程度，提高了现代秩序的控制力度，即让人更加“非人”（利奥塔语）化，使社会更像一个“牢笼”（韦伯语）。这些表明审美现代性与文化现代性的恩怨不是私人利益之仇恨，而是关乎人性的、现代性之“解放兴趣”（哈贝马斯语）问题，也就是说两者间争斗的胜负关系着人类幸福和文明进化等宏大问题。

具体而言，从表象上看，文化工业瓦解了艺术家族，蚕食着艺术既有的神圣地位。在文化工业大行其道之前，很大程度上，人们的精神世界是立足于艺术基石之上的，通过艺术所呈现的真善美，人们走出了灰暗的“洞穴”（柏拉图语），摆脱了因无知而招致的恐惧，懂得了“要有勇气运用你自己的理智”（康德语），了解道“人格结构”（弗洛伊德语）包括着本我、自我和超我等，知晓了“酒神精神”（尼采语），明白了现代主体的异化程度不断地加剧等。由于这些知识分子承受着“立法”之重任——其真善美思想因深刻和纯粹而拥有一种普世性，享有着“治外法权”（鲍曼语），而这种较高的荣誉和尊崇召唤着诸多人加入其中，组成了一个“豪门望族”。但在今天消费细密化环境中，人人以消费为荣，并以消费的程度来评判他人的生活质量与社会地位，这种外在压力与内在欲望所形成的合力致使一般的艺术家难以坚守艺术理想，转而同化于社会，异化为消费者，并赞美消费至上原则。在消费品的冲击下或荣华诱惑下，诸多艺术家或曾抱有艺术理想的人都转而投降到文化工业这个娱乐阵营中，而原来那个苛求严肃、高雅和深刻的“艺术家族”顿时从人丁兴旺败落到后继无人，从门庭若市冷落到门可罗雀。艺术家族的解体还波及到批评家的立场，“通过与文化——这是一种有薪水和尊严但令人讨厌的工作——相合作，文化批评家凸现其特权，却放弃了他的合法权。”[1]而接受者的品质也不容人乐观，他喜

1　Adorno. Prisms. translated by Samuel and Shierry Weber. MIT，1982，P20.

欢的是“视觉享受”或“一饱眼福”的快餐文化，而非可令其流连忘返的深刻之作，即他“必将是一位未开化的感觉迟钝者”。[1]悲哀的是，今天恰恰是这样的“感官迟钝者”的肤浅兴趣和手中的钞票决定着文化产品的命运和声誉，而为了满足和讨好这个“上帝”，文化工业越来越媚俗化、娱乐化、商业化，最终如阿多诺所言：它便生成了自己的本体论，转而一统天下，形成了垄断。

从以上分析看，艺术仇视文化工业好似基于后者威胁着自己的地位，实质上，阿多诺认为艺术仇恨文化工业，更在于后者加剧了人的异化，加固了现代性这个牢笼，即文化工业压抑着人们，阻碍着现代性更合理地发展，当然这两方面无法清晰地分割，它们交叉在一起的。

那么，文化工业如何加剧了人的异化呢？关于人的生存状态，诸多思想家比较推崇的是古希腊人的境况，认为那时的人活泼、乐观、顽强、富有想象力等，洋溢着“酒神精神”，他们是“正常的儿童”（马克思语）；他们创造了辉煌的艺术，“希腊神话不只是希腊艺术的武库，而且是它的土壤”[2]；卢卡奇认为他们的心灵是“完满”的，他们都是持有“乌托邦”信念的哲学家。其后，奴隶社会的奴隶、封建社会的农民都深受着统治阶级的压迫和压抑，是些无太多幸福可言的人，他们全然没有古希腊人的那种完美心灵了。而人的生存状况真正令人担忧的时代是资本主义阶段，作一个宏观比较的话，马克思、卢卡奇以及列斐伏尔揭示了现代主体的物质困顿，即他们因生活需求而被异化，为享受消费而被管制；阿多诺批判文化工业则指向现代主体的精神异化，即他们为了提升审美趣味而惨遭虐待。此时，阿多诺强调艺术应作为社会的“反题”，应保持对社会的批判姿态，为此他倡导艺术与社会的“不和谐”关系。这种批判能够带给读者那些不知的真相，能够替读者说出自己不敢说的事实，而通过获取真相，人们保持着清醒头脑、敏锐眼光，从而不易被舆论欺骗，受媒介蒙蔽。这是艺术所给予人的审美效果，而文化工业则将接受者引入了一种截然不同的境地之中，简练地讲，它的肤浅致人简单，它的谎言将人蒙蔽，它的嬉闹培育着人的轻浮等。对于当代音乐，阿多诺批判它们非但不会促进听众聪慧，相反会

1　阿多诺：《美学理论》，王柯平译，成都：四川人民出版社 1998 年版，第 22 页。

2　马克思，恩格斯：《马克思恩格斯选集》（第 2 卷），北京：人民出版社 1995 年版，第 28 页。

致使他们听力退化，“当代听力已经退化，即陷入幼稚阶段。不仅要听的科目与选择的自由和责任都丢失了，而且他们顽固地摒弃了音乐有意识的洞察力，此洞察力从远古时期到一个小群体就已经形成了。他们起伏于广泛忘记与突然承认之间。”[1] 在阿多诺看来，这种幼稚和退化不是因为听众未开化的，而是他们被强制地放弃自己的听力，因为大众音乐乃至整个大众文化都是幼稚的、肤浅的，即幼稚环境必培育出幼稚的人，肤浅氛围必熏陶出肤浅的人。还有，文化工业通过改编既有的艺术作品，将大众已知的艺术形象再次复现出现，结果，非但没有增加大众对社会真相的认知，反倒将他们的注意力转移到那些性感的演员身上，形成了对明星的膜拜。[2] 并且它以“轻松”来消解“严肃”、用“假象”来代替“真实”，由于文化工业源于经济而止于经济，因此如何讨好和骗取大众是其主要目的之一，为此它编织着美丽的谎言去哄骗大众高兴。结果，“文化工业取得了双重胜利：它从外部祛除了真理，同时又在内部用谎言把真理重建起来。”[3] 可以说，这种谎言的编织不仅蒙蔽了大众的眼睛，也将他们引向了一种轻浮、盲从的歧路上，培育了大众一种膜拜心理、盲从意识。

接下来分析文化工业对现代性的阻碍作用。就艺术的职责而言，从现代性初期到现代性盛期以及今天的晚期现代性，艺术从最初热血沸腾的“先锋”成长到深刻的批判者和冷静的反思者，艺术由原初的赞美（也有批判的，如卢梭）发展到今天的批判和反思，而艺术之所以不断地成熟，最基本原因之一在于它坚持将自律性和他律性有机结合。在审美现代性的批判和监督下，现代性从自我沉醉中觉醒过来，借助思想家的批判和建议，适时地改正自身，从而它没有如马克思曾断言那样不久便寿终正寝，相反它不断地涌现出新的活力来，不断地延续地自己的生命。如果说艺术的批判刺痛着现代性去改善自身的话，那么文化工业的谄媚则使现代性滋生着自满，如果说现代性因艺术的批判而得

---

1 Adorno. The Culture Industry[M]. edited and withanintroduction by J. M. Bernstein.London : Routledge，1991，P46.

2 Adorno. The Culture Industry[M]. edited and withanintroduction by J. M. Bernstein.London : Routledge，1991，P78.

3 霍克海默阿道尔诺:《启蒙辩证法哲学断片》，渠敬东，曹卫东译，上海：上海人民出版社 2003 年版，第 151 页。

以进步的话，那么它会因文化工业的赞美而固步自封的，这便是在现代性层面上，艺术为何与文化工业势不两立的原因所在。阿多诺指出，文化工业总是要求人们“遵从”那些存在的事物，而不要怀疑它们存在的合理性；它总是赞美社会，并承载着无关痛痒的证据和非真实的信息；它总是以虚假冲突来逃避或替代现实冲突，使人们获得一种精神上的胜利。此时，社会虽貌似和谐，实质其中充斥着欺骗和压制，个体被原子化了，他没有了情感、愤怒和反抗，只能逆来顺受。因此阿多诺说：“文化工业的总体性效果就是一种反启蒙，如霍克海默和我所说，作为进步技术对自然的控制，启蒙变成了大众的欺骗，转变为一个束缚意识的工具。”[1]客观地讲，百病缠身的现代性不可能与文化工业这个谄媚者无关，因为它将大众简单化、肤浅化、短视化，同时使统治者自满自足而裹足不前，即文化工业采用了“欺上瞒下”的伎俩而坐收渔翁之利，因为它赚得盆满钵溢。至此，我们明白了：良善的艺术痛斥自私的文化工业是那么地合情合理！

三　有调的无调式二重奏

以上分析得出，阿多诺思想的这种二重奏所奏出的并非和谐之音，而是非和谐之音、无调之乐，因为他信守艺术的批判和否定责任，拒绝与文化工业媾和与协商。“无调性”（atonality）原本是音乐家勋伯格独创的十二音位法的音乐特征，它强调各音符的独立性以及节奏的多变性。阿多诺对勋伯格作品所凸显的不屈从思想给予了极高的评价，他也汲取了这种无调思想，因此用“无调”来描绘阿多诺这种二重奏思想是比较合适的。

在阿多诺看来，无调音乐首先是不和谐的，而不和谐保证着艺术的既有身份。他认为这种不和谐打破了总体的控制，凸显着每个音符的独特性和差异性，所奏出的音乐复杂、丰富，所以“不和谐音仍然比和谐音更为理性，因为它极为清楚地表达了和弦内部各音的关系”。[2]虽然无调性彰显了每个音符的存

1　Adorno. The Culture Industry[M]. edited and withanintroduction by J. M. Bernstein.London：Routledge，1991，P106.

2　阿多尔诺：《论“新音乐”》，王路译，《西安音乐学院学报》，1990年，第60页。

在价值，但是它并不就此无视整体的存在，相反这些音符都与主题保持着同等距离，“这种音乐在其一切瞬间都与中心保持着相同的距离。与此同时，根据与中心点的远近所形成的形式规则失去了它们的意义。”[1]从此处可以看到本雅明“星丛”思想的影子：既强调个体的差异性，又在意集体的凝聚力。阿多诺认为，所谓审美和谐只是艺术诸多契机中的一种，所以不能将它视作金科玉律，否则就会如传统美学一样，自我封闭；艺术更要提防和谐的理想，因为这会让其因依傍这个全面支配的世界而丧失自律性，因此“艺术对自身既关切而又不关切，或者说既在乎而又不在乎”[2]；艺术如果需要和谐，那也仅是暂时的和谐，而非永久的和谐，即“不和谐是关于和谐的真实所在”。既然这样，那么坚信不和谐信念的艺术绝不会赞美文化工业，更不会与文化工业媾和，它们之间绝对不会奏出和谐的曲调，相反只是批判与厚颜无耻、否定与整合这样的无调曲。其次，无调音乐具有恒久性，而艺术在此永久否定中保持着生命力。阿多诺指出无调音乐并不渴求一种有序的连贯性，相反“音乐活动过程的瞬间是被不连贯的先后排列在一起”，然而“这种非连续性破坏了音乐的动力，而音乐正是由于这种非延续性得以真正存在。这里音乐再次征服了时间，但不是用尽善尽美的音乐代替时间，而是以无所不在的构造活动，通过阻止一切音乐瞬间去否定时间。”[3]这说明无调音乐要想保持其无调性，就必须不断地创新和构造来摒弃与时间相吻合的企图。而艺术之所以能持续地批判文化工业，就在于它富有着创新能力，因为它拥有着反思能力和交往欲求，反思使其发现现实问题与自身不足，交往让它汲取先进的外在资源。简言之，审美现代性与文化现代性的无调性表明了艺术竭力地批判着文化工业，揭露后者在现代社会的落后行为，同时此无调一直持续着，因为艺术不会放弃对文化工业的批判，也因为文化工业的危害愈加严重，而艺术正是在此争斗中进化着自身。

而艺术要想持有批判能力，并使此无调性保持下去，阿多诺强调艺术应具有一种自治而悲壮的“晚期风格”。“晚期风格”（latestyle）是萨义德从阿多诺音乐批评中挖掘出的一个概念，他曾自豪地说“他是阿多诺的唯一真正的追随

1 阿多尔诺：《论“新音乐”》，王路译，《西安音乐学院学报》，1990 年，第 60 页。
2 阿多诺：《美学理论》，王柯平译，成都：四川人民出版社 1998 年版，第 274 页。
3 阿多尔诺：《论“新音乐”》，王路译，《西安音乐学院学报》，1990 年，第 60 页。

者”，可见阿多诺对其影响之深，而关于“晚期风格”此词语对于阿多诺的重要程度，萨义德指出在《贝多芬的晚期风格》、《音乐瞬间》以及《论音乐》等论文中，阿多诺多次使用了这个术语。萨义德曾区分了人类的三个伟大插曲：早期的规划期、中期的连续期以及晚期的无定期，这三个分期与人生不同的阶段相对应，他发现在生命临近终结之时，艺术家的风格呈现出两种类型：一是和解精神与安宁，如莎士比亚的《暴风雨》，二是不和谐的、不安宁的张力，如贝多芬的晚期作品。萨义德认为，晚期风格是艺术家无视死亡的恐惧的一种率性表现，因为他心目中只有艺术理想；它也是艺术家对所谓美好的“身后名”的一种漠视，因为他在乎着艺术的生存处境和幸福许诺；它还是艺术家坚定自己批判立场与不合作态度的体现，因为艺术一旦谋求和谐，必会被社会整合。并且他认为，阿多诺就是一个非常晚期的人，因为“他绝对不习惯于苦行的平静或老练的成熟”，即他率性而为、毫不掩饰；因为他不与社会妥协，他抨击了所有领域的进步，其产生的作用犹如“把大量的硫酸朝着命运倾泄过去”；因为他不会讨好和安慰别人，他常常挑出那些细节的瑕疵，“带着学究式的小小窃笑加以审视”。[1] 为此，阿多诺特别肯定贝多芬的晚期作品，因为这样作品表现着艺术家的不妥协、真实情感，它虽然也有主观与客观，但没有刻意地将两者协调起来，即“客观是那些断裂的风景；主观则是独照此风景的光辉。他并没有将两者和谐地综合起来。借助不协调的力量，他及时地将它们撕裂开，也许是为了将它们永远保存下来吧。在艺术的历史中，晚期风格都是灾难性的。”[2] 就此展开，客观应是严酷的现实、虚假的文化工业与野蛮的文明，主观则是艺术家敏锐的洞察力、无畏的批判勇气，具有晚期风格的作品不会因渴求和谐与完美而违心地赞美那些批判对象，富有晚期风格的艺术家更不会因希冀生活的安宁而放逐自己的批判立场与审美理想。这便使得晚期风格的作品是苦涩的、“不合时宜的”、悲剧性的，晚期风格的艺术家是孤独的、焦虑的、悲苦的，这也使得艺术有能力、有勇气去批判文化工业和文明，使得艺术在此批判中收获进

1 萨义德：《论晚期风格——反本质的音乐与文学》，阎嘉译，北京：三联书店 2009 年版，第 20—21 页。

2 Adorno. Can One Live After Auschwitz?. edited by Rolf Tiedemann，translated by Rodney Living stone and Others. Stanford University，2003，P298.

步的动力和信心，而审美现代性与文化现代性就在此不和谐中呈现着一种无调性来。

实质上，此无调音乐贯穿着一个永恒的曲调——解放兴趣，这是对人的自始至终的深切关怀，即这是一个有调的无调式二重奏。艺术之所以要批判文化工业，是因为文化工业是消费品而非艺术，是因为它取悦于人肤浅的感官享受，而非沉郁的精神陶冶；艺术之所以要持续地批判文化工业，是因为文化工业不断地凭借着新的技术和伎俩来提升自己，来俘获更多善良的人；艺术之所以不与文化工业媾和，是因为文化工业是社会水泥，是意识形态的帮凶，而艺术则是社会反题，是意识形态的批判者。某种程度上，这便是阿多诺在哲学上强调“否定辩证法”、美学上倡导“不和谐”的缘由所在！但我们前面论证了，阿多诺这种无调的二重奏思想中，艺术不是因自身利益而批判文化工业的，而是基于更深刻、更深远的考虑——对人的影响（对于现代性的考虑也是从人的处境出发的）——来揭示文化工业的。对人的影响包括着弱化人体的既有机能与简化人的思想，关于人体方面，阿多诺揭示了流行音乐因单一化、重复化和简单化而致使人的听力退化，电影因多样的技巧而导致人的精神涣散，电视因外部与内部这样多层结构而“培育”了人的自动化反应，可以说“娱乐、电影、大众音乐以及新听力等使得人无法挣脱整个幼稚环境。这种病症具有一种苟活功能。”[1]人的精神方面，文化工业力图凭借其标准化、娱乐化、肤浅化等手段，在讨好大众的过程中将他们欺骗、控制以及整合，这里被整合的对象包括所有人，不分种族和年龄，如阿多诺所言：“决非巧合的是，有人听到愤世嫉俗的美国电影制片商在说：他们的影片必须把 11 岁的人考虑进去。这样做的话，他们非常有可能使成年人降低到 11 岁水平。”[2]被控制的领域，除了被社会体制所操控的工作时间外，文化工业还控制了大众的“闲暇时间”（freetime），因为文化工业已上升为总体性，并与消费品相对等，而闲暇时间内大众可能正是享受消费之快乐的时候。简言之，文化工业企图将大众原子化、石化，使他们

1 Adorno. The Culture Industry[M]. edited and withanintroduction by J. M. Bernstein.London：Routledge，1991，P47.

2 Adorno. The Culture Industry[M]. edited and withanintroduction by J. M. Bernstein.London：Routledge，1991，P105.

丧失批判和反思能力，从而退化为一个逆来顺受的“略有地位的奴隶”（马尔库塞语）罢了。因此艺术要坚定不移地批判文化工业，就在于后者将大众从身体到精神、从外在到内在都控制和支配着，使其幼稚化，丧失洞察力和抵御力，更在于文化工业将所有大众整合和操纵，使他们单一化，摒弃反抗力和凝聚力，因此“社会始终就是胜利者，而个体仅是社会法则的一个玩偶而已。”[1]

总而言之，阿多诺这个二重奏思想是有调的无调性，因具有伟大的有调性——对人的深切关怀，无调性——持续而坚定的对立才显得铿锵有力；因拥有变奏的无调性——人的异化在加剧、文化工业更有魔力，有调性——人的内涵才更丰富，艺术责任才更沉重、更神圣。而阿多诺此思想无疑是法兰克福学派第一代人思想的典范，他们倚重艺术而批判文化工业乃至文化或文明，而第二代倚重文化而轻视艺术，如哈贝马斯以文化现代性取代了审美现代性，更需要思考的是第三代，如霍耐特似乎忘记了艺术的存在，即他们虽都建构着审美现代性与文化现代性二重奏思想，但其内涵相差甚远，所以这三代人学术思想的迥异不得不引人深思！

1 Adorno. The Culture Industry[M]. edited and withanintroduction by J. M. Bernstein.London：Routledge，1991，P163-164.

第四章　巴赫金狂欢化理论与西方马克思主义[1]

巴赫金文化理论与马克思主义的关系非常复杂。其与经典马克思主义的关系现在成为“难解之谜”，而与西方马克思主义之间则存在既相互影响又彼此平行的复杂关系。本文从“巴赫金的民间文化与西马的大众文化是何关系？”、“狂欢化理论何以成为‘肯定性的大众文化理论’”、“狂欢与日常生活之间是何关系？”等几方面对巴赫金狂欢化理论与西方马克思主义的文化理论进行了比较和辨析。

一

经过从上个世纪五十年代以来对巴赫金的“三次发现”，巴赫金及其文化理论获得了文化理论研究资源的合法性地位。但是，围绕巴赫金及其理论与马克思主义关系的问题仍是困扰学界的难题，以至于成为一桩学术公案。比如说，巴赫金在上个世纪20年代所写的几本带来明显马克思主义的著作没有署上自己的姓名，由此所引发的著作权之争成为巴赫金早期思想研究中的谜团；再比如，巴赫金在上个世纪五六十年代所写的陀氏诗学问题修订版和拉伯雷研究，并没有多少直接征引马克思主义经典著作，却被西方学界指认为“马克思主义的文化理论”，我们从凯特琳娜·克拉克和迈克尔·霍奎斯特的《巴赫金传》、托多洛夫对巴赫金“对话理论”的发现以及晚近的斯道雷将“狂欢式的通俗文化”

1　本章由曾军撰写。曾军，上海大学教授，博士生导师。

置于“马克思主义”的论域这一系列学术定位之举便可明显地看出来这种倾向。而与此相反，进入到苏联解体时期，俄罗斯学界却异乎寻常地将贴在巴赫金头上的“马克思主义”桂冠一一扯去，这种研究态度直接影响到了中国学者，在拙著《接受的复调——中国巴赫金接受史研究》中就曾专门分析过现任南京师范大学教授张杰对自己巴赫金研究论文的“修改”现象——其修改的唯一的目的就是将自己写于苏联解体前的巴赫金研究论文中对之马克思主义定性的痕迹抹去[1]。

在此，逐一回应这些或永远不得其解或只能纠缠不清或可能时代影响学术等原因所形成的问题也许并非明智之举，我只想通过上述事件的回顾指出，巴赫金的文化理论，泛而言之，在当代俄罗斯文化理论中，“马克思主义”到底是一个不得已而为之的标签还是真正具有实质性内涵的理论取向的确是一个颇为复杂的问题。

西方马克思主义文化理论作为众多文化理论派别中的一元而存在，与之并行交叉发展的还有文化人类学、现象学、精神分析、结构主义、解构主义、女性主义、新历史主义以及笼而统之的所谓“后现代主义”等各种文化理论思潮，在晚近的发展中，伯明翰学派的文化研究以及影响于北美和北欧的传播政治经济学等批判学派也与马克思主义有着若干千丝万缕的联系。在西方文化理论的学术地图中，西方马克思主义文化理论一方面以其对资本主义文化现实的尖锐批判和侧重于制度及运行机制的意识形态分析而享有其独立的价值，另一方面又分别对其它文化理论派别在方法论上进行有效的影响（反之亦然）。反观俄罗斯文化理论，情况也大致如此。19 世纪中期到 20 世纪初，俄罗斯创造了自己独特而辉煌的文化理论。比如说丹尼列夫斯基的“文化历史类型论”、索洛维约夫的“文化整体观”以及“文化动力学”等具有独创性的文化理论学说。十月革命以后，马克思主义开始渗透进苏联的文化理论之中。一方面，马克思主义成为“党的政策”的代名词，由俄共主导的国家意识形态宣传和文化建设构成了其主体部分；另一方面，马克思主义作为一种世界观和方法论对作为学术研究

1　曾军：《接受的复调——中国巴赫金接受史研究》，广西师范大学出版社 2004 年版。参见“第四章第一节第 3 点、‘改写’现象：张杰及其对巴赫金批评理论体系的探讨”。

的文化理论也产生了深远的影响。不用说巴赫金早年必须用马克思主义观点来批判俄国形式主义和弗洛伊德主义了；即使是本土性原创性的“文化动力学”即不得不用马克思主义来进行阐释。

因此，当我们试图清理巴赫金文化理论与马克思主义关系时，我们会发现同时在两种截然不同的语境间频繁穿梭：一方面是基于巴赫金最活跃的学术生命正在前苏联浓厚的马克思主义意识形态控制之下，相对于西方而言，前苏联与马克思主义有着密不可分的联系，而另一方面则是西方接受和解读巴赫金文化理论时，已经与以马恩为代表的经典马克思主义相去甚远，其理论背景却是以英美新马克思主义和德国法兰克福学派为代表的西方马克思主义所代表的马克思主义当代发展。因此，如果要细分巴赫金与马克思主义的关联，实际上要分为两个具体问题：巴赫金与经典马克思主义是何关系？巴赫金与西方马克思主义是否存在相通之处？

鉴于巴赫金早期思想因其著作权之争已成为诉讼不清的公案，对巴赫金与经典马克思主义关联的探讨几乎成为一件猜谜式的行为；而巴赫金与其同时代的西方马克思主义之间既存在复杂的相互影响关系，又彼此保持相对独立的平行关系，则相对容易地进入学术探讨的论域。因此，当我们将巴赫金与西方马克思主义放在一起讨论时，既不可能采用单纯的影响研究（西方马克思主义影响巴赫金或巴赫金影响西方马克思主义），也不太可能采用单纯的平行比较（将若干理论命题逻辑性的展开异同），而是力图展开两者更为复杂的关联。

限于篇幅问题，本文只想着重将巴赫金的狂欢化理论作为分析的切入口和辨析的对象。在这方面，澳大利亚学者约翰·多克直接将“狂欢”与“当代大众文化”联系起来便是一个最好的分析个案。在这部论著中，约翰·多克“对一个世纪以来现代主义批评理论理解20世纪大众文化的方式提出了质疑，而且提出了后现代主义者有可能提供更有启发性的方法。现代主义批评理论把大众文化当成是十恶不赦的恶魔，像启示录一样，谴责大众文化是威胁文明的主要危险，导致了大众缺乏抵抗力，大规模地接受这个世界上所有邪恶和错误的东西。”而“后现代主义……没有把任何一种强制性的意义或目的归咎于大众文化现象。……它不希望在整体的文化中设置和控制一种类型的等级制度。”这里的现代主义式的大众文化理论指的是法兰克福学派，以文化研究为特色的伯明翰学派而被安排在从现代主义向后现代主义的过渡时期，而后现代主义式的大众文化理论则特指巴赫金的狂欢化理论。如果暂时抛开所谓“现代主义”、“后现代主义”的命名之争，如果暂时忽略掉多克在“法兰克福—伯明翰—巴赫金”这样逻辑区分中的历时性缺陷（从历时性角度看，巴赫金的学术生涯应该与法兰克福学派几乎同时，而中止于伯明翰学派达到顶峰的七十年代），那么，多克事实上在努力地将巴赫金及其狂欢化理论整合到他的大众文化理论史的宏大叙述之中。而且，如果我们站在西方文化理论的发展历程来看，如果我们将巴赫金的学术生涯置换成巴赫金“被发现”的历史，那么，多克的这种三段论式的划分立刻就变得很好理解了。

在多克的论述中，有下面几个问题值得特别关注：其一，众所周知，巴赫金狂欢化理论所研究的对象是中世纪的民间文化，而当代大众文化的背景却是发端于十九世纪中后期突出表现于二十世纪中后期的现代工业文明和后现代文化。那么，狂欢化理论的中世纪民间文化背景是如何被置换成当代大众文化背景的？其二，巴赫金对狂欢化理论的特点表述为“双重性”（即“脱冕”与“加冕”、“肯定”与“否定”、“破坏”和“建设”、“死亡”与“新生”，等等），那么，狂欢化理论何以被改造成单纯的肯定性大众文化理论的？其三，当代大众文化的合法化直接来自于雷蒙·威廉斯将文化定义为生活方式的理论，因而，作为生活方式的当代文化更集中地体现在人们的日常生活之中。但是，巴赫金的狂欢化理论却正是强调的是文化的“非日常性”。那么，在当代文化论域里，我们该如何看待“狂欢”与“日常生活”之间微妙而复杂的关系？

二

巴赫金狂欢化理论的文化背景是中世纪的民间文化。所谓“民间文化”在俄罗斯文化理论中还有一种表述——“源头文化”，可能会更准确一些。在俄罗斯的文化理论中，民间文化主要是用“源头文化”来表述的，是与“高等文化”（职业文化）相对立的概念。“源头文化是诞生于民族心灵深处，在日常的劳动活动和直接的日常交际中成长起来的那种文化，似乎没有作者。”“在历史的进程中，出现了那种通常称之为‘高等的’文化，即由从全体大众中脱颖而出的文化创造者创造的文化。"[1]这种"源头文化"的命名事实上暗示了一种民间文化（或大众文化）与高等文化（或精英文化）之间的既为"源流"又分"高下"的复杂关系，这种关系共同面对的则是官方文化的控制与挤压。巴赫金在研究拉伯雷小说中的民间文化时，正依据的是这种典型的俄罗斯民间文化观。

巴赫金在研究中世纪民间文化时特别指出，在此前的研究中，研究者往往没有注意这种民间文化与高等文化（或曰"精英文化"）之间的区别，相反，却是用精英文化的观念去观察民间文化，从而造成种种误读。在巴赫金看来，"过去对这些现象的研究，只是从近代的文化、美学和文学规范的角度着手，也就是说，没有用它们自己的尺度来衡量它们，而是用不适用于它们的近代尺度来衡量它们。人们把它们现代化了，因而对它们做出了不正确的解释和评价。"比如说，在人体观念上，近代的标准"所要求的人体，首先是严格完成、完全现成的人体。其次，它是单独的、单个的、与其他人体分开的、封闭的。因此，人体的一切非现成性、生长和增生的特征都被排除"，巴赫金认为这就是"近代标准的基本主导倾向"，因此，"从这些标准的角度来看，怪诞现实主义的人体是某种畸形的、丑陋的、不成体统的东西。这种人体不能纳入近代形成的'美的美学'的框架"。而巴赫金为自己确立的任务正是"恢复这种标准的本来面目。不能容许用近代标准的精神去解释它，把它看作只是对近代标准的偏离。必须用怪诞标准自己的尺度来衡量这种标准。"为此，巴赫金刻意地强调指出，拉伯雷创作中的中世纪民间文化是与官方文化相对立的文化形态，如果不理解这一点，而试图用官方文化的发展框架来理解拉伯雷，只能是适得其反。"现代外国拉伯雷创作研究界的主要的弱点在于不熟悉民间文化，他们企图把法国人拉伯雷的创作置于官方文化的框架里，把它放到统一的'大潮流'中，即法国官方文学的流派中去理解。因此，他们绝对不能掌握拉伯雷创作中最本质的东西。……民间文化在其整个发展阶段上总是与统治阶级的官方文化针锋相对的，而且拟定了观察世界的独特观点，创造了形象反映世界的特殊形式。"[2]通过巴赫金关于民间文化的不同表述，我们可以明显地看到，在他的心目中，民

1 [俄]盖纳吉·弗拉基米罗维奇·德拉奇主编：《世界文化百题》，王亚民、赵秋长、刘久胜译，敦煌文艺出版社2004年版，第66页。

2 [俄]巴赫金：《拉伯雷研究》，河北教育出版社1998年版，第21—22、34—35、550—551页。

间文化不仅处于与高等文化（精英文化）相偏离，而与官方文化相对立的位置，而且有着不依赖于后者而独特拥有的特征。这一点很重要，否则我们将无法对其狂欢化的精神内核有准确的把握。

西方学界对巴赫金的接受是从上个世纪六七十年代，属于巴赫金的第二次被发现时期。这一时期中，西方马克思主义正经历着大众文化研究从法兰克福学派向伯明翰学派裂变的过程之中，巴赫金的狂欢化理论正是在这种变化中的文化观念中被西方学界所接受和得到重新阐释的。

在法兰克福学派那里，"大众文化"就是"文化工业"，而非"从人民大众出发，为人民大众服务"。用阿多诺的话说，"我们用'文化工业'，取代这种表述，以便一开始就排除赞同其倡导者的下述解释的可能：这是一个类似一种从大众本身、从流行艺术的当前形式自发地产生出来的文化问题。文化工业必须与后者严加区分"[1]。正因为如此，"文化工业"或"大众文化"构成了大众的对立面。在文化工业面前，大众沦为"消费者"，而"文化工业通过不断地向消费者许愿来欺骗消费者。""文化工业不仅说服消费者，相信它的欺骗就是对消费者需求的满足，而且它要求消费者，不管怎样都应该对他所提的东西心满意足。"[2]在阿尔库塞眼里同样如此，他认为大众文化因其"在资产阶级统治开始稳固之后，就愈发效力于压抑不满之大众，愈发效力于纯为自我安慰式的满足。它们隐藏着对个体的身心残害。"[3]因此，所谓大众文化，不过是资产阶级的官方文化用以欺骗和压抑大众的文化形式。那么，精英文化在这种官方文化和大众文化的角逐格局中居于何种地位呢？在马尔库塞看来，精英文化或曰高雅文化因具有美的形式而隐含解放的潜能，他认为，"审美的天地是一个生活世界，依靠它，自由的需求和潜能，找寻着自身的解放"。他赋予精英文化的审美性以政治解放的意蕴，认为"艺术的政治潜能在于艺术本身，即在审美形式本身。"[4]因此，他提出"新感性"理论用以对抗工业文明以便解放大众文化，因为"美学形式的背后乃是美感与理性的被压抑的和谐，是对统治逻辑组织生活的持久抗

1 转引自陈学明：《文化工业》，扬智文化事业股份有限公司 1996 年版，第 17 页。

2 [德]霍克海默、阿多尔诺：《启蒙辩证法》，重庆出版社 1990 年版，第 130—131、133 页。

3 [美]马尔库塞等著：《工业社会和新左派》，商务印书馆 1982 年版，第 109—110 页。

4 [美]马尔库塞：《审美之维》，三联书店 1989 年版，第 113—114、203—204 页。

议，是以操作原则的批判。”[1]很明显，在法兰克福学派那里，身受资本主义生产关系和基于现代媒介技术而产生了大众文化不可能成为官方文化的对立者，相反是一个受骗者、被压抑者，而欲使大众从这种欺骗性的大众文化中解脱出来，必须坚持精英文化的批判立场。

但是，晚近的以伯明翰学派为代表的文化研究在处理“大众文化”与“官方文化”和“精英文化”的关系时却有意取消彼此的对立状态，他们在“当下文化现实”中抹杀了彼此的边界。伯明翰文化研究的基本出发点在于威廉斯所界定的“从本质上说，文化是一种整体的生活方式”[2]。在这种整体性的生活方式中，高雅的精神生产与粗鄙的文化实践具有同样重要的意义，并且被同样的视角和方法被关照和研究。正因为如此，我们可以看到，广告、影视与文学一样被视为可供文化研究的“文本”，流行于百姓之中的荤段子、手机短信也适用于剖析文化经典的批评手段[3]。因此，在这种文化观念主导之下，法兰克福学派思想家们所期待的精英文化的“解放功能”被解构了，取而代之的，则是以“青年亚文化”为代表的大众文化的抵抗[4]。

从现有的文献中，我还没有发现早期伯明翰学派学者对巴赫金的理论有过接触和了解，但是从斯图尔特·霍尔那里开始，巴赫金便开始进入到他们的视野，并得到了很高的评价。在霍尔的《解构“大众”笔记》中，他即引用了现在被认为是巴赫金用他人名字所著的《马克思主义与语言哲学》中的论述，并热情洋溢地称之为“一位使用伏洛斯诺夫这个笔名的非常伟大的马克思语言学家”[5]，可见，霍尔不仅熟悉巴赫金的著作，并且对其有争议的文本非常了解。

1 [美]阿尔库塞:《爱欲与文明》，上海译文出版社 1987 年版，第 103 页。

2 [英]雷蒙德·威廉斯:《文化与社会》，吴松江、张文定译，北京大学出版社 1991 年版，第 403 页。

3 在此不得不多说一句的是，伯明翰文化研究的大众文化转向，其实并非用大众文化取代精英文化，只强调对日常生活的关注而漠视文化经典的传承。其真正的用意在于，取消两者的边界，实现研究对象与研究方法的通约。

4 这方面的代表性著作便是伯明翰学者集体撰写的著作《仪式抵抗》。该书研究了 60 年代后期到 70 年代初期的英国工人阶级青少年中的反抗文化。

5 [英]斯图尔特·霍尔:《解构“大众”笔记》，戴从容译，陆扬、王毅选编《大众文化研究》，上海三联出版社 2001 年版，第 51—52 页。

伯明翰学派的后期代表人物，美国的费斯克则将自己的研究兴趣完全集中到大众文化上面，他对巴赫金的接受和阐释则更为明显。费斯克沿着霍尔所开创的受众研究的“解码—编码”理论进一步地接受巴赫金的狂欢化理论，认为巴赫金所描述的狂欢场景“它的功能乃是解放，是允许一种创造性的、游戏式的自由”，他认为，巴赫金发现了民间狂欢节的三种主要文化形式(“仪式化的奇观”、“喜剧式的语言作品”和“各种类型的粗言俚语”)正好能够概括当代大众文化媒体奇观现象，而大众对狂欢的快感的迷恋也构成大众文化的抵抗策略之一[1]。

从这种理论思路的演变中我们不难发现，巴赫金狂欢化理论的中世纪民间文化背景置换成当代大众文化背景的理论逻辑：其一，巴赫金对狂欢节的文化形式的概括与当代大众文化中的奇观现象形成了同构关系；其二，巴赫金所认为的民间文化是对精英文化的偏离和对官方文化的对抗的观点正好与伯明翰学派学者抹杀大众与精英的界限，强调大众的抵抗性相呼应；其三，狂欢节对日常生活的颠覆完全可以很方便地用来对当代大众文化基于现代传媒所制造的文化幻象进行理论批判。

三

不过，在这种理论思路的逻辑对应中，巴赫金狂欢化理论不可避免地受到了改写。其中最重要的改写就是将具有“双重性”的狂欢化理论改写成“肯定性的大众文化理论”。

巴赫金对狂欢式的世界感受的描述是双重性的。比如说狂欢节中对崇高的贬低化和降格化貌似一种否定性、破坏性的形式，但“贬低化，在这里就意味着世俗化，就是靠拢作为吸纳因素而同时又是生育因素的大地：贬低化同时既是埋葬，又是播种，置于死地，就是为了更好更多地重新生育。……贬低化为新的诞生掘开肉体的坟墓。因此它不仅具有毁灭、否定的意义，而且也具有肯定的、再生的意义：它是双重性的，它同时既否定又肯定。”而怪诞形象的意义

1　与“狂欢的快感”相对应的还有“生产的快感”，两者共同构成了大众文化的抵抗策略。

也正在于其双重性，在于“怪诞形象以这种或那种形式体现(或显示)变化的两极即旧与新、垂死与新生、变形的始与末”。狂欢式的笑也是一样，“它既是欢乐的、兴奋的，同时也是讥笑的、冷嘲热讽的，它既否定又肯定，既埋葬又再生”。[1]巴赫金对待狂欢化的世界感受双重性的态度其实在一定程度上也反映出了巴赫金对待民间文化——如果说延续到现代工业文化之后即是大众文化——的一种暧昧的态度。这一点与前述的俄罗斯关于民间文化的看法有密切的关系。巴赫金一方面认识到民间文化与高等文化相比所存在的粗鄙性和低俗性，但另一方面却不像传统的精英文化对待民间文化一味的贬低和否定的态度，并不认为这些粗鄙的低俗的民间文化需要知识精英的“启蒙”或者官方文化的“规训”，而是相反，他认为正是这些粗鄙和低俗的文化形式中包含着积极和向上的精神。因此，巴赫金对于狂欢文化双重性的认识正是其自己对于民间文化的双重态度的表征。

但是在西方马克思主义对巴赫金狂欢化理论的接受中，这种“双重性”却被简单化地处理成“肯定性”的了。在《后现代主义与大众文化文化史》中，约翰·多克直接将巴赫金的狂欢化理论视为对大众文化进行了肯定论述的理论家来看待，认为巴赫金是“对大众文化进行了肯定论述的理论家”[2]，并认为巴赫金所描述的“狂欢活动作为一种文化模式仍然还强烈地影响着20世纪大众文化，例如好莱坞电影、大众文学类型、电视和音乐。这种文化已成国际化，其发展之昌盛、范围之广、影响之大、生命力之旺盛、创造力之丰富也许代表着大众文化历史的另一个顶峰，足可与早期的现代欧洲文化相媲美。”[3]狂欢化理论也进而被改造成“肯定性的大众文化理论”。

在费斯克的《理解大众文化》中，他用巴赫金的狂欢化理论重写了经由罗兰·巴特用符号学分析过的“摔跤”，认为“《摇滚与摔跤》节目是电视上的身体狂欢节，也是无法无天、丑怪荒诞、堕落与奇观的狂欢节。”在这里，不仅巴

1 [俄]巴赫金:《拉伯雷研究》，河北教育出版社1998年版，第25—26、29、14页。

2 [澳]约翰·多克:《后现代主义与大众文化文化史》，吴松江、张天飞译，辽宁教育出版社2002年版，导论第5页。

3 [澳]约翰·多克:《后现代主义与大众文化文化史》，吴松江、张天飞译，辽宁教育出版社2001年版，第380页。

赫金所有关于狂欢化的文化形式都能够找到对应物，而且在费斯克看来，"所有这一切都典型代表了布迪厄所说的工人阶级在文化形式方面的参与，有别于中产阶级的欣赏方式"[1]。从中不难看出，当狂欢化理论被用于描述当代大众文化现象时，大众被赋予了民间文化的积极意义，从而削弱了大众在资本主义生产关系中的被动性，相反被赋予了其对抗官方文化的主动性和抵抗性。而这正应和了大众文化理论从法兰克福学派向伯明翰学派的转变[2]。

二十世纪后半期的西方文化理论事实上出现了西方马克思主义与后现代主义的分化，前者是以新左派批判立场的伯明翰学派和伊格尔顿、詹明信等人为代表的西马路线；后者则是带有明显自由主义倾向的以伊哈布·哈桑、林达·哈奇，以及斯潘诺斯为代表的从文学艺术角度对后现代主义艺术观念的张扬[3]。不过，在对待巴赫金狂欢化理论之于当代大众文化问题上，双方却异乎寻常地采取了肯定性的文化态度。后现代主义对狂欢化理论的利用主要用上对众声喧哗的文化景观的描述和肯定上。在伊哈布·哈桑所概括的后现代主义的11个特征中，第8个就是"狂欢"。在他看来，狂欢"丰富地涵盖了不确定性、支离破碎性、非原则化、无我性、反讽、种类混杂等等……这个词还传达了后现代主义喜剧式的甚至荒诞的精神气质，……狂欢在更深一层意味着'一符多音'——语言的离心力、事物欢悦的相互依存性、透视和行为、参与生活的狂乱、笑的内在性"[4]。不仅如此，狂欢化理论中的解构和颠覆的激情也令后现代主义者心驰神往，"在我们看来，后现代主义在一定程度上复活了中世纪西欧的'嘲笑文化'：允许否定，滑稽模仿，嘲笑一切，这就造成了轻松的气氛、某

1　[美]约翰·费斯克：《理解大众文化》，王晓珏、宋伟杰译，中央编译出版社2001年版，第101、109页。

2　在这个问题上，赵勇发表在《文学评论》2004年3期上的《大众文化的颠覆模式》一文也关注到了这个问题，可参看。

3　特别值得注意的是，在中国前十余年的讨论中，并没有严格对"后现代主义者"和"后现代主义研究者"以及"后现代主义批判者"进行区分，而是一锅粥式地将所有谈论"后现代主义"的学者和文章泛称为"后现代主义理论"，其实大谬。限于篇幅，在此不便展开。

4　[美]伊哈布·哈桑：《后现代主义景观中的多元论》，王岳川主编《后现代主义文化与美学》，北京大学出版社1992年版，第129—130页。

种‘革新的激情’”[1]。这里所谓的“嘲笑文化”正是指中世纪的狂欢文化。

西方文化理论(包括西方马克思主义文化理论)对巴赫金狂欢化理论“双重性”的这种简单化的处理存在着不少理论的隐患，比如对文化背景的有意忽视或简单移植、对其革命性、解构性、对抗性的片面强调，以及所导致的对狂欢节文化意义的过分夸大等。尤其值得重视的是，当“狂欢”被用作当代文化现象的分析工具和理论视角之后，其理论的针对性和实际的效用发生了巨大的变异。而这种变异又直接与另一个在巴赫金狂欢化理论中并没有刻意突显的问题有关——“日常生活”。

四

对巴赫金来说，始于“狂欢节”的狂欢文化是与日常生活相对的文化形态，或者说就是一种“异常生活”。大众在狂欢节文化中获得的是束缚于日常生活的身心的一种暂时性释放。因此，巴赫金明确提出了“两种生活”的理论。在拉伯雷研究中，巴赫金指出：“中世纪的人似乎过着两种生活，一种是常规的、十分严肃而紧蹙眉头的生活，服从于严格的等级秩序的生活，充满了恐惧、教条、崇敬、虔诚的生活；另一种是狂欢广场似的自由自在的生活，充满了双重的笑，充满了对一切神圣事物的亵渎和歪曲，充满了不敬和猥亵，充满了同一切人一切事的随意不拘的交往。”[2]也就是说，在中世纪，狂欢节是与日常生活截然不同的另一种生活，狂欢化也同时意味着“非日常化”，或者说“反常化”。更为重要的是，巴赫金狂欢化理论所针对的中世纪的日常生活是处于宗教神学笼罩之下的阶级文化，其基本的特点就是严肃性，而且这种严肃性“是官方的、专横的，是与暴力、禁令、限制结合在一起的。在这种严肃性中总是有恐惧和恐吓的成分”。[3]由此，日常生活与狂欢化生活构成了人们生活状态的两端。日常生活意味着恒常不变，狂欢化生活意味着变动不居；日常生活意味着按部

1 [苏]图甘诺娃：《后现代主义及其哲学根源》，王岳川编《后现代主义文化与美学》，北京大学出版社1992年版，第206页。

2 [俄]巴赫金：《拉伯雷研究》，李兆林、夏忠宪等译，河北教育出版社1998年版，第170页。

3 [俄]巴赫金：《拉伯雷研究》，李兆林、夏忠宪等译，河北教育出版社1998年版，第105页。

就班的常人常态，狂欢化生活意味着标新立异的反常和陌生化；日常生活意味着吃喝拉撒睡这些琐碎和平庸，狂欢化生活则意味着对于精神自由的追求和张扬，如此等等。

当代文化研究的转型最根本的一点在于接受了威廉斯将文化视为生活方式的观点，这使得当代文化研究不再满足于已成"传统"和"文献"的文化，而是将全身心地投入到活生生的当下文化现实之中。不过，威廉斯的这一观念是有着明显的马克思主义传统的。从历时性上看，马克思主义从19世纪末20世纪初的"文化革命"（以经典马克思主义为代表的第一代）到上个世纪三、四十年代的"文化批判"（以法兰克福学派为代表的第二代）到上个世纪六七十年代的"文化研究"（以英国伯明翰学派为代表的第三代）体现出其激进主义日渐衰退的轨迹。但是，他们在理论立场的基本点上仍然保持不变，即对活生生的当下现实的密切关注。正是当下现实从早期资本主义赤裸裸的血腥剥削到晚期资本主义福利社会的形成导致了西方马克思主义所谓"批判锋芒"的减弱。因此，当代"文化研究"日渐大众化、日常化、欲望化的演进逻辑其实说到底正是这种当下现实（当代文化）的发展逻辑，而这恐怕是历史的宿命。在这一过程中，西方马克思主义从"生产关系批判"转向"日常生活批判"可以说是最突出的变化。

在此，略述一下西方马克思主义"日常生活"理论的演变是有必要的。尽管马克思曾经说过，"人们为了能够'创造历史'，必须能够生活。但是为了生活，首先就需要衣、食、住以及其它东西"[1]，显示了马恩对日常生活的高度重视，但是西方马克思主义学者却并没有沿着这个思路往下走。如果说在马恩经典作家那里对资本主义所展开的批判主要是从生产关系的角度入手的话，那么，西方马克思主义学者则将这一批判引向了资本主义制度下的日常生活。在这方面，卢卡奇率先确立了日常生活之于社会存在本体论研究的重要地位，实现了从生产关系批判向日常生活批判的转折。在卢卡奇看来，"日常态度既是每个人活动的起点，也是每个人活动的终点。"[2]因此，他主张，要到"人们的

---

1 ［德］马克思、恩格斯：《德意志意识形态》，《马克思恩格斯选集》第1卷，人民出版社1972年版，第32页。

2 ［匈］卢卡奇：《审美特性》第1卷，徐恒醇译，中国社会科学出版社1986年版，第1—2页。

日常生活的最简单的事实当中去寻找对社会存在进行本体论考察的第一出发点。"[1]正式揭开日常生活批判的是列斐伏尔。在他这里，日常生活尽管从某种意义上是一种鸡零狗碎的剩余物，但它作为对各种高级活动之间所留下的技术真空的补充，几乎可以说将人的存在的社会关系的总和囊括其中。从这个意义上说，列斐伏尔的日常生活观可以说是将马克思的"人的本质并不是单个人所固有的抽象物。在其现实性上，它是一切社会关系的总和"与卢卡奇将日常生活作为社会存在本体论考察的第一出发点的有机组合。在他看来，"日常生活在某种意义上是一种剩余物，即它是被所有那些独特的、高级的、专业化的结构性活动挑选出来用于分析之后所剩下来的'鸡零狗碎'，因此也就必须对它进行总体性地把握。而那些出于专业化与技术化考虑的各种高级活动之间也因此留下了一个'技术真空'，需要日常生活来填补。日常生活与一切活动有着深层次的联系，并将它们之间的种种区别与冲突一并囊括于其中。日常生活是一切活动的汇聚处，是它们的纽带，它们共同的根基。也只有在日常生活中，造成人类的和每一个人的存在的社会关系总和，才能以完整的形态与方式体现出来。在现实中发挥出整体作用的这些联系，也只有在日常生活中才能实现与体现出来，虽然通常是以某种总是局部的不完整的方式实现出来，这包括友谊，同志关系，爱，交往的需求以及游戏等等。"[2]与之相比，赫勒则有意沟通物质资料再生产与日常生活之间的关联。在她看来，日常生活其实就是"那些同时使社会再生产成为可能的个体再生产要素的集合"，[3]个体的再生产一方面自在地生产出个人自身的生活，另一方面个体又以此为基础，塑造他有目的的世界，与社会发生自为的联系。由此，赫勒建立了她的日常生活哲学，并以此来超越资本主义生产关系下人的异化的特性。在《日常生活》的结尾，她写道："那些今天过着有意义生活的个体自觉选择和接受的任务，是创造一个异化在其中成为过去的社会：一个人人都有机会获得使他能够过上有意义生活的'天赋'的

1 [匈]卢卡奇：《关于社会存在的本体论》上册，张西平等译，重庆出版社1993年版，第4页。

2 Critique of Everyday Life，VOLUME I，Introduction;by Henri Lefebvre;translated by John More;with preface by Michel Trebitsch;Verso，London，New York 1991，P93. 转引自刘怀玉《列斐伏尔日常生活批判概念的前后转变》，《现代哲学》2003年1期。

3 [匈]赫勒：《日常生活》，衣俊卿译，重庆出版社1990年版，第1页。

社会。”因此，“可以把马克思所设想的共产主义界定为这样的社会，在那里如果每一主体把自己的日常生活建立为‘为他自己的存在’，那么，社会必要条件就会得到满足”[1]。

因此，从马克思主义生产与消费理论角度看，日常生活属于“非生产领域”、“非劳动、非工作时刻”，这就导致了以后对日常生活“休闲性”、“消费性”的强调，这也就是为什么到了二十世纪后半期，随着晚期资本主义或后工业社会的来临，西方马克思主义纷纷转向了对大众文化、消费文化的研究和批判的原因。当费斯克指出，“形形色色的规则，组织着着与日常生活的方方面面，而且控制着我们所理解的意义；这些规则不但决定着行为与判断，而且执掌着我们理解世界时所凭借的那些社会范畴。在狂欢节那里，各种范畴以及规则，都被热情地打破”[2]时，这一日常生活特指的是在晚期资本主义社会深受科层制和商业文化侵蚀的大众生活方式，而狂欢是对其暂时的逃避。

不难看出，西方马克思主义借用狂欢所批判的日常生活在内涵上其实与巴赫金笔下的中世纪的日常生活相去甚远。自文艺复兴以后，西方社会便开始走向了中世纪的反面：从神性走向世俗性，人们的生活方式也从严肃性的宗教生活演变成世俗性的日常生活。如果以颠倒的意识形态观来看，在中世纪具有“反常性”的狂欢化的世界感受其实正与现代社会中世俗性的日常生活有着异曲同工之意。不过，事情远非理论推演那么简单。一方面，从中世纪“狂欢节”的去神圣化，即世俗化的精神追求来看，我们确实可以看到许多现代社会世俗性的日常生活的影子，比如说人群的聚集与亲密接触、作为个体的市民间的平等关系（非工作、非生产时的关系）、对于物质的消费和精神愉悦的满足等等。但另一方面，这种世俗性只有相对于敬神和禁欲的宗教神学才具有其积极意义的。在神性消散的现代社会，上述所有积极的意义只是成为一种日常性的存在，一种“生活方式”。不仅如此，在日常生活中，表面上个体性的、平等性的、消费性的生活方式中其实也包含着来自社会组织结构和生产关系中权力与资本的影响。正因为如此，在西方马克思主义那里，“日常生活”便不再只是现代性的

1 ［匈］赫勒：《日常生活》，衣俊卿译，重庆出版社 1990 年版，第 288 页。

2 ［美］费斯克：《理解大众文化》，王晓珏、宋伟杰译，中央编译出版社 2001 年版，第 104 页。

对于世俗的肯定，而成为对权力和资本进行批判的场域，“狂欢”也再度成为“日常生活”（这已经是当代文化中的日常生活了）的对立面，成为“日常生活批判”的理论武器。

其实，巴赫金自己也已经注意到了狂欢节进入到现代日常生活之后所发生的变异。在他看来，“现代日常生活中的这种不拘形迹的接触，当然远非民间狂欢广场上的那种自由、不拘形迹的接触。它缺乏主要的东西：全民性、节庆性、乌托邦式的思维和世界观的深度。一般来说，某些狂欢节形式在近代的日常生活化，尽管保留了外壳，但已失去这些形式的内在意义。……通过狂欢节，其中某些因素进入了近代的日常生活，但几乎完全失去了自己的狂欢节的本义。”[1]可见，在巴赫金看来，不管是日常生活还是狂欢节，在中世纪和现代社会中都是完全不同的东西，两者不可同日而语。可是西方马克思主义学者们似乎并没有在意这些，他们只是从巴赫金狂欢化理论中寻觅到了难得的理论激情，进行了一场误读性的理论狂欢。

1 ［俄］巴赫金：《拉伯雷研究》，李兆林、夏忠宪等译，河北教育出版社 1998 年版，第 19—20 页。

第五章　英国文化研究与后马克思主义[1]

英国文化研究理论从产生之初一直是以马克思主义作为主要的参照系，文化研究所借用的是不断开放的马克思主义的理论资源，并在不断深化对越来越复杂的社会关系以及生产在其中的地位的唯物主义理解。在后现代思潮的影响下，传统马克思主义作为一种方法论在文化研究内部不断受到挑战。而后现代马克思主义由于其对本质主义公理的放弃，对差异身份的张显，很快就引起文化研究者的兴趣，被吸收进文化研究理论中。文化研究学者在吸收和借鉴后马克思主义思想的同时，也在其中寻找到一种理论的缺席。

一、后马克思主义

本文所研究的后马克思主义主要是指在二十世纪后半期兴起的以“后现代主义”为主导精神的马克思主义思潮。

马克思主义思想发展的过程始终贯穿着“马克思之后的马克思主义的可能性”的问题，可以说，自马克思主义思想产生之后，对其命运的重新思考就一直没有停止过。世界情境在不断发生变化，如何在新的形势下保持马克思主义的适用性，是西方马克思主义学者无时无刻不在面临的问题。

二十世纪五十年代之后，西方资本主义社会发生了剧烈的结构性转变，现实社会的发展如科技革命的浪潮、全球化的大趋势、各种文化反叛思潮、新的社会运动等的出现已经超出了理论分析原先的基本框架。而世界范围内社会主

1　本章由张宁撰写。张宁，河北农业大学讲师。

义运动的挫折与失败，共产主义政治的失势和衰落更使得人们对传统社会主义的性质、目标、纲领、策略等都发生了质疑。就像拉克劳和墨菲所写："其中心定位于阶级斗争和分析资本主义经济矛盾的传统马克思主义话语已很难适应纷纭而现的各种新矛盾，如今正是这些新矛盾深刻地改变了社会主义政治斗争生发作用的场域。……陈旧的确定性，著名的'历史担保'统统大成问题；政治的不确定性伴生着日益增加的理论困惑。这就是人们越来越多地听到所谓'马克思主义危机'的原因所在。"[1]"左派思想现在正处于一个十字路口，过去的'明显事实'——从布达佩斯到布拉格和波兰政变，从喀布尔到越南和柬埔寨共产主义胜利的余波，使得人们对社会主义的构想以及实现它的道路越来越产生疑问。"[2]

经济、政治、文化之间的关系不再是以往人们所认为的那种线形决定关系，对经济基础与上层建筑的关系进行重新论述成为一种必须。经济基础决定上层建筑的线性思维模式已经不再能够解决组织化资本主义社会的问题，时代要求理论必须在经济基础和上层建筑的总体性关系中重新思考历史唯物主义的内在规定性。另外后结构主义和后现代主义潮流对必然性逻辑和本质主义的冲击也冲击到了马克思主义，它们攻击它的目的论主张、元叙事地位、它的本质主义、经济主义、欧洲中心主义以及它在整个启蒙运动之内的地位。后马克思主义思潮正是在种种怀疑和争论的氛围中滋生与兴起的。后马克思主义的主要目的是："试图从马克思主义作为一种全球文化和政治力量在 20 世纪后期的衰退中挽救马克思主义思想的某些方面，并对之进行重新调整定位，使它在迅速变化的文化氛围中展现出新的价值。"[3]

后马克思主义思想在二十世纪中后期就有所萌发，英国左派思想家拉克劳在左派和传统马克思主义的危机中，早就在思考左派的新的政治策略以及如何对它重述，在 1977 年出版的《马克思主义理论中的政治和意识形态》中就可以

1 [英]欧内斯托·拉克劳、尚塔尔·墨菲,《社会主义战略，下一步在哪儿？》，转引自：周凡、李惠斌主编,《后马克思主义》，中央编译出版社 2007 年版，第 51 页。

2 Ernesto Laclau and Chantal Mouffe，*Hegemony and Socialist Strategy*：*Towards a Radical Democratic Politics*，London：Verson，2001，P1.

3 Stuart Sim，*Post-Marxism*：*An Intellectual History*，New York：Routledge，2000，P1.

窥探出其后马克思主义思想的端倪，但此时他还没有将自己归入后马克思主义的门下。1985年，拉克劳与莫菲合撰的《领导权与社会主义的策略：走向激进民主政治》一书公开出版，在此书中，拉莫将20世纪60、70年代以来滋生出的对传统马克思主义的零碎的、孤立分散的反对意见加以理论化，使这些零散的意见变成一种理论视野，一种新的理论立场在这一过程中逐渐展现了出来。

在这本书中拉莫二人明确地宣称自己是后马克思主义者，把自己的理论阐述归属在“后马克思主义”名下，并对这一概念进行了精细的阐述和充分的概念化：“在这一点上，我们应该清楚地表明我们现在正处在后马克思主义（Post-Marxist）的领域。”[1]

在2001年第二版的序言中，拉莫更是明确地指出：“从当代的问题出发来重新阅读马克思主义理论必然包含着对其理论核心范畴的解构，这就是我们所说的‘后马克思主义’。我们并没有发明这个标签，它只是边缘性地（不是作为一个标签）在本书的序言中显现了出来。”[2]

因此目前在学术界，狭义上的“后马克思主义”通常就是直指拉克劳与墨菲的社会主义革命理论。它尝试着把后结构主义、后现代主义、后殖民主义和女性主义之中的新近理论发展嫁接到马克思主义中来，运用它们的方法和理论视域，使马克思主义与那些不再响应传统马克思主义教条的新文化氛围具有相关性，在解构基础上建构“激进、民主、多元的社会主义理论”，从而实现对马克思主义的重建。

可以说后马克思主义在《领导权与社会主义的策略》一书中得到最完整的表述和最理论化的展现，拉克劳与墨菲也因提出了一套不同于传统马克思主义的社会主义策略而被公认为“后马克主义的旗手”和“最引人注目的代表”。他们的著作在后马克思主义理论立场和政治发展中占据着最为重要的地位，在他们的影响下，后马克思主义也成了西方激进左派理论的重要主题。

后马抛弃了传统马克思主义的一系列基本命题和核心范畴，并拒绝了它的

---

1 Ernesto Laclau and Chantal Mouffe, *Hegemony and Socialist Strategy : Towards a Radical Democratic Politics*, London : Verson, 2001, P4.

2 Ernesto Laclau and Chantal Mouffe, *Hegemony and Socialist Strategy : Towards a Radical Democratic Politics*, London : Verson, 2001, P ix.

总体理论逻辑和分析模式，力图在当代文化氛围下运用后现代主义和后结构主义最新近的理论成果来重新阐发激进的政治图景。后马克思主义自觉地运用后结构主义和后现代主义的解构策略为重建新型的政治统一性服务，“后”意味着对它们称为本质主义的公理的放弃。学者雷诺兹对“后马克思主义”所作的评论就是：他们“反映了后结构主义和后现代理论在为21世纪建构一种激进政治的过程中，在拒斥本质主义、还原论、决定论以及功能主义方面的真知灼见。同时，这里还有一种通过承认后现代有关（从独特的制度形态、历史形态和社会形态，以及各种关头之中产生出来的）权力—知识关系的本性的真知灼见，对单纯的相对主义的拒斥”[1]。

现在后马克思主义已经成为一种建制相对完整的理论立场，它接受了后现代主义的反本质主义的理论前提，并运用后现代主义方法和概念工具来解构传统马克思主义的宏观政治。强调社会现实的话语构成，拒斥单一的基本对抗及历史变化的本质存在。由于拒斥总体化的同源性的基础性权力，转而寻求一种异质性权力概念，这一观念的现实结果就是对趋向于日常生活的微观政治的关注与倡导，这为当代社会冲突和政治斗争形式提供了一种有效的理论分析范式。

二、英国文化研究中的马克思主义传统

文化研究的产生与发展一直与马克思主义之间有着密切的联系。马克思主义与左翼立场始终是文化研究的主要理论依据或“主旋律”。文化研究与英国传统的工人运动、左翼知识分子以及西方马克思主义有着不可割裂的历史渊源关系，但它们之间的关系也是复杂的，从初创者开始，就对所谓的经典马克思主义或正统马克思主义采取着若即若离、怀疑批判的立场。

从英国文化研究产生的初始阶段来看，如何解决阶级意识视域中的文化阐释问题是其主要思想倾向。二战之后，英国的社会经济结构经过战后的全面调整，性质正在发生根本性的改变，逐渐从工业资本主义社会向后工业资本主义

1 ［英］雷诺兹：《后马克思主义是超越马克思主义的激进政治理论和实践吗？》，《世界哲学》，2002年，第6期，第60页。

或消费资本主义社会转变。战后的变化影响了工人整体的生活方式，并以新的和复杂的方式对工人身份进行重塑。长久的社会改革，既没有打破英国的社会主导结构，也没有打乱英国社会的统治性生产关系。传统左派对正统马克思主义的政治和经济范畴的绝对依赖受到越来越广泛的质疑，文化批评者失去了从传统批判视野解答新生文化和政治问题的可能，新左派正是在这种历史条件下力图重新确认工人阶级的政治和文化身份，阐述与当前社会政治经济状况相适应的新的抵抗形式，并重新定义社会结构和发展动力之间的关系，这也为英国文化研究的产生奠定了社会基础。

从后来的发展看，英国文化研究的各个代表性人物霍加特、威廉姆斯、霍尔等的理论也是一直以马克思主义作为主要的参照系。霍尔称文化研究并不是在马克思主义之中产生，而是一直与它保持着不远的距离。可以看出文化研究所呼唤的马克思主义并不是一个稳定的和统一的目标，可以被简单地用于文化研究之中，所以文化研究所借用的是不断开放的马克思主义的理论资源，并在不断深化对越来越复杂的社会关系以及生产在其中的地位的唯物主义理解。

二十世纪六七十年代对文化研究影响最大的西方马克思主义者是阿尔都塞和葛兰西。早期的英国文化研究“文化主义范式”强调主体在建构社会共同实践中的主动性、创造性和历史性，并强调文化的解放力量，由此体现了一种人文主义的理论立场。由于将主体看作是历史的政治的和文化的积极自为的动力，它们大多是以一种乐观的浪漫主义态度来看待大众文化，将大众文化视作被统治阶级或集团的兴趣和价值观的真实表达而予以赞扬。

阿尔都塞的意识形态理论和结构主义思想冲击了“文化主义范式”对大众文化过于乐观的态度，使文化研究者重新思考主体与意识形态之间的关系，形成了文化研究中的“结构主义范式”。在有关文化与主体的问题上，结构主义思想强调文化的结构和意识形态对主体实践的限定性，这为文化研究对主体性与意识问题的考察提供了另一种思路。结构主义研究范式认为：文化不是某一社会集团的客观经验，而是一个生产意义和经验的领域，通过它，社会现实被建构、被生产、被阐释，在这里，经验的作用被文化的范畴和分类以及构架替代。它将意义的产生作为结构的结果或可预测的规则，是存在于任何既定个体之外的。人的意识和经验都是由文化和意识形态建构的，人并不是文化的创造者，而恰恰相反，只是文化和意识形态的产品，因此文化的结构和意识形态特征是人类实践的最终条件或决定因素。

20世纪70年代之后，为了完成“文化主义”和“结构主义”范式的整合，文化研究实现了葛兰西转向。文化研究的结构主义和文化主义两种范式有着不同的发展线索，文化主义通常肯定不同实践的具体性，认为“文化”不能被完全吸纳入“经济”，但它缺乏建立这种自主性的充分的理论方法；结构主义的活力存在于“整体”这一概念之中，它提出了结构统一体不可避免的复杂性，而且，结构主义具有较高的概念能力，能够去思考由实践的差异性、而不是由实践同源性构成的结构统一体。在它们之间“阐明了必定是文化研究的核心问题。它们不断将我们带回由具有二重性但并不相互排斥的文化\意识形态概念标示的领域。它们将两个相关的问题放在一块讨论，试图既思考不同实践的特殊性，又思考由它们构成的阐释的统一体的形式。……它们正确地指明，对所有非还原决定性问题的再现都是问题的关键所在：对此问题的解决将使文化研究的可能性发生转向，以代替唯心主义与还原主义之间的无休止的摇摆。”[1] 它们之间既有分歧也有共通，两种范式各自展示着不同的逻辑，文化研究学者认为走出这种困境的路径，在于利用葛兰西的著作来位移结构主义——文化主义的二元对立。

葛兰西的“霸权”理论揭示了社会、政治、文化之间的多元互动关系，使文化研究既超越了完全批判性的精英主义立场，又纠正了照单全收的民粹主义立场。霸权不再是通过剪除对立面而获得统治地位，而是一种动态的、游移不定的社会从属关系，是抵抗和融合之间一种不断变化的力量平衡。这样大众文化就被视为一个力的场，是一个各种利益和价值观相互竞争的矛盾的混合体，里面充满了互为冲突的压力和倾向所构成的关系。

三、后马克思主义对文化研究意味着什么

斯图尔特·霍尔等人在葛兰西的霸权理论基础之上引入了后马克思主义者

1 罗钢、刘象愚主编，《文化研究读本》，中国社会科学出版社2000年版，第65页。

拉克劳和莫菲的后马克思主义思想，使文化研究在马克思主义的理论背景之上，整合了结构主义、后结构主义、符号学等诸多不同的思想资源，并形成了一定的创新和突破，为文化研究开启了新的理论视角。

20世纪80年代之后，传统马克思主义作为一种方法论在文化研究内部不断受到挑战。受席卷整个知识界的后现代思潮影响，马克思主义不免有作为宏人叙事的嫌疑。后现代批评家大肆攻击它的目的论命题、权威叙事地位、本质论、经济主义、欧洲中心主义以及它在整个启蒙计划中的位置。而后现代马克思主义由于其对本质主义的公理的放弃，对差异身份的张显，很快就引起文化研究者的兴趣，被吸收进文化研究理论中。

二十世纪八十年代中期，随着人文和社会科学领域的形式主义和实证主义范式的转向，英国文化研究，尤其是霍尔的著作，开始跨越国界产生影响，尤其是在美国学术界。在这种背景中，美国文化研究学者在文化研究内首先讨论的问题，就是霍尔与拉克劳和莫菲的著作《霸权与社会主义策略》的关系。他们做出这样的结论：如果对文化研究进行回顾，文化研究与后马克思主义的构成的“结合”可以被看作是一个起点。霍尔就曾经称他是一个后马克思主义者和后结构主义者，“因为这两种话语是我觉得最为契合的。它们对我理论的形成具有核心的作用，我并不相信一个接一个的流行理论家无止境的、时新的循环，就像你能像换T恤一样套上新的理论”。[1]

后马克思主义和文化研究都是看到了马克思主义的经济还原论和阿尔都塞的结构主义中的问题，作为对之的反应而产生的。它反对经济基础和上层建筑的隐喻，它抵制“虚假意识形态”的观念。拉莫对葛兰西的重视与文化研究的葛兰西转向形成合流之势，所以麦克卢比声称拉克劳的著作是“为在文化研究中已经发生的事提供了理论基础”。它对文化研究一直有着极为重要的价值，所以我们不可以低估后马克思主义理论给文化分析所带来的大量启发。

英国文化研究内部对传统马克思主义的某种化约论及经济主义的批判而诞生，并与其发展密切相关。二十世纪后半期，各文化研究学者在新的历史环境

1 David Morley and Kuan-Hsing Chen，*Stuart Hall*：*Critical Dialogues in Cultural Studies*，London；New York：Routledge，1996，P149.

和理论背景下试图对马克思的经济基础—上层建筑模式以及社会、经济与文化之间的关系进行重新思考，他们在文化研究中引入了后马克思主义思想，尤其是接合这一概念并对之进行系统化和理论化，使文化研究在一定程度上摆脱了范式的危机，为文化研究的分析实践带来了重要的贡献。

后马克思主义思想的核心思想在于在马克思主义理论的基础上吸收了当今西方的“后结构主义”和“后现代主义”思想，它舍弃了霸权理论的本质主义成分，转而求助于其非逻辑的、随意的和偶然性的特征。它否定了绝对确定的、封闭的意义和体系的建构，强调连接活动中各个元素的“瞬时性”和“差异性”。但与极端后现代主义者将一切都化为不可连接的“碎片”不同，它仍然主张由不可规避的一个主导力量将各种差异性因素组织成一个“统一体”的可能性和必要性，尽管这个“统一体”是一种非本质主义的松散的结构体。也就是它在承认断裂和非连续性的同时，仍然相信在祛除了必然性逻辑的“专制”之后，完全可能重建非本质主义的认同。

杰里米·瓦伦蒂尼在《文化研究和后马克思主义》中提到：“文化研究的显著特征就是与后马克思主义方法（它强调对最终从资本主义中产生的确定的历史条件下文化和政治之间关系的分析）的结合。”[1]它们都是作为反抗简化论和经济主义的一种基本的探询出现的。后马作为范式对文化研究的影响是广泛的，并在不断加强。从二十世纪之后斯图尔特·霍尔对后马语言、概念、范畴和框架的接受，到当代的文化研究著作越来越多地采用“话语分析”的方式，很明显都来自后马话语理论。尤其是由拉莫提出并被英国文化研究引入的接合的概念，被认为既是文化研究也是后马克思主义的核心概念。拉莫的思想被文化研究的主流学者大量吸收，后马克思主义的问题式在很大程度上也成了文化研究的核心问题。

从对葛兰西思想的借鉴与发展的角度看，拉莫与霍尔等文化研究学者有着共同的理论立场。与文化研究一样，在重绘新的民主政治策略的尝试中，拉克劳与墨菲也是对葛兰西的思想进行了深入的解读，他们以葛兰西的霸权思想为

1　Gary Hall and Clare Birchall，*New Cultural Studies：Adventures in Theory*，Edinburgh：Edinburgh University Press，2006，P54.

切入点，运用后结构主义理论将其进行话语理论的转化，这不仅建立了葛兰西“霸权”概念的新方向，而且还将话语理论变为激进的政治民主规划的条件。米切利·巴丽特在《真理的政治》中称：“《领导权与社会主义的策略——走向激进民主政治》的本质论点以拉克劳和莫菲对葛兰西的阅读为轴心，……他们也坚持，对葛兰西来说‘被霸权阶级所接合的意识形态元素是没有必然的阶级归属的’。”[1]“对拉克劳和莫菲来说葛兰西是个关键人物，因为他代表着在马克思主义以及理论问题的本质局限内可以达到的最远点。”[2]

拉克劳自己也说：如果没有葛兰西，自己的整个思想规划是不可能的。《霸权与社会主义策略》建构的所有基本范畴都起于对马克思主义历史的重构，而重新阐述、重新发挥葛兰西的范畴也一直是这一作品的主旋律。可以说对于他们所从事的这种“特别类型”的马克思主义来说，葛兰西的中介作用至关重要。

拉莫的霸权理论很明显受到葛兰西的启发，但他们之间的差异也是明显的。拉莫的理论模型和葛兰西之间的关键区别在于拉莫强调任何政治身份的话语建构性，强调身份不是先于它们围绕着的对抗建构的。这就是为什么后马经常谈论的是主体的位置或认同而不是主体，因为它们认为政治身份和政治活动的意义是不完全的、临时的并经常（潜在地）处于一种流动的状态。因此，它们强调倾向（tendency）的重要性：就是以某种方式表现特定问题或身份的倾向，正是通过这些倾向，某些问题或事物被接合为等价的或差异的，联系的或分离的等等。后马克思主义对结构和对二元对立的远离，包括对那些绝对的开端和结束的排斥，可以被看作是打开了一条将政治领域概念化和创造一系列新的文化研究方法的新途径。

后马克思主义关心的是发展对越来越复杂的社会关系和生产在其中的地位的一种唯物主义理解，文化在政治维数中的重要性从对这种复杂关系的分析中浮现出来。它反对任何二元关系（能指 / 所指）在文化意义分析中有合法性（正确性）的观念，相反，它谈论等值关系（relations of equivalence）。文化研究中

1 Michèle Barrett, *The Politics of Truth*: *from Marx to Foucault*, Cambridge, UK: Polity Press, 1991, P63.

2 Michèle Barrett, *The Politics of Truth*: *from Marx to Foucault*, Cambridge, UK: Polity Press, 1991, P63.

对文化和政治间关系的分析取决于后马克思主义中的一个指向，这一指向寻求发展马克思主义的政治维度。尽管这些作家都没有直接对文化有特别的关注，不管是作为人工制品还是作为生活方式的文化，但他们在某种程度上是一致的，他们同样强调文化是一种建构权力关系的途径，这种权力可能成为政治性的。在后马克思主义的观点里认为，没理由将文化从经济中排除出去，尤其是在资本主义社会中，因为这些现象是有意义的，能被理解，虽然是以不同的并常常是对立的方式。由于文化可能成为争夺的或压迫的对象，或者被与规则和权力的运作联系起来，它被看作是任何权力和社会结构组织之间关系的条件。

在这些作家的著作里，文化获得了一种特殊的和抽象的理论价值，因为它指出了意义和阐释的社会生产的系统性和组织性。他们意识到了在越来越复杂的资本主义中文化对政治经济的相对自治，这样就引申出文化在多大程度上被政治和经济形成，并提出了政治和经济在多大程度上被文化形成的问题。这样做的意义在于后一个问题打开了与对传统马克思主义经济还原论的教条式坚持之间的裂缝，这种还原论认为任何事件和事物都可以仅仅参照局限在生产环节的经济组织被解释，而不是通过维持这一时刻和成为它条件的系统关系来解释。

很长时间以来人们通常把文化研究看作是没有稳定的理论基础和研究方法的领域，它似乎没有为对象提供任何集中的界定，只能在它所探讨的主题上来证明自己的合法性，似乎选择特定的话题或主题比选择方法或程序更为重要。随着它的不断发展，如何去“做”文化研究的问题引起了越来越多的文化研究理论家的关注，他们意识到不仅仅要去“做”文化研究，而且要知道怎样去“做”文化研究以及成为一个文化研究学者意味着什么。

后马克思主义理论可以被理解为在分析社会文化结构的特征时不落入简化论和本质论的一个途径，尤其是后马克思主义的“接合”概念，使“文化研究从一种传播模式（生产—文本—消费；编码—解码）向一种语境化理论的转化”[1]，给出了理解文化研究应该如何去做的一种方法论框架。

---

1 David Morley and Kuan-Hsing Chen, *Stuart Hall : critical dialogues in cultural studies*, London ; New York : Routledge, 1996, P112.

文化研究学者在吸收和借鉴后马克思主义思想的同时，也在拉莫后马思想中寻找一种理论的缺席，就是一条需要文化研究去填充的缺口。拉克劳同意霸权实际上是一种接合的类型，它会通过文化发挥作用而不仅仅是在政治领域运作。身份也是在文化中被最完整地塑造，在后马时期“改变认同的方式并建构存在于我们文明中的主体性”也是文化的任务。但是这个运动现在必须采取的方向不是朝向某种普遍的主体性，而是一种保持“特殊性的尊严”的认同。但是在拉克劳的分析中没有具体提到的是文化在“建立一个新左派”过程中的地位和作用，这就是文化研究的工作。

文化研究通过借鉴后马克思主义在分析文化和政治之间关系上的成功，有好处也有缺陷。一方面它继承了被霍尔称为“不做保证的”马克思主义的承诺。另一方面，经济在政治解释中的中心地位以及阶级斗争是它的表现的瓦解，会创造一个主体性问题的真空，它只能由文化范畴自身所填充。文化研究寻求使政治远离中心（decentre），使文化回到中心（recenter），同时促进文化完全政治化为持续斗争的场所，这里接合的任务是即刻的和紧迫的。在文化被政治代替、主体性被文化所代替的狂热中，唯物主义的政治逻辑有被否定的倾向。也就是，消解了经济还原论的多元决定自身也有被使它的产生成为可能的文化和经济的论述消解的可能性，结果，以往是由经济所提供的文化就成了自动保证的。

斯图尔特·霍尔曾经这样写到，文化研究其整体其实质上“是由对马克思理论的接受、发展和变形所决定的一个领域”[1]。纵观其发展过程，我们大致可以看到从马克思主义哲学到西方马克思主义再到后马克思主义理论的一条主要线索。

1 Hall，S.，Cultural Studies and Its Theoretical Legacies，in.Grossberg，L.，（eds）*Cultural Studies*，London：Routledge，1992.

第六章　威廉斯英国文化研究理论及其影响[1]

在英国文化研究的发展史上，威廉斯以一个被他实质性地拓宽了的“文化”定义而居开山之功。这个定义的关键词有两个：一是“全部”，二是“特殊”。通过前者，他将日常生活和社会体制纳入“文化”范畴，并强调了各种经验形式的相互关联；通过后者，他将“文化”作为“指意系统”，也就是将人类的所有表意实践视为“文化”，大众文化因以位列其间，英国文化研究的意识形态批判维度也由此滥觞。

一

在英国文化研究的发展史上，雷蒙德·威廉斯（Raymond Williams，1921—1988）以一个被他实质性地拓宽了的“文化”定义而居开山之功。

这个定义起先是他在《文化与社会》（1958）所提出的“文化”即“全部的生活方式，包括物质的、知识的和精神的”[2]；随后则是他在《漫长的革命》（1961）中的进一步发挥：“文化是对一种特殊生活方式的描绘，这种生活方式表达某些意义和价值，但不只是经由艺术和学问，而且也通过体制和日常行为。依据这样一个定义，文化分析就是对暗涵和显现于一种特殊生活方式即一种特殊文化之意义和价值的澄清。”[3]研读两处定义，将会发现“文化”概念是如何地被他拓宽的，进一步这一拓宽对英国文化研究将意味着什么。

1　本章由金惠敏撰写。金慧敏，中国社会科学院文学所研究员，博士生导师。

2　Raymond Williams, *Culture and Society, 1780-1950*, London : Chatto & Windus, 1959, P xvi.

3　Raymond Williams, *The Long Revolution*, London : Chatto & Windus, 1961, P41.

第一处定义最显然一点是将物质生活方式纳入“文化”范畴，“文化”从此就不再只是“知识的和精神的”，不再只是阿诺德所推崇的“所思所言之精华”，而成为一个更具包容性的概念，以至于生活的物质性存在亦可位列其间了。此处稍嫌晦涩但可能更其重要的是，或者说，拓宽定义以包括物质文化的必要性在于，威廉斯强调的是文化作为一种存在的整体性，虽然可分作“物质的、知识的和精神的”，但它们都统一于一个整体的生活方式。而为了正确和深入地理解一种文化，威廉斯要求，就必须分析相互联结着的各种要素，甚至还必须将所有这些要素置于其所由出的各种语境之中。这就是威廉斯在紧接着第二处定义所指出的“历史批评”：“这样的文化分析将包括……历史批评……在此批评中，知识的和想像性的作品是在与特定传统和社会之联系中被分析的；而且也将包括对于那些在遵从其它定义的人看来则根本不属于‘文化’的生活方式要素的分析：生产组织，家庭结构，表现或支配社会关系的体制结构，社会成员借以交往的典型形式。”[1] 这换言之也就是威廉斯所力倡的“文化唯物主义”的基本涵义，是他之所以被称为马克思主义批评家的规定性立场；但在另一方面，我们知道，“历史批评”即一种语境批评，即一种理解文本的方法论，那么当将此历史、语境这些“文化”所由出而按照唯心主义观点根本不算作“文化”的东西都归于“文化”之麾下时，“文化”便取得了物质性的存在，方法论变成了社会本体论，这从而也就是说，“文化唯物主义”更意味着以“文化”的观点对待社会物质现实。在威廉斯的关键词中，“文化”即“社会”，反之亦然，“社会”即“文化”，而“社会”在他也就是“生活”。这是他扩大“文化”概念为“全部的生活方式”之必然的和逻辑的结论。

但是，需要注意，威廉斯并不把“文化”作为纯粹的即“唯物主义”的生活，它还必须是那保证此生活得以进行下去的一个所谓“方式”（way）。例如在区分“工人阶级文化”与“资产阶级文化”时，他提醒，理解“全部的生活方式”，不能只是局限于“住房、衣着、休闲时尚”等“物证”层面，由这等表面现象观之，工人阶级正在与资产阶级趋向一律，而应当是着眼于他们之间“关于社会

1 Raymond Williams, *The Long Revolution*, P 41—42.

关系之实质的相互对立的观念”，一个是社会主义，一个是个人主义。[1]且不论这种区别是否正确，现在对我们极有助益的是，他在暗示，所谓“方式”就是“观念”，就是我们接下要说的“意义”。生活本身不是“文化”，而惟有生活的“方式”即其“观念”、其“意义”才能使生活升腾为“文化”，但它又必须落实为生活的形式，否则就回到了“文化唯心主义”[2]。

二

再说第二处定义。我们看，威廉斯先是将“文化”作为“一种特殊生活方式”，而后将此生活方式所以“特殊”之原因解释为它能够表达“某些意义和价值”，这于是也就意味着将“文化”定义为一种指意实践。生活的“方式”本身即是“意义”，前文有论，那么在此处“特殊”如果不是冗词，则定是对“文化”作为“意义”这一题中之义的再确认和迫切化；对威廉斯来说，它也极可能就是他的一个思想无意识，于无意识重复中表露出一个根深蒂固的观点。

当代著名英国文化研究学者约翰·斯道雷在描述这一定义的特点及其对英国文化发展史的贡献时指出：“威廉斯的定义将文化与意义联系起来。……通常以为这里着重的是‘一种特殊生活方式’。而依我所见，这一视文化为意义网络（也就是说，文化即指意系统）的观念对文化研究作出了一个更加重要的贡献。再者，文化作为一种指意系统是不能约简为‘一种特殊生活方式’的；相反，它是改造和维系一种特殊生活方式的基础。”[3]这固然不错，将“文化”作为“指

1 See Raymond Williams, *Culture and Society*, 1780-1950 : 324.

2 Nick Steven 指出：“在威廉斯早期著作中，存在有一个我将称之为‘文化唯心主义’的范型”（Nick Steven, *Culture, Ideology and Socialism*, *Aldershot*, England : Avebury, 1995, P 24），它“假定一种精英的文学性文化跨越了复杂的社会历史关系而对所有生活形式都具有普遍的有效性和魅力”（Ibid., P 4）。我认为，“文化唯心主义”就是认定在文化整体中观念之对生活的优先。

3 John Storey, “Culture and Power in Cultural Studies,” 载《2005年中国—欧美文学理论国际论坛论文选编》，河南省高等学校人文社科重点学科开放研究中心等编，开封，2005年8月，未正式出版，第33—34页。中译文可参见约翰·斯道雷《文化研究中的文化与权力》（周敏译），《学术月刊》（上海）2005年第9期。

意系统”的思想确乎开启了“文化研究”的意识形态批判方向。但有所不察的是，他将这一点与“拓宽文化定义”并列为威廉斯对文化研究的两大贡献。对此我们必须纠正，它们并非同一级别上的事业：视“文化”为“指意实践”首先是作为威廉斯为拓宽“文化”定义而诉诸的一个理论策略。斯道雷当然知道：“视文化为一指意系统对拓宽所谓文化之运用范围具有不可避免的效果。由此文化作为指意系统就是加强了对利维斯主义‘文化’涵括方式（culturalinclusiveness）的挑战。当威廉斯说‘文化是普通的’之时，他是在引人注意这样一个事实，即创造意义不是少数人的特权活动，而是我们所有人都介入其中的事情。”[1]就此我们还可以继续说，既然所有人无分男女、贵贱、贫富、阶级等等都在创造意义，那么这所有的意义创造活动便都应以“文化”称之。原因是，按其定义言之，文化即指意实践。以此定义“文化”，将是把为阿诺德或利维斯排斥在“文化”门外的普通人的生活方式及其文化呈现尽行请入从前被少数人所专有的“文化”殿堂。这就是对原有“文化”概念的充实、丰富、扩展或更新。利维斯主义者或可将指意实践定出优劣高下：诚然如高尔基所言，按其本性说来，人人都是艺术家，但并非所有人都能创造出为他人所欣赏的、具有同等艺术水准的作品；扩大而言，同样是在指意中创造文化，但并非所有的指意实践都能“止于至善”即至臻乎所谓“文化的”之佳境。威廉斯显然不会在纯粹艺术的论域中与利维斯主义争辩，尽管他本人就是艺术家、戏剧教授，他更多考虑的是文化的社会学和政治学的问题，就此而言，将少数人的“文化”凌驾于多数人的“文明”之上的做法违逆了民主、平等这些在当代社会已深入人心的基本价值取向。而且一个不容忽视的趋势是，精英的艺术在商业社会正在被不断地社会化、大众化，不再满足于孤芳自赏，精英艺术转而寻求社会的成功。大众的指意实践或者说大众的声音正发挥着愈加重要的文化作用。这反映在理论上就是要求将他们的活动同样接纳为“文化”。

斯道雷看到了在威廉斯定义中以指意实践对“文化”概念的拓展，虽然他只是视此拓展为作为指意实践的文化的一个“不可避免的效果”，即一个未被意识的或客观上的效果，而实际情况则是威廉斯于其主观上有此明晰的和强烈

---

1 同上，第 34 页。

的意图以及精心的筹划。恰恰是由于斯道雷基本上了解这一点，我们才抱怨他未能将指意实践与拓宽“文化”定义两项活动区别开来。按照他的分类，威廉斯对英国文化研究的贡献将不能得到纲领性的说明，而且更严重的是还将模糊其另外一些同样重大的对于后来文化研究发展的指示或启迪。

或许应再次申明两处定义的关联，即第一处的生活的“方式”就是第二处的生活的“意义和价值”。据此，“文化作为一种指意系统”就不是如斯道雷所说的“不能约简为”而是恰恰就等于“一种特殊生活方式”。责任并不全是在作为研究者的斯道雷一边，而且也在作为研究对象的威廉斯身上，是他将文学写作的含蓄、随意带进了本应清晰、一贯的理论文本。但若是联系地阅读的话，更兼着谨慎和细心，威廉斯之“文化”论述的委曲小变还是有迹可循的。[1]

在以上的辨析中，我们事实上已经勾画出了威廉斯对于英国文化研究的主要贡献：在第一层次上就是对“文化”定义的拓展；在第二层次上，他是以“文化唯物主义”与“指意实践”即“文化”而实现了这一拓展的；然后在第三个层次上，作为拓展策略的“文化唯物主义”与“指意实践”即“文化”又独立出来作为基本的理论命题，从而扭转和重新规定了英国文化研究的发展方向。经威廉斯对“文化”的再定义，文化研究就不再只是“研究文化”，而成为“文化地研究”或“文化的研究”（Cultural Studies），其中“文化”一词限定了“研究”的性质，具体地说就是，研究文化应当遵循“文化唯物主义”与“指意实践”即“文化”的理论路线，而这样一个方法论的转换则势必带来研究对象的变化或者视域的扩大。通俗文化和婆娑于通俗文化的“霸权”问题或意识形态较量之进入堂堂的“研究文化”、之自立门派为“文化研究”，至少在理论上，已经不再有合法性疑虑了。应当如此纪念，是威廉斯为英国文化研究申张了新的正义。

但是对于全面的威廉斯来说，这样的阅读肯定是片面的，例如有中国学者

1　就威廉斯第一处定义的生活的“方式”是否即其第二处定义的生活的“意义和价值”或者“指意系统”，笔者致信英国托尼·贝内特（Tony Bennett）教授，他在2006年6月5日的电子来信中答复如下：“关于威廉斯，我认为，你的观点是正确的，因为威廉斯并不主张仅仅生活本身便可称作文化，其‘生活方式’一语，在他绝对是指生活实践之间的一整套联系，而这也就是一个意义的整体。但是我并不认为‘指意系统’是一个最能描述他所关心的问题的措辞。”贝内特回答了问题，但也提出了新的问题。

就警告“仅仅从文化研究的角度来认识威廉斯是不够的”[1]而实际上即同时要求一个“文学研究的角度”。这确乎也点出了威廉斯于“文化”定义上的复杂之处。威廉斯并非一个义无反顾的或完全彻底的文化研究主义者，在他身上还保留着挥之不去的“文学研究”情怀。这表现在他许多次对“文化”的界定上，例如，尽管在其《文化与社会》中他看到了“文化”语义由表示“心灵的状态或习惯”、“知识和道德活动之本体”向着表示“一种全部的生活方式”的转移大势[2]，尽管在其《漫长的革命》中他看见了“将借助于识文断字和其它高级交流之技巧的活跃的求知过程扩展到所有人民而不是只限于其中某些部分之要求”，他视此为“文化革命”[3]，又尽管于《关键词》一书他发现“有趣的是，culture……的社会与人类学的意涵，稳定、持续地扩大”[4]，但是，他从未否定过其它“文化”定义的存在价值和其现实依据，单个看来这些定义中的任何一个“即使不够全面，至少也是合情合理的”[5]，更关键的是，威廉斯的真正意谓是，惟将各种“文化”定义结合起来才能更好地理解我们的生活及其整体性，这就是说，“惟有它们之间的关系才是我们应当注意的”[6]，而任何定义如果“排除了对于其它定义的指涉将是不确当的”[7]。如前所谓，威廉斯重视的是“整体的”生活，因而理解它就需要整体的即相互关联的“文化”方式。

这种于对象及方法上均所要求的“整体性”固然一方面显示了威廉斯与利维斯主义的藕断丝连，但话又必须说回来，也正是这一“整体性”为日常生活方式，为社会体制，为通俗文化，为其它各种经验形式，进一步，为“文化研究”，开辟了道路。

而且还是这一“整体性”，具体于“文学研究”与“文化研究”之关系，使得“文学研究”不再是单纯的“文学性”研究，也不简单地就是与一定社会语境相

---

1 陆建德:《词语的政治学》，见雷蒙·威廉斯著《关键词——文化与社会的词汇》(刘建基译，三联书店 2005 年版)所载该文第 9 页。

2 Raymond Williams, *Culture and Society, 1780-1950*, Pxviii.

3 Raymond Williams, *The Long Revolution*, P xi.

4 雷蒙·威廉斯:《关键词——文化与社会的词汇》，第 109 页。

5 Raymond Williams, *The Long Revolution*, P42.

6 同上，P43.

7 同上。

关联的文学性研究，其中仍然是阿多诺所张扬的在其与社会之对抗中的艺术的“自主性”或“审美现代性”，而是纯粹的“文学”和文学性研究向着“泛文化”和“文化研究”的转变。如此看来，只是警告“仅仅从文化研究的角度来认识威廉斯是不够的”也是不够的，应该清楚地看到它们之间的关联尤其是在此关联中“文学研究的角度”如何被“文化研究的角度”所重新构型，因为威廉斯于各种“文化”定义或“文化”观念的关联中属意的是由此而来的由精英向大众之文化权力的转移的所谓“文化革命”。如是而言，威廉斯“文化研究”的“文学研究”之真义就不是要废弃“文学遗产”，如所忧虑的，而是在“社会”中的“文学研究”，这是往后说，而于现在或向着将来说，则是“文学研究”之被一个日益增长的新的“文化”现实所“革命”，这场“革命”在辩证的威廉斯看来自然是“扬弃”性的，既有所革新，又在此革新中有所存续。

第七章　霍尔：英国文化研究的重要奠基人[1]

斯图亚特·霍尔的著作被陆续地引进中国，对中国文艺美学与文艺学产生了重要影响。霍尔对文化研究具有三大贡献：第一，开创了媒介研究的微观意义政治学；第二，通过对撒切尔主义的评论提升了文化在构造社会中的作用；第三，提出了“在异之同”的多元文化主义理论。

麦克罗比的新书《文化研究的用途》被霍尔认为是文化研究的重要的入门书。她将马克思、阿多诺、本雅明、阿尔都塞、葛兰西、拉克劳和墨菲与霍尔平列，认为一门当代文化理论课最好以讲述这几位大家的思想作绪论，[2]这也就是说，霍尔与其他人一样，是当代文化理论或文化研究的奠基者。

那么，霍尔为文化研究作出了哪些特殊性的贡献呢？麦克罗比选取了霍尔学术生活中三个范例性的时期来说明。这三个时期是：“电视（1970年代中期），撒切尔主义的‘威权平民主义’（authoritarian populism，1980年代后期），和多元文化主义”[3]，其中第三个时期未言具体时间，而以2000年发表的两篇关于多元文化问题的文章为代表。

一　媒介：“复杂统一”

对于第一个时期，麦克罗比给出的例子是霍尔等于伯明翰大学当代文化研究中心期间以“媒介小组”名义所发表的《时事电视的“统一”》（‘The Unity

1　本章由金惠敏撰写。

2　See Angela McRobbie, *The Uses of Cultural Studies*, P 3.

3　Angela McRobbie, *The Uses of Cultural Studies*, P 10.

of Current Affairs Television')。该文是对英国广播公司一个名为"全景"的时事政治电视节目的专案研究。但远不止是对"某一""电视"节目的分析，罗克罗比试图说明，它标志着霍尔文化研究生涯的媒介时期。在此时期，霍尔所关注的重心是"在一个发达的资本主义社会里，由于大型意识形态机构具有其自主性，权力之潜在的阶级关系如何只是在'最终'才变得明显起来。"[1]表面看，"它们的运作好像跟经济、经济的生产方式以及劳动组织几无瓜葛"，而实际上，"这种自主性和不偏不倚的精神却是以各领域例如新闻记者与政治家之间的冲突而更有效地服务于资本主义秩序。它们生产出一种各有利益的幻觉，而其实则是掩盖了现存社会秩序那些基本的资本主义要素所具有的一致或统一，它们无论如何都必须被保护、争取和再生产出来。因此就有'复杂统一'(complexunity)这一术语的使用"[2]。

就对资本主义新闻实质的揭露言，此时的霍尔具有其一生中最强烈的马克思主义色彩，——这是阿尔都塞延及霍尔的一个方面，即把意识形态生活化和文化化(或"内在化"和"理性化"[3])地一直推演到"市民社会"，在此就是看似免疫于党派政治的电视媒介机构；而另一方面，霍尔还看到了媒介、国家和政治之间关系的复杂性，也就是前引所谓只是在"最终"才呈现出权力的阶级性质，在"开始"与"最终"之间存在着无限的可能变化，就此说，霍尔又非一个简单的马克思主义者或当时那种粗糙的左翼。

正是借着这样的思想洞察，霍尔在流行的"同谋论(conspiracy thesis)"、"取代论(displacementt hesis)"和"听任(laissez-faire)"论之外，独创一种新的更切当代资本主义现实的媒介研究模式，麦克罗比称之为"对于媒介(作为指意实践)与权力之问题的显微学研究"[4]，或许，我以为，"复杂统一"论是一个

1 Angela McRobbie, *The Uses of Cultural Studies*, P 10.

2 Angela McRobbie, *The Uses of Cultural Studies*, P 10.

3 Helen Davis 指出："阿尔都塞的前提是把意识形态理解为某种我们将其内在化和理性化的东西。"(Helen Davis, *Understanding Stuart Hall*, London: Sage, 2004, P 48)或如她所引用的 B. Ferguson 的说法，"意识形态不是一整套预先存在的信仰，被以某种方式强加给，或只是灌输进、用锤子敲入一个不懂怀疑的和天真无邪的人群。不是的，它是一个生活的过程和关系。"(See Ibid.)简言之，意识形态是你无处逃避的生命存在。

4 Angela McRobbie, *The Uses of Cultural Studies*, P 12.

更富提示性的命名，其中既不乏麦克罗比“显微”下的“复杂”情况，又增加了“宏观”上的“最终”的“统一”，再还呈现出它们二者之间的矛盾和张力。

麦克罗比指出，霍尔新模式的出发点是电视，扩大而言，一切媒介形式，从来不只是发送一种意义而是一系列的意义，其中当然有优先义，即意图上导控观众来接受的意义，但此优先义并不必然地得到优先的保证，结果“总是有潜在的因素造成断裂、瓦解和渗漏”[1]。因此，即使撇开解码维度，其积极性甚或颠覆性，而单论其编码实践，媒介之与国家、政治所构成的关系就已经是足够地错综复杂的了。这是否可能意味着霍尔主张，至少在方法论上，文化研究应当成为“意义的显微政治学”[2]？麦克罗比当然希望比这肯定得再多一些，她说：“在许多方面，我认为，对于霍尔自己的作品也包括他联名的那部分作品，此文都是范例性的。”[3]不过硬要一篇文章费力地承担起许多的意义，还不如从各别的文章进入各别的意义来得轻松裕如一些。

二　撒切尔主义：意识形态“霸权”或“接合”

“撒切尔主义”时期的范例之作麦克罗比给出的是《艰难更新路：撒切尔主义与左派危机》（*The Hard Road to Renewal, Thatcherism and the Crisis of the Left*, 1988）。该书主体是霍尔1978年以来所写短文汇集，其中多数曾先行发表于英共《今日马克思主义》月刊。在后来为文集所写的导言中，霍尔总结说：“这些文章表现为企图界定‘撒切尔主义’政治计划的特征和意义以及它使左派所陡然陷进的危机。”[4]据一本辞书介绍，“撒切尔主义”[5]一语为霍尔所首创，不过霍尔好像并不怎么在意这个首创权，让他自豪的是，“撒切尔主义”与“左

1　Angela McRobbie, *The Uses of Cultural Studies*, P 11.

2　Angela McRobbie, *The Uses of Cultural Studies*, P 16.

3　Angela McRobbie, *The Uses of Cultural Studies*, P 16.

4　Stuart Hall, *The Hard Road to Renewal, Thatcherism and the Crisis of the Left*, London and New York : Verso, 1988, P 1.

5　See *Dictionary of Cultural Theorists*, ed. Ellis Cashmore & Chris Rojek, London : Arnold, 1999, P 218.

派危机”的“这一连接……被证明是战后英国政治生活和文化生活的历史转折点。”[1]

麦克罗比概括，霍尔的“撒切尔主义”分析有三个重点：“第一，对葛兰西的援用；第二，威权平民主义概念；第三，左派的教训（从撒切尔主义那里学得）。”“它们每一点对文化研究的创新都有所贡献”。[2]这就是说，霍尔在此所进行的“政治”评论具有重大的“文化”意指。惜哉，麦克罗比语焉不详。

关于英国文化研究对葛兰西的援用，史称“葛兰西转向”。如果说在霍尔的媒介时期，其理论资源主要是阿尔都塞的意识形态“机器”论，那么在“撒切尔主义”时期，则是转向了葛兰西的意识形态“霸权”。这一转向尽管展现出或者说至今仍然潜在着许许多多的意味，但最突出且实际发生了的则是对于意识形态与阶级之关系的认识转向：意识形态就其本质而言不再是阶级的，例如，“‘资产阶级文化’不再纯粹地或完全地属于资产阶级。相反，它变成了产生于不同阶级处所之文化和意识形态诸要素的流动性组合”[3]。这就是说，意识形态理应是霸权性的。据格兰姆·特纳考察，英国文化研究一直以来都是“将阶级置于文化研究的中心”，霍加特、威廉斯、汤普林如此，“1970年代以来的核心工程如当代文化研究中心的文集《通过仪式的抵抗》、《工人阶级文化》或者保罗·威利斯的《学习劳动》（1977）亦莫不如此”[4]。了解到英国文化研究的这一历史传统，我们就会掂量出霍尔之引入葛兰西“霸权”理论对于英国文化研究的发展是何等地重要了。

从阿尔都塞向葛兰西的转移显然不是起于理论自身的内在逻辑要求，——被忽略的是，在对意识形态之“霸权”和“接合”作用的认识上，阿尔都塞与葛兰西多有神交，尽管或许如霍尔所言，阿尔都塞从未全面地思考过“接合”概

1 Stuart Hall, *The Hard Road to Renewal*, P 1.

2 Angela McRobbie, *The Uses of Cultural Studies*, P 22.

3 *Popular Culture and Social Relations*, ed. Tony Bennett, Colin Mercer and Janet Woollacott, Milton Keynes : Open University Press, 1986, P xv.

4 Graeme Turner, *British Cultural Studies, An Introduction*, London : Routledge, 2003, the third edition, P 198.

念，再如另一位学者所补充，“它不是他著作的核心”。[1]转向为现实所驱动，即“铁娘子”之大刀阔斧而又广得人心的改革所造成的新的政治格局对于理论阐释的饥渴。霍尔切切思索的是：“铁娘子”对例如社会福利的削减显然损害了工人阶级的利益，可为什么还能得到后者的赞同和支持呢？霍尔发现，撒切尔夫人成功的秘诀是“威权平民主义”。这又是霍尔创造的一个新术语[2]。麦克罗比解释说：“领导权的这一独特形式所强调的是对于一种建立在法律、秩序和家庭价值之上的新的平民道德的需求。”[3]它将资本主义界说为了一切人，包括普通民众，他们同样可以成为资本持有者和利益获得者，因而“它也成为一种道德力量”[4]。撒切尔夫人时时站在工人阶级立场上说话，同他们一起抱怨过分官僚化的左派、工会和地方政权，她甚至还鼓动草根的造反形式，以争取一种真正的民主；同时，她也抨击自由主义的泛滥及其所造成的权威的衰落、家庭观念的浅薄、对社会福利的依赖和对创业精神的挫伤等等，从而要求一个更加规训的社会。“这不简单地就是一种语言的诡诈”[5]，用葛兰西的话说，这是一种霸权性意识形态的权力实践。

麦克罗比揭示，在对撒切尔主义的分析中，霍尔最所借重于葛兰西的有三点“霸权，斗争的范围和时段，最后，是平民的重要性。”[6]这就是说，在与左派的斗争中，撒切尔夫人通过争取平民的赞同而重建了威权，是所谓“威权平民主义”，其中平民被威权化即综合和超越，而威权被平民化即被普遍化、道德化、常识化和自然化。一当它被作为葛兰西意义上的“意识形态”，成为日常生活，其推进便不再与经济的或荣或枯那么息息呼应了。“事实上，与新工党

1 See Marion O’Callaghan, ‘Introductory Notes’, in *Sociological Theories, Race and Colonialism*, UNESCO, 1980, P 24.

2 Stuart Hall, *The Hard Road to Renewal*, P 7.

3 Angela McRobbie, *The Uses of Cultural Studies*, P 24.

4 Ibid. 霍尔注意到撒切尔夫人的修辞：“在一个公司里，不要跟我谈什么‘他们’和‘我们’”，“你们都是‘我们’”，你活下去就是公司活下去，你成功就是公司成功——每个人都在一起。未来在于合作而不是对抗。”（Stuart Hall, The Hard Road to Renewal, P 49）这可以视为霍尔对“撒切尔主义”的一个形象写照。

5 Helen Davis, *Understanding Stuart Hall*, P 137.

6 Angela McRobbie, *The Uses of Cultural Studies*, P 23.

（1997— ）时期的经济不同，那时很少有迹象表明失业率会下降，也不存在许多信号指示那被大吹大擂的‘创业文化’（enterprise culture）除了单人规模的小企业有所增长外还能有什么更大的所为。但是，尽管如此，撒切尔革命还是照常推进。”[1]

撒切尔主义的胜利就是左派的教训。霍尔劝告左派放弃过时的经济决定论、阶级本质论，而学习撒切尔夫人的平民性，以常识抓住人心的能力，将她所喜欢的一些概念和观念重新接合起来，为后工业社会，为一个不再单纯以阶级身份所标识的社会制定出一套新的政治议程。

麦克罗比总结出霍尔对马克思主义思想的三点修正："其一，意识形态不是专属于或者天然地联系于某一特定的社会阶级。其二，在复合型社会里，意识形态计划……可以发挥出更大的社会影响力，它可以改变社会……。其三，……这种改变可能并不必然地受制于或者紧密地相关于经济力量而发生。"[2]这是霍尔从后马克思主义所发展的"接合"（articulation）概念那里如麦克罗比所指出的，是从葛兰西的"霸权"那里，应当也是从阿尔都塞的意识形态论述那里，所得到的理论灵感，或许还更是从撒切尔夫人学来的政治教诲。霍尔当然不敢独占这些收获，而是将它们与左派分享；霍尔相信，如果左派能够抛弃其阶级统合论，那么撒切尔主义或者其所体现的"接合"理念同样能够成为他们的一项基本原则。

三　多元文化："在异之同"

关于霍尔的多元文化主义时期，麦克罗比关注的核心议题是霍尔如何去想像和构建"在异之同"（commonness in difference）这样一个颇显悖论的命题，并由此而创设一种新型的政治逻辑。对于霍尔来说，当代多元文化主义的产生主要是全球化的一个后果。一方面他承认全球化确实表现为西方驱动或美国宰

1 Angela McRobbie, *The Uses of Cultural Studies*, P 26.

2 Angela McRobbie, *The Uses of Cultural Studies*, P 22.

制，“其主导的文化取向就是同质化”[1]；但另一方面他强调，“这不是惟一的趋势”[2]，全球化同时也在不断地生产着各种形式的差异化或地方主义。因而当代政治学所面临的一项重大任务就是如何认识和解决同质化与异质化或普遍化与特殊化再或同一与差异之间的关系问题。对此霍尔的主要贡献，我以为，不在于认识到它们之间的矛盾和对抗，而是提供了一种新的认识思路从而有一种新的政治可能性。他从差异或特殊性入手：它们不能被绝对地宣称，即是说，不存在绝对的差异或特殊性。进一步，如麦克罗比所发挥，“如果我们都能看见我们文化价值的特殊性，那么这就要求我们去发现一种超越于这些特殊点以使他人可以提出其要求的更大的语境。”而反过来说，“这更大的语境是否能够构成一种修订了的普遍主义呢？”[3]根据霍尔的身份观念，任何身份之构形都必须参照于他者，“一种特殊的文化身份不能只是依据其积极的在场和内容来界定。所有的身份项均依赖于其局限性之标出，即以其所非而定义其所是。”[4]换言之，要确定我之“所是”必须以我之“所非”即以他者为前提。借取于拉克劳的《解放》（Emancipations，1996）一书，“就我被一种构成性的缺乏所穿透而言，普遍性是我身份的一个部分”[5]，如麦克罗比所发现，霍尔于是就提出了“一种不同理解的普遍主义视域”[6]。显然，它不是老启蒙主义者或老自由主义者所想像的普遍主义，霍尔很警惕，“在此范式中，……普遍主义在每一点上都与特殊和差异相对立。”[7]原因是，这种普遍主义假定了其对特殊主义的超绝、整合或消灭，其作为后者的典范、目的或归宿，例如霍尔引之于拉克劳的，“欧洲帝国

---

1 Stuart Hall, Conclusion : The Multi-cultural Questions, in *Un/settled Multiculturalism, Diaspora, Entanglements, Transruptions*, ed. Barnor Hesse, London and New York : Zed Books, 2000, P 215.

2 Ibid.

3 Angela McRobbie, *The Uses of Cultural Studies*, P 30.

4 Stuart Hall, Conclusion : The Multi-cultural Questions, in *Un/settled Multiculturalism, Diaspora, Entanglements, Transruptions*, P 234.

5 Ibid.

6 Angela McRobbie, *The Uses of Cultural Studies*, P 30.

7 Stuart Hall, Conclusion : The Multi-cultural Questions, in *Un/settled Multiculturalism, Diaspora, Entanglements, Transruptions*, P 234.

主义扩张过去只能被描述为一个普遍的文明化作用、现代化等等。其他文化的抵抗不是被呈现为各种特殊身份及文化之间的斗争，而是被说成是在普遍性与特殊主义之间一场全面开创新世纪的斗争”。霍尔一针见血地指出，这“简单地说”就是在此“西方特殊主义被改写为一种全球普遍主义”。[1]

与此模式相反，霍尔借助于拉克劳所建立的“普通”原就存在于“特殊”之内，他继续援引拉克劳，“普遍产生于特殊，但它不是作为某种支撑和解释特殊的法则，而是一个能够为断裂了的特殊身份进行缝合的不完整视域”[2]。这是一种“不完整”的“普遍”。“何以不完整呢？因为，它不能如其在自由主义概念中那样被注入一个确定不移的内容。只要一个特殊的身份虑及了其他者、其自身极端之不足而扩大视野，在其中所有方面的要求能够而且必须被协商，那么它就将被重新定义。拉克劳是对的，他坚持其内容不能被预先知悉——在这一意义上，普遍就是一个空洞的符号，一个‘永远退缩着的能指’。它是这样的视域，即每一特殊的差异都必须根据它来为自己定向，假如它不想退回到绝对的差异的话”[3]。这种新的“普遍”，我理解，不是启蒙“理性”，不是康德的“先验原则”，不是黑格尔的“绝对精神”，不是费瑟斯通所问题化的“全球知识”，也不是新自由主义的“历史终结”，等等，而是，用孔子的术语，“仁”，即自我与他者的一种动态的交接关系。麦克罗比的概括是：“普遍成为责任、认识和协商的聚合点”，或者毋宁说，“一个协商性的无终点的过程”。[4] 她猜度，这大概就是“在异之同”的真谛。应该不错，“在异之同”当是立足于“差异”而追求诸“差异”间不得不如此的相互承认和沟通。

从政治上说，这种“在异之同”的多元文化主义吁求，麦克罗比认为，可能就是“对民主的一个扩展、深化和因此的再充实”[5]，而用霍尔自己的措词，“一种新的多元文化之政治逻辑”：作为一项理论战略，其目的是“促成以差异对普

1 Ibid.

2 See Ibid.

3 Stuart Hall, Conclusion : The Multi-cultural Questions, in *Un/settled Multiculturalism, Diaspora, Entanglements*, Transruptions, P 234-235.

4 Angela McRobbie, *The Uses of Cultural Studies*, P 30.

5 Ibid.

遍与特殊、民主与平等的一个根本性的再构型”。[1] 这在中国迄止目前还未成为一个问题，而在二战以来的英国，面对一个既成事实的多元文化社会，如何重新界定“英国性”（Britishness）或“英国身份”早已是一场旷日持久而新意迭出、不止限于文化人和政治家且几乎全民皆兵的葛兰西意义上的“意识形态”战争了。在这个战场上，以敏锐的现实感和激情的政治介入为特色、热衷于“霸权”和“抵抗”的“英国文化研究”或就是霍尔则自是令人瞩目地一马当先了。

也许有必要避免或纠正一个可能的误会：尽管麦克罗比将多元文化主义主题作为霍尔第三个时期的重点，确乎如此，1990 年代以来霍尔在其学术履历中最密集地思考了这一问题，发表了一系列重要的作品，除被麦克罗比作为范例的两篇外（其中一篇未正式发表），还有《文化身份与流散》（1990）、《地方的与全球的：全球化与族性》（1991）、《新族性》（1992）、《文化、共同体、民族》（1993）、《谁需要身份？》（1996）、《何时是后殖民？》（1996）、《他者的景观》（1997）、《谁之遗产？》（1999）、《思考流散》（1999），等等，但他对这一话题的关注却是很久以来的事情了，错落于此前两个时期，例如 1970 年的《黑色不列颠人》，1978 年的《种族主义与反动》，1983 年的《媒介中的种族建构》，1986 年的《葛兰西与种族和族性研究的相关性》，80 年代初期在联合国科教文组织的安排下他到中国参加了少数族裔问题研讨会，参观了云南少数民族地区。这或许还只是表面文章，需要进一步指出的是，霍尔之所以为此问题所经年缠绕是由于他个人传记上的前殖民地出身也就是说作为“英国性”之外部这一背景。这种异质性是如何具体而微地作用于霍尔的文化研究活动，当然尚待细细抉剔，但它显然是“先天地”决定了霍尔与此问题无法解除的关联，而在另一方面说，这毫无疑问地也是他在处理此问题时之优势所在。

霍尔对英国文化研究的贡献绝对不止于如上三条，而且也不一定尽如麦克罗比所教给的解读，如果我们接受霍尔的“解码”理论的话。麦克罗比承认，她有意回避引出对霍尔的各种批评，“他的批评者和对话者很多。而我的目的

1　Stuart Hall，Conclusion：The Multi-cultural Questions，in *Un/settled Multiculturalism*，*Diaspora*，*Entanglements*，Transruptions，P 236.

则相当地不同，我要宣传和排演霍尔著述的一个时段，方法是从中抽出一些主题，这些主题在我看来最具威势且展现出其贡献的全部力量。”[1]霍尔是否喜欢无批评的解读？我不想“恕己以量人”，倒是愿意为霍尔一辩：同情式的研究可能最贴近对象的本质。当然，倘使不满足于只是做学生，那么除了“入乎其内”，就还得“出乎其外”。

进入霍尔有许多工作要做，走出霍尔或者说发展出中国特色的“文化研究”更是任重道远。

1 Angela McRobbie, *The Uses of Cultural Studies*, P 37.

第八章 詹姆逊：晚期资本主义的文化逻辑[1]

一、理解全球化：重建全球抵抗的空间

詹姆逊并不是以全球化研究而闻名的理论家，但他积极关注全球化问题，并追踪研究全球化的各种变体，形成了有自己鲜明特色的全球化理论。他的全球化理论无疑应该引起我们的重视，也是我们理解全球化理论和我们自身现实处境的重要参照。1994 年 10 月 9—11 日，在杜克大学召开了“全球化与文化”国际研讨会，詹姆逊提交了题为《论作为哲学问题的全球化》的论文，他第一次全面而系统地阐述了他对全球化的理解，这篇文章后来收入由他与三好将夫主编的会议论文集《全球化的诸种文化》（The Cultures of Globalization），1998 年由杜克大学出版社出版。自此以后，他继续关注全球化问题，连续撰写多篇关于全球化问题的论文，《全球化和政治策略》（Fredric Jameson，Globalization and Political Strategy，New Left Review，Winter2000）、《全球化中的恐惧和厌恶——对威廉·吉布森的〈模式认识〉的反思：一种当代风格的辩证》（“Fear and Loathing in Globalization” New Left Review，Vol.23）、《全球化的想象》（“The Imaginary of Globalization”，Collective Imaginary：Limits and Beyond，ed. Enrique Larreta）、《论全球化和文化》（On

1　本章由李世涛撰写。李世涛，中国艺术研究院研究员。

GlobalizationandCulture）和《再现全球化论》[1] 等文章，从多方面、多层次和多种视角研究了全球，这些文章也有助于帮助我们理解詹姆逊的全球化研究。詹姆逊最早系统而全面地探讨全球化的论文是《论作为哲学问题的全球化》。在这篇论文中，他首次提出了全球化的概念："全球化是一个传媒概念，交替地掩盖和传播文化或经济意义。"[2] 但是，他又反对完全从媒体和通讯的角度看待全球化问题。原因是，通讯和技术所引发的变化已获得了整个文化的维度，而且，通讯和技术又与经济的发展不可分割。当涉及全球化的价值判断时，有人会把全球化视为福祉，而有人会相反地视之为灾难，这种差异需要从意识形态的角度予以说明。同时，也会出现两种另一种形式的对立：通讯和技术的发展，带来了新媒体的发展，使彼此差异、对立的文化能够相互容忍、共存，并被置于多元主义之中，促进了世界文化的丰富性和多样性。与此同时，处于从属地位的阶级、性别、种族、群体也通过通讯技术的发展而进入了公共领域，导致了大众民主化及其全球的发展。如果转向经济领域，我们不得不面对更严重的同一性，这种同一性、标准化与丰富多样性形成了巨大的反差。但在詹姆逊看来，全球化的这两种对立似乎处于一种辩证的关系中，至少是二律背反之中。具体来说，对经济领域同一性的判定也可以转换到文化领域：全球文化的美国化或标准化、取消了地方差异和所有民族的集团化。而对文化领域多元化、差异的判定也可以转换到经济领域："开放市场将导致纯粹生产力的增长，人类终于开始体验交换、市场和资本主义的超验满足，这是最基本的人类可能性和最保险的自由之源。"[3] 正是这些对立、矛盾、含混和内容的可替换性为全球化研究

---

1 2004年6月詹姆逊来北京参加中国人民大学举办的"詹姆逊与中国"学术研讨会，之后他去清华大学进行学术演讲，还出席了郑州大学举办的"全球化和本土文化"国际讨论会。后两次演讲的主题都是全球化问题。目前见到的译稿分别是郭英剑翻译的《再现全球化论》（《郑州大学学报》2004年第5期）、王逢振翻译的《论全球化的再现问题》（《外国文学》2005年第1期）和陈永国翻译的《全球化与赛博朋克》（ www.culstudies.com，发布时间：2005-6-6 ）。由于笔者没有见到英文原稿，而且这几个文本中属王逢振翻译的《全球化的再现问题》最为系统、全面，所以，这里以他的译稿为讨论文本，其重要性在于它反映了詹姆逊对全球化问题的新思考和对原来思路的拓展。

2 弗雷德里克·詹姆逊《论作为哲学问题的全球化》，陈永国译，《外国文学》2000年第3期。

3 弗雷德里克·詹姆逊：《论作为哲学问题的全球化》，陈永国译，《外国文学》2000年第3期。

提供了可能的路径。

根据这些线索，我们首先可以从把“全球化视为文化的进出口”。这样，全球化就是各国、各民族之间的文化商品的正常交流和流通。如果从这个角度看，就会有文化的多元主义、语言的多元主义的表面现象和由此引发的意识形态辩护。但实际情况并不如此，在文化商品流通之前，美国文化、英语就占据了文化交流的支配地位，对其他发展或落后国家而言，建立在这种实力不对称基础上的文化贸易则充满了垄断、压迫和不平等。对此进行辩护的意识形态会认为，凡是涉及这种文化流通的“所有因素和价值都是相等和等价的。”但这是绝对不可能的，文化交流双方的产品的选择、流通和消费的各个环节都会受到不均衡的权力的影响。实际上，以英语、英美文化等为代表的西方强势文化早已成为世界性的语言和文化；其大众文化也成了全球的消费品。这些文化在全世界畅通无阻，是那些弱势的语言和文化所望尘莫及的。同时，这种貌似自由、平等的文化交流也是以挤压、牺牲世界大多数的文化为代价的，并给这些国家、民族带来了巨大的破坏：既包括物质方面的财经利益和社会方面的价值观的破坏。为此，需要给这种意识形态“祛魅”，追问文化背后的经济动因。从经济的角度看文化现象，例如有世界性影响和巨大的商业利润的美国影视业，不但在经济上成功地赚取了大量的利润，而且还破坏了世界其他地方的民族电影。而且，好莱坞的电影还是一次晚期资本主义的政治革命和文化革命，随着电影等大众文化的入侵，改变了文化输入国人们的价值观，全面地瓦解了其传统文化和日常生活习惯，也意味着相应的生活方式的输入。同时，生活方式的输入也是扩大进一步经济贸易的重要条件：“没有日常生活，经济体系就几乎不能继续夸大和移植。”[1]而且，其破坏是巨大的。但这种文化商品的流通是以全球发展的名义展开的，其中蕴涵的经济、文化和政治因素值得深究。正是意识形态辩护遮蔽了这些事实和背后的利益诉求，詹姆逊才一针见血地指出：“我们现在必须回到美国的立场上来，强调美国与其他国家之间的根本不平等。换言之，这些地区之间不可能存在着平等：在新的全球文化中根本没有起飞阶段。”[2]通

1 弗雷德里克·詹姆逊：《论作为哲学问题的全球化》，陈永国译，《外国文学》2000年第3期。

2 弗雷德里克·詹姆逊：《论作为哲学问题的全球化》，陈永国译，《外国文学》2000年第3期。

常，全球化和后现代性的高扬者乐观地认为，全球化意味着解中心和差异的再生产；但悲观主义者则认为，全球化意味着千篇一律和标准化。对此，詹姆逊认为，不应该从这两种观点中选择出自己的观点，而应该强化这两种观点之间的“不相容性和对立性”，以把握其特殊矛盾。日本、西欧和第三世界都不可能具有抵制美国化的意志和力量，他寄希望于一种原教旨主义的宗教文化。

有人认为，拉美的文学和音乐都战胜了北美，这似乎提供了一种抵抗方式，反对以跨国商业来决定地方和民族生产的发展方向，或者使那种生产向有利于自己的方向发展。但应该看到，这些成功只是特例，全球其他一些国家的电视几乎全部被进口的北美节目所垄断。这种区分经济与文化的作法难以自圆其说：一方面，从范畴和层面上把经济与文化区分开来，势必陷入哲学的困境；另一方面，后现代理论也是对这些区分的否定，即经济本身变成了文化，文化也逐渐变成经济，这表现在景观社会和广告业，也表现在高雅文化的消解和大众文化的迅速发展。实际上，也存在着经济与政治、文化与政治之间的融合和对立，但应该根据各自的情况区别对待。在拉美国家中，权力与国家是同一的，但在英美第一世界中，权力就是资本主义。因此，在拉美国家中强调商贸等经济因素，就是为了摆脱国家的统治，是有积极意义的；但在第一世界中，仍然必须肯定国家及其权力，防止右翼重新将其私有化，以保护社会福利和国家为社会立法的功能。同样，在拉美的环境中，需要强调多元性以抵制统一性的压抑；而在北美的环境中，有必要通过肯定性的统一来对抗多元性的压抑。鉴于此，詹姆逊认为，在抽象和相互联系的层面上，民族层面上适用的东西转化到国际层面时，需要被颠倒过来。但这里仍然存在着辩证的运动，即同一性与差异性的对立已经转化为统一性与多元性的对立。因此，不但要关注差异性与同一性、统一性与多元性之间的对立，也要关注它们之间的转化，以及这些辩证运动的具体条件。以此审视全球化时就会发现，从全球化层面看同一性的威胁，差异的对立面是跨国体系自身、美国化、单一的标准化的消费意识形态和标准化的产品，而不是民族—国家的权力。在此，民族—国家及其民族文化发挥着积极的作用。在这种意义上，要重视民族文化的作用，以此抵制后现代大众文化的扩散，并激活真正的差异和多元的草根文化。只有如此，才能有效地抵制世界市场、跨国资本主义和第一世界的大资本权利借贷中心的侵蚀。

詹姆逊的分析吸收了黑格尔在《小逻辑》中分析同一性与差异性之间关系的哲学思想，即在分析现象时，需要通过同一性与差异性的辩证运动，去寻找现象背后的终极矛盾及其基础，以接近总体性的环境本身，并把握事物的存在。他的全球化研究也是如此，他注意从同一性与差异性的辩证关系中把握全球化的运动轨迹，并从纷繁杂乱的现象中寻求最终的动因，从而全面地把握作为总体的全球化及其运动。

詹姆逊在为《全球化的诸种文化》所写的前言中，扼要地论述了突出全球化现象的重要事件："冷战的结束，紧随其后的是种种商业关系取代了不同国家集团的敌对关系。另一件是目前信息、通讯技术的发达，尤其是某些技术促成了新的市场的形成，其中，最明显的就是新的全球范围内的金融管理。"[1]他还特别地强调，全球化主要源于商业和金融，应该把它的所有现象与资本主义联系起来考虑，否则就抓不住其根本原因。

二、詹姆逊的文化批评

在詹姆逊的文化批评中，影视文化批评和建筑文化批评典型地体现了其文化转向，但又不同于欧美学术界的文化转向，这使其文化批评既有自己的立场，又能够接受文化研究的长处，具有了重要的学术价值。实际上，詹姆逊的文化批评的视角主要是马克思主义，主要从基础结构与上层建筑之间的关系来分析文化问题，同时也考虑到文化作为意识形态的相对自主性。在后现代社会中，视觉艺术和空间艺术很有典型性。因此，詹姆逊既关注社会基础结构对它们的影响，又注意分析其特殊性，并揭示了其意识形态性和潜在的审美革命性。

詹姆逊最初是以文学研究者的形象步入学术研究领域的，其《萨特：一种风格的起源》、《语言的牢笼》、《马克思主义与形式》与学术代表作《政治无意识》主要都是研究文学或文学理论的。但随着现实的发展和个人兴趣的转移，他逐渐转向了后现代主义文化理论和文化研究。1982 年，他在韦特尼博物馆讲座

1 The Cultures of Globalization，Duke Univercity Press ，1998.

（Whitney Museum Lecture）上作了《后现代主义与消费社会》的演讲，提出了对后现代主义的一些基本看法，也是其重要论文《后现代主义或晚期资本主义的文化逻辑》的雏形。论文《后现代主义或晚期资本主义的文化逻辑》标志着詹姆逊已经形成了关于后现代主义的基本看法和理解框架，后来被扩展为他的同名著作，奠定了他在后现代主义研究中的重要地位。在这部著作中，他把晚期/多国/消费资本主义作为后现代主义的经济基础的重要参照，后现代主义文化是这个总体的一部分，但同时也是一个相对完整的文化分期，依据了"基础—上层建筑"的分析框架，后现代主义文化就成了"上层建筑"层面的东西。这部著作还把研究的范围拓展到文学之外的建筑、绘画、音乐、影视和其它大众文化样式，不但从这些文化样式及其变化中汲取建构理论的资源，还以它们来印证他的后现代主义文化理论，并且克服了此前的仅仅从文化角度研究文学的局限，也可以被视为其后现代文化研究的副产品。之后，詹姆逊把注意力投向影视，亲自观看了四百多部影片，分别于1990年、1992年出版了专门的影视研究著作《可见的签名》和《地缘政治美学》。值得注意的是，沃索（Verso）出版社于1998年出版了他的新著《文化转向》，把他的文化研究推向了高潮。在这部著作中，詹姆逊不但把注意力集中到文化现象、审美现象，特别是视觉艺术和空间艺术，而且还扩大了研究的范围，小至科幻作品、广告，大到资本运作、股票市场、房地产，都进入了他的研究视野。他还揭示了基础结构对文化的决定作用、文化的相对自主性，文化产品的中介及其作用。应该说，詹姆逊的文化转向，从一定程度上顺应了欧美学术界盛行的"文化转向"的潮流，但也应该看到，詹姆逊的学术变化都是他此前研究的延伸和拓展，与欧美的"文化研究"有一定的暗合和重合，甚至也有意识地吸收了其研究方法和结论，但二者还有不小的距离，这是需要我们注意的。本文立足于詹姆逊的文化转向，从他的文化批评实践中寻找他对晚期资本主义社会中文化新变化的解释。

文化观察方式及批评方法的调整

社会的发展带来了文化的变化，也促使詹姆逊调整了看待文化的方式，并对他的文化批评产生了深刻的影响。在接触詹姆逊的文化批评之前，有必要了解其观察文化方式的变化，这也是我们深入其文化批评的前提。这些调整主要体现在以下几个方面。

第一，从关系的视角来理解文化。在进行文化研究和文化批评时，许多文化理论家倾向于以本质主义的视角来理解文化，把文化视为实体，赋予其本质，然后由此出发去解释文化现象。但这种作法却遭到了越来越多的质疑。出于对这种研究方法的警觉，也出于受到欧美的文化研究思潮和迅速变化的文化现象的影响，詹姆逊放弃了这种视角，从关系的角度来看待文化，并提出了适合于新的文化现象的研究方法。在詹姆逊看来，两个或两个以上的群体之间的接触才有可能产生文化，文化“本身并非一种实质或想象，它指的是一种客观的海市蜃楼，缘自至少两个群体以上的关系。这就是说，任何一个群体都不可能独自拥有一种文化：文化是一个群体接触并观察另一群体时所发现的氛围。它是那个群体陌生奇异之处的外化”。[1] 也就是说，一个群体可能与不同的群体接触，不同的接触可能反映出不同的文化。因此，很难说某种文化有一个固定的本质，也很难用一个固定的模式来把一种文化框起来、说清楚。同时，一种文化只有借助于其它文化的参照，通过感受对方的奇异、陌生才能认识自己。而且，文化交流的双方还会因为彼此之间的不平等产生更复杂的情感：当一种文化试图借用另一种文化时，客观上就意味对对方的权威性的承认和敬意，可能伴随着集体性的嫉羡；当一种文化试图拒绝另一种文化时，就意味对对方的否定，可能伴随着集体性的憎恶。这些情感势必影响到文化主体的身份建构。

第二，注重研究消费文化和消费对文化的影响，扩大文化的范围。随着社会的发展，特别晚期资本主义所引发的后现代社会的来临，使文化的生产方式、格局和存在形态都发生了根本的变化。大众文化取代精英文化获得了霸权地位，文化工业的推动使批量生产支配了创造，商业价值成为衡量文化价值的绝对标准。这些变化导致了文化的泛化：“在这个新阶段中，文化本身的范围扩展了，文化不再局限于它早期的、传统的或实验性的形式，而且在整个日常生活中被消费，在购物，在职业工作，在各种休闲的电视形式里，在为市场生

1 詹姆逊：《论“文化研究”》，王逢振编：《文化研究和政治意识》，中国人民大学出版社 2004 年版，第 24 页。

产和对这些产品的消费中，甚至在每天生活中最隐秘的皱折和角落里被消费，通过这些途径，文化逐渐与市场相联。”[1] 鉴于文化所发生的这些变化，詹姆逊不但随之扩大了文化批评的范围，也调整了观察文化的方式，他充分地注意到商品生产逻辑、消费及消费意识形态对文化所产生的深刻影响。

第三，充分重视“基础结构”（特别是金融资本）对文化的决定作用。“基础—上层建筑”是詹姆逊分析文化问题时一贯坚持的分析模式，但对“基础结构”的强调也有所侧重，鉴于金融资本主义的全球性扩张及其影响，他特别地重视金融资本对文化的决定（主要是抽象）作用。同时，詹姆逊又致力于发掘文化的相对自主性和发展规律。在詹姆逊看来，资本主要经历了移植、发展生产和金融或投机的三个阶段，其中“金融资本不仅是一个‘最高阶段’，而且是资本自身每一时期的最高和最后阶段”[2]。实际上，资本对现实都有抽象作用，资本的不同阶段对现实的抽象作用也不同，现代主义文化是垄断资本抽象的结果；后现代时期抽象作用的动力则是金融资本。作为全球化主要标志的金融资本和信息技术的发展所引发的抽象，对文化产生了很大的影响。而且，这种抽象作用在具体的文化种类上的作用是不同的，主要体现在视觉艺术和空间艺术中。因此，需要强调金融资本对文化的决定性作用和具体的影响，特别是对视觉艺术和空间艺术的影响。

注重社会历史批评，是詹姆逊文学批评的重要特征，也在其文化批评中得到了贯彻。这种批评方法对文化批评也提出了新的要求，即“它不仅要求同时理解文化及其自身，而且要求同时理解与之相关的它的外部、它的内容、它的语境以及它的介入空间和有效空间。”[3] 根据后现代社会中文化的现状，也为了把社会历史批评的原则落实到具体的批评实践中，詹姆逊提出了文化批评应该包含的内容：趣味层面、分析层面和价值判断层面，只有把这些方面都分析清

1 詹姆逊：《后现代性中形象的转变》，詹姆逊：《后现代转向》，中国社会科学出版社 2000 年版，第 108 页。

2 詹姆逊：《文化和金融资本》，王逢振编：《文化研究和政治意识》，中国人民大学出版社 2004 年版，第 351 页。

3 詹姆逊：《马克思主义与后现代主义》，詹姆逊：《后现代转向》，中国社会科学出版社 2000 年版，第 45 页。

楚，并将其结合起来综合考虑，才能够清楚地分析文化现象的产生、特征、发展和存在形态。具体来说，批评应该这样进行："趣味的层面是一个惊讶的层面，在此人们感到了身体里有了新的需求。分析的阶段则是考察这些事物的运作和功能，考察这些新出现的事物到底是什么，为什么它会出现，它出现的客观条件是什么，为什么'电脑朋克'会在此时此刻出现于美国文化，等等。我把这一切归于分析的层面。接下来就是价值判断的层面，在这里我们必需找到一个历史角度。也许某种历史观点并不会马上在具体现象之中出现，但我们日后可以慢慢确定'电脑朋克'到底是晚期资本主义的表现还是对晚期资本主义的抗拒。"[1]

由于金融资本是后现代社会的"基础结构"的重要组成部分，也由于金融资本对视觉艺术和空间艺术的影响最大，因此，詹姆逊的文化批评对影视和建筑给予了特别的关注。这也是本文选择其影视批评和建筑批评作为分析对象的原因。

影视批评：以大众文化批评的视角

通常，人们在分析文化现象时，习惯于将文化区分为精英文化和大众文化，并以二元对立的思维方式、分析模式和价值判断来进行研究，由于局限于这种研究方法，人们对精英文化和大众文化判断各执一词，常常陷入谁是谁非、孰劣孰优的争论中，结果以性质判断代替了对丰富的、复杂的、具体的文化现象的分析，所得出的结论与现实的文化状况又有很大的距离，这种研究方式有很大的偏颇，也阻碍了对文化问题深入研究，这实际上是由文化研究中长期存在的非辩证的、非历史的倾向所致。为了使文化研究更有现实意义，有必要破除这种不良倾向，以辩证的、历史的方法研究精英文化、大众文化及其关系。由此我们就会发现，在文化的共时结构中，精英文化与大众文化的区别、差异和对立是客观存在的，这是由其创作主体、创作目的、创作方式和读者期

---

1 詹姆逊:《晚期资本主义的文化逻辑》，张旭东编，三联书店（北京）1997年版，第43—44页。

待等方面的差异决定的，但这些区别只是相对的，通常的情况是二者之间的相互渗透、相互吸收和相互扬弃，这是因为二者面对相同的历史积淀、社会结构、现实环境和文化状况；从文化发展的历时性来看，精英文化与大众文化的确立、变化都是相对的，许多精英文化最初都是以大众文化的形式出现的，但随着时间的流逝，逐渐成为精英文化，甚至经典，而有些精英文化形式也可能被大众文化吸收，成为大众文化产品的组成部分，甚至有些最初以精英文化姿态出现的文化却很快成为流行文化、消费文化的一部分。鉴于文化及其变化的复杂性，要避免被那些似是而非、大而不当的结论所遮蔽，有必要以辩证的、历史的观点来分析具体的文化现象和文化产品，以利于认识文化的实际状况。

就影视文化来说，内部也存在精英与大众的区别，同时，随着全球化和消费社会的发展，经济因素、商品生产对文化的影响也越来越大，大众文化和消费文化逐渐获得了文化的霸权地位。影视既能够便捷地利用新技术的成果，又能够及时地反映社会现实和人的生存状态，其视觉表现形式吻合了消费社会对形象的消费，其视觉效果对人的冲击力更强、影响更大。这些因素促使影视业逐渐成为大众文化的重要组成部分，甚至最主要的代表。而且，随着美国后现代社会的来临，跨国资本主义、金融资本主义逐渐成为主导其社会变化的主要力量，都对文化产生了很大的影响，其中金融资本更是对视觉艺术产生了深刻的影响。出于这些原因，詹姆逊非常重视影视，仅他在上世纪 90 年代就观看了 400 多部电影，出版了《可见的签名》和《地缘政治美学》两部影视研究著作，影视文化成为其文化批评的重要对象，涉及到电影、纪录片、电视、电视剧、肥皂剧、电视广告、MTV 等视觉艺术。

由于影视是大众文化的重要组成部分和代表，因此，大众文化的基本特征也适合影视。出于这样的考虑，詹姆逊提出了影视文化批评的前提和主要原则。第一，在前资本主义社会或目前为数不多的边缘群体中，整个社会是有机联系的整体，作为对社会或其所属不同群体（包括阶级）的经验认识的表达，文化是社会总体的有机组成部分，它与社会是相通的：水乳交融、不可分离。但自资本主义产生以来，文化与社会之间的有机联系被打破了，出现了经验与表现之间的矛盾。后现代社会的影响更甚："晚期资本主义对所有这些群体的历史性的、独特的趋势的影响，就是通过普遍商品化和市场体系的腐蚀行为，分解并破坏或分裂它们，使它们成为独立的、同等个体的组合。”[1]这样，在晚期资本主义社会中，经验和表现之间的矛盾加剧，并呈现出分裂的趋势。特别是随着“超空间”的出现，它使人的感观难以准确地感知周围的世界、思维难以有效地反映和判断事物，使我们丧失了从根本上掌控自己和世界的能力。这样，也出现了经验和表现之间的分裂，即人们的感受难以清楚地、有效地被表达出来，而借助于原有的思维、概念和感觉等表现方式所表达的东西又与我们的经验相距甚远。影视艺术是一种视觉艺术，通过表现人的经验感受、作用人的感观达到其表达效果，时间与空间都是任何影视作品必须正视的问题。但在后现代社会中，经验与表现是分裂的，这也是影视创作必须面对的现实。为此，詹姆逊注重分析影视对经验的表现、影视作品的时空变化，并希望借助于影视等艺术品的“认知测绘”表现总体性。实际上，这些分析贯穿于他所有的影视文化批评，而且也是其《地缘政治美学》的主题和主要写作目的。第二，经济对文化的渗透无孔不入，市场运作机制已经深刻地嵌入了文化的生产之中，不但导致了审美的“无目的的合目的性”的终结，而且也导致了后现代文化与经济的密切关系：“经济就是文化，文化就是经济”，并主要表现为消费和消费主义的意识形态对文化活动的巨大影响。而且，后现代社会也是景观社会，形象的消费已经成为主要消费之一。由于经济因素已经成为文化活动的深层动因，它必然对精英文化和大众文化产生影响，虽然它们的受影响的方式不同，但所面临的社会结构与经济结构是相同的，这是文化分析所应该面对的基础。影视本身就是一种雅俗共赏的艺术，经济（特别是晚期资本主义经济）的发展促使影视艺术逐渐摆脱了曾有过的曲高和寡，向产业化、大众化的方向发展，甚至成为美国对外经济的支柱产业。这种发展趋势促使影视艺术与经济的联系更为密切，但影视艺术对经济效益的追求是隐蔽的、含蓄的，常以其精美的画面、强烈的视觉冲击力和先进的制作来吸引人，否则就有可能丧失其观众。因此，有必要正视和揭示商业因素对影视的影响，这也是影视文化批评的重要任务。第三，由于精英文化与大众文化都面临着相同的社会结构和经济结构，因此我们

1 詹姆逊：《大众文化的具体化和乌托邦》，王逢振编：《文化研究和政治意识》，中国人民大学出版社 2004 年版，第 59 页。

既要分析其差异，又要分析其不可分割的联系，即“要求我们把精英文化和大众文化读作客观上相联系的、辩证地互相依存的现象，作为在资本主义条件下美学生产裂变的孪生子和不可分离的两种形式。”[1]特别要分析清楚精英文化与大众文化在处理相同素材、主题和表现方式上的不同。这种情况同样也适合于影视文化批评。从精英文化与大众文化的视角研究影视，应该从纵向发展的角度分析影视艺术的精英性和大众性，譬如后现代主义电影范式对现代主义电影范式的接受与扬弃；也应该从横向分析影视艺术对精英化与大众化的追求，特别是两种艺术类型之间的相互吸收，如通俗电影对先锋电影的一些技巧的吸收等等。

从这些认识出发，詹姆逊分析了晚期资本主义影视的特征。第一，高雅的影视与大众的影视应该有很大的差异，但在后现代社会的影视中，二者之间的区别弱化了。通常而言，导致影视区别的主要原因在于不同的观众期待。前者的观众定位主要是知识分子、影视从业人员、学院派的专业人士、影视爱好者和受过一定教育的观众等等，虽然他们的欣赏也有消遣的因素，但主要目的还是为了自己的兴趣、专业、提高修养，甚至显示身份；后者的观众定位主要是普通观众，他们欣赏的主要目的是消遣，就像使用其它的商品一样地消费文化。由此出发，就产生了其创作主体、创作目的、创作方式等方面的区别、差异和对立：前者注重专业、创新、画面的艺术性、故事的耐人寻味、主题的丰富性与不确定性，通过这些艺术的高雅追求来吸引观众或获取奖项，以达到其商业目的；后者注重主题的单一性、故事的通俗易懂、情节的变化与紧张，充分地调动观众的情绪，并注意画面对感观的强烈刺激，主要以票房价值获得其商业上的成功。后现代社会之前的影视（特别是电影）艺术的这些区别是很明显的，但在后现代社会中，这些区别逐渐遭到了挑战，甚至逐渐淡化。一些以探索著称的影视作品都采用了通俗电影的叙事方式，其中侦探的叙事方式、谋杀的主题、科幻的背景经常受到一些探索片的青睐，例如，在《地缘政治美学》中被詹姆逊几乎奉为后现代经典之作的电影《影视道》，其成功的原因则是

1　詹姆逊：《大众文化的具体化和乌托邦》，王逢振主编：《文化研究和政治意识》，中国人民大学出版社 2004 年版，第 58 页。

从技术、情调和美的追求等方面“成功地完全避开了一切高雅文化的特性”。相反，一些通俗性的影视作品为了吸引观众，也有意识地采用了一些成功的现代主义影视的表现技巧，甚至戏仿、调侃某些经典现代主义的某些艺术手法。“怀旧电影”中的历史失去了此前的庄严、凝重、神圣与独特，缺乏了深度（甚至成为游戏），变成了飘然而逝的意象，供人们作为符号来享用，而且全球化还使历史的符号、意象在跨国的流通中具有了异国情调和消费性。这些作法使影视的精英与大众之间的鸿沟被抹除了。第二，后现代影视具有重复或互文性。由于精英艺术与大众艺术都是商品化的产物，因此，它们不可能通过创造出新的语言和美学来对抗商品化。以是观之，精英艺术所标榜的独创的、个人化的审美表现也只是一种“神话”，大众艺术就更是如此了。詹姆逊一语道破了天机：“在文化领域中后现代性的典型特征就是伴随形象生产，吸收所有高雅或低俗的艺术形式，抛弃一切外在于商业文化的东西。在今天，形象就是商品，这就是为什么期待从形象中找到否定商品生产逻辑是徒劳的原因，最后，这也是为什么今天所有的美都徒有其表，而当代伪唯美主义对它的青睐是一种意识形态的策略而不是一个具有创造性源泉的原因。”[1] 当然，影视艺术也不例外。实际上，影视作品（特别是大众影视作品）的重复是非常明显的，重复表现在主体、故事、叙事等方面，也可以说重复是其源源不断地得以复制的根本原因。许多大众影视作品经常采用侦探、谋杀的叙事，悬念是最重要的，故事只是一个借口，通过对素材的配方和重组构造了持续紧张、起伏变化的情节，以满足了观众的好奇；肥皂剧则是把日常的琐碎事连贯起来，以充满情感和欲望的叙述来打动人。高雅的影视艺术也需要重复，但其方式则更为隐蔽、更有艺术性。实际上，重复早已存在，但后现代影视的重复表现出了新的特征：重复的变本加厉和没有“副本”，即参照物和原来的艺术品客体的缺失，其主要原因是创新压力的加剧，只有通过对此前创作的破坏或回归来实现创新。在詹姆逊看来，这种重复并不是真正地“回归”过去，而是重新地占有和替代历史，以服务于现在，即通过欣赏体验过去，使它们成为现在生活结构的不可分割的

1 詹姆逊：《后现代性中形象的转变》，《后现代转向》，中国社会科学出版社 2000 年版，第 130—131 页。

组成部分。大众与高雅的影视艺术，都是对当下的社会境遇的一种反应、症候。第三，后现代的影视都是意识形态性和乌托邦的统一。詹姆逊认为，“现代主义和大众文化对基本的社会焦虑和关怀、希望和盲点、意识形态的二律背反和灾难的幻想（这些都是它们的素材）具有压制的关系；但只有在现代主义倾向于通过生产各种补偿结构处理这种材料的地方，大众文化才通过对想象的解决的叙事结构或通过对社会和谐的视觉幻觉的投身来压制它们。”[1]这同样适合于对后现代的影视艺术。也就是说，大众与高雅的影视艺术所面临的问题都是相同的，但由于它们处理问题的方式不同，也就导致了其他方面的差异。虽然如此，但其实都存在着意识形态维度和乌托邦维度，它们就像一个硬币的正反两面，是不可分割的统一整体：具备乌托邦的性质（对社会的否定和批判），才能实现其意识形态（操纵和控制）功能。因此，对后现代时期任何影视艺术的分析都需要考虑到这两个方面：不能仅仅看到大众影视的操纵和低下，而忽视其乌托邦意义；在肯定高雅的影视艺术的乌托邦价值的时候，也不能忽视其意识形态操纵，从而放弃对具体的社会和历史语境的分析。从这个角度来看，詹姆逊认为，电影《死地》通过虚假的兄弟关系期待了消费社会的阶级关系，既有意识形态操纵，也真正地反映了社会和历史的运作，同时也具有了乌托邦的意义。《教父》（两部）则以犯罪代替了大商业（经济），以破坏规则的犯罪代替了规则本身的不公平，以伦理思考代替了对社会问题的分析，集中体现了其意识形态性，但又从少数民族的旧式家庭中寻找乌托邦，甚至把人们的目光引向了前资本主义社会和社会主义社会。

从詹姆逊的影视文化批评来看，他主要是从基础结构与上层建筑之间的关系来从事影视文化批评的，他注意了影视文化本身的相对独立性，但更为注重后现代社会中经验与表现的分裂、经济扩张、全球化等因素对影视文化的影响，正是这些影响使后现代社会的影视业呈现出了自己的独特性，但他又克服了仅仅局限于影视本身的限制，从大众文化的视角阐释了影视文化的特征，以及与大众文化的关系。

---

1 詹姆逊：《大众文化的具体化和乌托邦》，王逢振编：《文化研究和政治意识》，中国人民大学出版社 2004 年版，第 71 页。

建筑文化批评：探求风格变化的原因及中介

建筑是詹姆逊文化批评的对象之一，也是他关注的重要领域。事实上，詹姆逊的后现代文化理论就是受到建筑风格变化的启发，并总结了包括建筑在内的文化现象的变化而形成的。但在后来的文化批评实践中，詹姆逊逐渐由分析建筑风格转向了对其深层动因的探索，积极寻找建筑风格与经济之间的中介，这种文化批评实践在其文化转向有很深的体现。

詹姆逊在《后现代主义与消费社会》的演讲中，较早地提出了对后现代主义的基本看法。值得注意的是，他把建筑方面的变化作为建构后现代主义理论的重要依据，即后现代建筑是对现代建筑（特别是对纪念碑式的国际风格）的反动，特别是《向拉斯维加斯学习》对流行建筑和装饰棚架的宣扬。尤其需要提及的是，他还着重以鸿运大饭店（The Bonaventure Hotel）为例分析了后现代主义与城市之间的关系，并首次提出了"超空间"的概念。实际上，这个演讲具有里程碑式的意义，已经包含了其同名的论文与著作《后现代主义，或晚期资本主义的文化逻辑》中的主要观点和基本框架。应该说，建筑领域的变化是詹姆逊以后现代主义来概括文化变迁的灵感和依据之一，他也充分地重视了建筑，但他的分析主要局限于建筑的通俗、大众化等方面的变化，仅仅作为其立论的证据，尚缺乏具体而深刻地分析。

随着詹姆逊的批评视角的转换，他顺应了批评的文化转向，由单纯的对建筑风格的分析转向了对建筑风格变化中的深层次原因的分析，并揭示了其中的中介因素。这种转变集中地体现在其论文《砖块和气球：建筑，唯心主义与地产投》中。作为特殊的批评对象，建筑的形式对社会具有"直接性"，同时也与经济有着密不可分的关系。因此，对建筑风格、形式的分析，离不开对其社会的、经济的等中介层面的分析。有一种分析后现代主义建筑的流行方法，就是把经济活动与符号价值分开，强调从符号价值的角度分析建筑。塔夫里就认为，"至少在这个社会中（资本主义制度），一幢个体的建筑将总是处于与其城市背景及社会功能相矛盾的位置。这些颇有意味的建筑试图通过或多或少精巧的形式和风格上的创新解决这些矛盾。这种解决方式是必定要失败的，因为它们仅仅停留在美学领域而脱离了产生这些矛盾的社会背景；也因为社会或系统的改变必定是整体性的而不是零碎的。”[1]因此，塔夫里肯定了后现代建筑的符号意义，通过运用折衷的风格来装饰建筑，表现出关怀公众的功用，以实现其商业和财政目的。塔夫里否认了美学、文化对世界的变革的作用，仅仅强调经济和政治的作用，这也从根本上否定了建筑的审美价值和作用，导致了对建筑的悲观主义看法。实际上，这也取消了建筑的审美中介。詹姆逊并不认同这种观点，而是在承认基础结构的前提下，积极地挖掘建筑的各个中介及其作用，并特别地肯定了建筑的审美中介之于变革世界的意义。

詹姆逊仍然贯彻了他以往的思路，从货币形式的变化中寻求建筑形式变化的原因。随着全球化的出现，金融资本已经成为晚期资本主义的标志性特征，资本也会迅速从此前农村的土地转移到城市中的剩余空间，即以地产投机的形式寻求新的增值。因此，对建筑审美形式的分析，需要在它与地产投机之间建立起分析的中介。而且，对于这些中介来说，既具有相对独立、自主的“半自律性”，也“可以坚持它的功能性和在整体中的基本位置：至少通过它在整体上而不是‘功能’上的重要性，它也将被理解为一种物质利益和盲目的或从属的动机。”[2]

首先，金钱与土地对建筑都有重要的影响，但它们并不能对建筑产生相对独立的影响，原因是它们并不能承担起中介的作用，即“它将事先被理解为由于在市场和经济这些更基本的系统或次系统中，金钱与土地二者显然只是功能性因素，都不能以自己的名义构成这一层面。”[3]也就是说，在詹姆逊看来，金钱和土地只有与其他因素结合，才能够看清楚它们对于建筑的审美形式所发挥的作用，特别是在分析后现代主义建筑时，更有必要从金融资本寻求其审美抽象的根源。也就是说，尽管作为审美的建筑形式有其相对独立性，但仍然需要

1　詹姆逊：《砖块和气球：建筑，唯心主义与地产投》，詹姆逊：《后现代转向》，中国社会科学出版社，2000年，第173页。

2　詹姆逊：《砖块和气球：建筑，唯心主义与地产投》，詹姆逊：《后现代转向》，中国社会科学出版社，2000年，第161页。

3　詹姆逊：《砖块和气球：建筑，唯心主义与地产投》，詹姆逊：《后现代转向》，中国社会科学出版社，2000年，第161页。

从地产投机、金融资本等基础结构对其影响看待这种打了折扣的独立性。其次，土地的价值有其特点，它是一种类似于股票的“虚拟资本”，以期货的运作方式收益，通过使用土地获得了其预期利益或未来劳动的所有权。当以这样的方式来看待建筑时，它就呈现出了新的特点：“有的东西类似于人为的商品废弃，或者说，可以确定，建筑不再有任何恒久的感觉，并且在原材料中含有对它未来的自我损坏的必然性。”[1]后现代主义建筑由此具有了大众化、短暂性和自我拆解的特性，并与现代主义记建筑形成了鲜明的对照，现代主义建筑以崇高而著称，追求形式的独特性和审美的永恒魅力。查尔斯·詹克斯在描述“后期现代性”时认为，晚期金融资本主义是现代主义极端发展的产物，它呈现出与现代主义对立的状态，这实际上也可以用来说明现代主义建筑与后现代主义建筑的区别。这样，通过对这些中介作用的全面地挖掘，也建立起了基础结构与各个中介之间的联系：“时间与作为必要的收益期待和资本积累的未来空间的新关系——或者，愿意承认的话，时间本身通过结构上的重组进入某种期货市场——这是从金融资本经由地产投机，到美学和文化产品即我们时代的建筑这一长串链条的最后连接。”[2]最后，詹姆逊指出了作为基础结构的金融资本和地产投机对建筑风格的决定作用。在詹姆逊看来，后现代主义建筑的明显特征是“极端等距空间”和“含壳体积”，前者指建筑风格极端地迷恋均衡；后者指建筑的非物质化倾向，即通过间壁的变化，从而减少了“质量和重量”，增加了“空间和轮廓线”，也是晚期资本主义抽象化对建筑的影响。随着这些后现代主义建筑的发展，将促使自身和空间发生相应的变化：“随着重量或具体化的逐渐减弱，它们不再将非实体或精神视为对立面；以同样的方式，自由规划假定老的资产阶级的空间将被取消，而非限定性的新的等距类型则不存在取消什么，仅仅是在它自身作为新层面的推动下有所发展。”[3]而且，詹姆逊还把金融资本

1 詹姆逊：《砖块和气球：建筑，唯心主义与地产投》，詹姆逊：《后现代转向》，中国社会科学出版社，2000年，第181页。

2 詹姆逊：《砖块和气球：建筑，唯心主义与地产投》，詹姆逊：《后现代转向》，中国社会科学出版社，2000年，第180页。

3 詹姆逊：《砖块和气球：建筑，唯心主义与地产投》，《后现代转向》，中国社会科学出版社，2000年，第182页。

主义的中介与电子空间的半自律相提并论，即“一种对不能被表现的东西的完全不同的表现形式”，它使人想到幽灵，以及金融资本的幽灵在建筑上的表现：“幽灵故事实际上是一种非常杰出的建筑类型，它既是事实上的房屋和大楼，又是无法消除的那些可憎的事件和过去的‘梦魇般压在心头’的物质结构。”[1]事实上，建筑风格的这种变化是与情感上的怀旧相联系的。此外，金融资本还引发了建筑风格的另一种变化：“由于金融资本的作用，我们现在拥有一种新的抽象形式，这种形式就是对现实的抽象。后现代转向现实主义艺术，而没有转向现代艺术这种表面上的回归，不是一种远离抽象的运动，而是转向全新的抽象类型——形象的抽象——的一种运动。”[2]经历了金融资本对现实的抽象，现代主义的风格逐渐被后现代主义取代，其结果是加深了与现实的联系，向现实主义回归，但应该清楚，这种“回归”并非回到真正的现实主义，而只是“对现实主义的丰富性的模糊记忆”。

詹姆逊的建筑文化批评关注建筑与经济之间的关系，特别是后现代建筑与金融资本、地产投机之间的复杂关系，并把它们作为建筑的基础结构，揭示了它们对于建筑的决定作用。同时，充分注意了建筑的各个中介及其特点、作用，并赋予建筑的审美中介以变革世界的功用。

从詹姆逊的文化批评实践来看，他仍然采用了马克思主义文化批评的视角，主要从基础结构与上层建筑之间的关系来对待文化问题，同时也考虑到文化作为意识形态的相对自主性。这里应该注意的是，詹姆逊并没有采用经典马克思主义的经济基础的概念，而是吸收了阿尔都塞关于基础结构的表述，充分地考虑了基础结构的诸要素对文化的决定作用，并充分地重视了文化的相对独立性、文化的各个中介层面。作为视觉艺术和空间艺术的影视和建筑，属于审美文化的范畴，也是通过审美达到其艺术效果的，同时詹姆逊也分析了其审美性，并揭示其潜在的变革社会的功能和意义。

1 詹姆逊：《砖块和气球：建筑，唯心主义与地产投》，詹姆逊：《后现代转向》，中国社会科学出版社，2000 年，第 183 页。

2 詹姆逊《作为社会关系寓言的技术》，王逢振编：《文化研究和政治意识》，中国人民大学出版社，2004 年，第 406 页。

第九章　伊格尔顿美学思想对中国文艺学的影响[1]

特里·伊格尔顿(Terry Eagleton，1943—　)是当代著名的西方马克思主义文学理论家和具有独特风格的文化批评家。伊格尔顿也是中国改革后最早介绍进来的年轻一代西方马克思主义文学理论家之一。文学与意识形态的关系乃是马克思主义文学理论的核心，它同样也是伊格尔顿的文学理论所关注的核心，就像他在《马克思主义与文学批评》(1976年)一书的“引言”中所说的：“马克思主义批评是一个更大的理论分析体系中的一部分，这个体系旨在理解意识形态——即人们在各个时代借以体验他们的社会的观念、价值和感情。而某些观念、价值和感情，我们只能从文学中获得。”[2]“如何说明界于‘基础’与‘上层建筑’之间的艺术的内部，即作为生产的艺术与作为意识形态的艺术之间的关系，依我看来，是马克思主义批评当前面临的最重要的问题之一。”[3]

伊格尔顿的文学观

在《马克思主义与文学批评》这部小册子中，伊格尔顿围绕着“文学与历史”、“形式与内容”、“作家与倾向”和“作为生产者的作家”四个方面阐述了马克思主义文学理论的基本问题，既介绍了马克思和恩格斯的文学思想，也对苏联、东欧和西方的“马克思主义”批评家的观点进行了简洁明了的评述。在伊格尔顿看来，马克思主义批评的创造性“不在于它对文学进行历史的探讨，而

1　本章由胡友珍撰写。胡友珍，文学博士，中国农业大学教授。

2　伊格尔顿：《马克思主义与文学批评》，文宝译，人民文学出版社1980年版，第2—3页。

3　伊格尔顿：《马克思主义与文学批评》，文宝译，人民文学出版社1980年版，第81页。

在于它对历史本身的革命的理解。”[1] 也就是说，马克思主义文学批评的核心还不在于对文学进行历史的分析，因为其他的许多批评也都这样做了，而在于把文学艺术视作社会上层建筑的一部分，通过理解文学艺术作品与它们所处的意识形态世界之间“曲折复杂”的关系，来切实地把握文学作品在各个时代的价值和意义。

更为重要的是，在《马克思主义与文学批评》中，针对在文学与意识形态的关系问题上马克思主义批评家持有的两种极端的、对立的倾向——一种把文学作品看作仅仅是占统治地位的意识形态的反映，因而是“虚假意识”的囚徒，如庸俗马克思主义；一种则仅仅抓住许多文学作品挑战其所面临的意识形态这一事实，把文学艺术定义为是对所处时代的意识形态界限的超越，如恩斯特·费歇尔——伊格尔顿明确地宣称自己站在第三种观点的一边，这就是阿尔都塞和马歇雷对文学与意识形态的关系的阐述。依据这一观点，意识形态指的是“人们借以体验现实世界的那种想象的方式”，而文学尽管也提供给我们那种经验，但它决不只是消极地反映那种经验，“它包含在意识形态之中，但又尽量使自己与意识形态保持距离，使得我们‘感觉’或‘觉察’到产生它的意识形态。”[2] 由此，伊格尔顿提出，由于意识形态并不完全是一堆杂乱无章、飘忽不定的形象与观念，而是具有一定的“结构上的连贯性”，因而可以成为科学分析的对象；由于文学作品属于意识形态，因而也能成为科学分析的对象，尤其是，科学的批评应力求依据意识形态的结构来阐明文学作品，应“寻找出使文学作品受制于意识形态而又与它保持距离的原则”，而要做到这一点，就意味着要将文学作品理解为一种“形式结构”。[3] 伊格尔顿的这一说明是十分重要的，因为它意味着对那种反映论的马克思主义——不论是庸俗马克思主义，还是费歇尔式的马克思主义——的一种纠偏，它使得在文学—历史—意识形态之间的批评运作有了切实可行的基础，文学作品不再是以其思想或内容的正确与否来简单地反映意识形态世界，而是在其“形式结构”中向我们透示出意识形态的信息，文本与意识形态之间将通过“形式结构”曲折复杂地联系起来。也

1 伊格尔顿：《马克思主义与文学批评》，人民文学出版社 1980 年版，第 7 页。
2 伊格尔顿：《马克思主义与文学批评》，人民文学出版社 1980 年版，第 22 页。
3 伊格尔顿：《马克思主义与文学批评》，人民文学出版社 1980 年版，第 23 页。

正是基于这样一个观点，在《马克思主义与文学批评》中，伊格尔顿对“形式与内容”、“作家与倾向”和“作为生产者的作家”的考察都是围绕着“形式结构”的问题展开的。

在《批评与意识形态》一书中，伊格尔顿更为系统地阐发了他的上述思想。他指出，为了把握文学的“形式结构”生产的规律，“有必要去发展一种方法，用它可以确立文学作品的结构，检查它们是如何连接在一起的。”[1] 为此，他分析了马克思主义的“生产方式”概念和“意识形态”概念，区分了它们在文学生产活动中的多种表现形式，如“一般生产方式”与“文学生产方式”、“一般意识形态”与“审美意识形态”和“作者意识形态”，强调了在文学生产活动中这些不同表现形式之间复杂的关系，参照阿尔都塞和马歇雷的理论框架，建构了一个系统的马克思主义文学理论，提出了一个兼顾一般生产方式和文学生产方式以及诸多意识形态成分的马克思主义批评方法。有意义的是，与阿尔都塞和马歇雷一样，伊格尔顿并没有把文学文本与一般生产方式直接对应起来，而是更注重（对于文学批评而言）意识形态的中介层。在他看来，文学文本“反映”的并不是历史实在，而是反映了产生“现实影响”的意识形态的作用机制；同样地，文本不是一个自足的封闭的“有机”本体，而是意识形态发生作用的一个动态和开放的表意过程。因此文学的真实性不是说它“反映”了历史实在，而是说它本身就是意识形态的产生过程，在这个意义上展示了某种历史的真实。如果说在《马克思主义与文学批评》中伊格尔顿还是在力图客观地介绍各种马克思主义文学批评家的思想，那么在《批评与意识形态》中他则是想要建立一种马克思主义“文学科学”，这一科学大体上是由文本理论、文学生产理论和批评理论所构成，其所关注的核心乃是文学与意识形态之间动态的复杂关系，其所挪用的方法论框架则是阿尔都塞的结构主义马克思主义和马歇雷的文化唯物主义，其所确立的批评立场则是典型的文化政治批评。

伊格尔顿的意识形态理论、“文学科学”理论以及文化政治批评，都体现了他坚定的马克思主义立场。在他看来，只要仍然存在着压迫，作为最彻底的

1 转引自冯宪光：《“西方马克思主义”美学研究》，重庆：重庆出版社 1997 年版，第 460—461 页。

解放理论的马克思主义就不会失去它的有效性，马克思主义仍然是对消费资本主义进行内在批判的最先进的武器。他坚持认为，马克思主义的危机不是由于苏联和东欧官僚统治机器被推翻之后出现的政治幻灭感，而是由于资本主义已经没有真正意义上的政治反对派而导致的一种更为普遍的虚脱感和挫败意识。1996 年，他在为一本“马克思主义文学理论”的读本所写的序言中反问道：“柏林墙的倒塌难道意味着乔治·卢卡契对巴尔扎克的论述现在已经全无价值了吗？”相反，他认为，“马克思主义像达尔文思想或弗洛伊德思想一样，已经与现代文明交融在一起，像牛顿对于启蒙运动的重要意义一样，已经成为了我们‘历史无意识’中的一大部分。”而且，面对现代资本主义社会的普遍危机，面对社会主义运动出现的暂时的倒退，马克思主义之于这个时代更具有一种现实之紧迫性和必要性，“马克思主义仅仅作为我们的历史无意识的一部分而存在下去，肯定是不够的。因为资本显然不能解决自身给人类带来的痛苦，而它早期的解放承诺早已耗竭。越来越多的前资本主义或非资本主义社会被它断然抛在后面，社会劫难也尾随而至，这就使社会主义成为一个空前迫切的命题。马克思主义传统在这一更为宏大的工程中所能起的具体作用是不能预设的，但是只需本书中的材料就足以表明它是不仅很难一笔勾销、而且肯定要在未来的任何变革中发挥作用的一种智慧、洞见和富有想象力的构想。”[1]

伊格尔顿的文化观

伊格尔顿学术话语的第二个重要向度就是英国本土的文化研究传统，或者说，处在文化研究谱系中的伊格尔顿，其美学思想与文学批评都深深打上了文化研究的印记。

雷蒙·威廉斯是“文化研究”的重要理论家，他最突出的理论贡献是继承和发展了葛兰西的“文化霸权”理论，强调要在马克思主义的基础上从动态的角度去理解基础与上层建筑的关系，它们之间的相互作用和相互生成，由此而提出了所谓的“文化唯物主义”。具体来说，威廉斯的“文化唯物主义”理论是围

1 伊格尔顿：《历史中的政治、哲学、爱欲》，马海良译，中国社会科学出版社 1999 年版，第 118—119 页。

绕着“文化与社会”的关系来结构的。在1958年出版的《文化与社会》一书中，他对文化的概念作了一个系统的历史梳理，其目的是为了揭示文化与社会之间互动的复杂关系，并力图在“文化与社会”的框架下对马克思主义的历史唯物主义进行改写，将其阐发为一种文化理论。“文化”在威廉斯的理论中具有一种总体性的意义，他的文学理论也是依从于此的。在《马克思主义与文学》（1977年）一书中，他指出，马克思主义文学理论不是一种简单化的、决定论的文学理论，其对文学的理论把握是在社会经济、政治和文化过程的复杂统一体中考察的。他认为，文学艺术作为个人体验的产物，其实是以个人体验的方式来表达人类的共同体验的感觉结构和情感结构；文学是文化的主要语汇，是以语言的形式表现出来的活生生的生活体验，因此文学批评就是文化唯物主义把握社会的主要方法，从文学形式的发展我们便可窥视到社会感觉结构和情感结构的变化。同时威廉斯在他的文学批评中还引入了葛兰西的文化霸权理论，他提出统治阶级的文化霸权是一个动态的发展过程，对社会来说，文化霸权为了巩固其地位，一方面随着时代具体的社会经济力量的变化而变化，另一方面为了适应现社会成员的需要，使之服从文化霸权，占统治地位的思想体系还必须不断地加以更新和修正。威廉斯的这些思想直接地影响到了他的学生伊格尔顿。

作为威廉斯的学生，“文化唯物主义”一度也是伊格尔顿的美学理论与文学批评中的关键词。譬如他出版于1967年并题献给威廉斯的《莎士比亚与社会》，其书名就显露出“文化与社会”的视野和方法；书中试图打破个体与社会、自发生活与社会结构之间的界限的做法显然就来自威廉斯。不过，后来的一系列著作也显示出伊格尔顿在“文化与社会”框架内进行的富有个性的拓展。在他看来，威廉斯的理论对文化所做的动态分析是有价值的，但却过于囿于经验主义的框架，对意识形态在主观经验构成中的作用强调得还不够，因此局限了动态分析的进一步拓展。为此，伊格尔顿认为，要想建立一个真正科学的批评理论，就需要在“文化与社会”的框架中植入文学生产的维度，在文本与社会之间确立一系列的意识形态中介层，使威廉斯所强调的感觉结构和情感结构落实到文本的形式结构上，为批评在文本与社会之间的意识形态运作奠定更坚实的出发点。

从“文化研究”在今天的使用中的常规意义上说，伊格尔顿并不能算是“文化研究"学派的成员，他对威廉斯的继承与扩展主要地是"文化唯物主义"的方面，而不是"文化研究"的方面。但是，我们更愿意在广义的层面把伊格尔顿的研究视作是伯明翰中心的研究的扩展，是英国的马克思主义文化研究传统的进一步深入和变革。与"文化研究"注重于对各种亚文化形态做经验的、实证的个案研究相比，伊格尔顿更重视对"文化与社会"的框架做理论的阐发，更强调在这一框架下对文学文本进行历史的理解；再者，相对于"文化研究"学派主要地是从阿尔都塞、葛兰西等人那里获取其理论资源而言，伊格尔顿对新理论有着更为广阔的视野和更大的包容性，例如对于德国美学中的辩证法传统，"文化研究"学派至少是基本上采取悬置的态度，而伊格尔顿却对其情有独钟，并部分地吸收了这一传统中的革命维度，因此，与"文化研究"力图对文化文本做中立的实证分析相比，伊格尔顿的文化批评总是浸染着强烈的政治指向；还有，与"文化研究"的批评对象更多地是指向经验的文化文本不同，伊格尔顿还有着浓重的"理论化"情结，他总想在"文化与社会"的框架内对西方现代的各种理论进行意识形态的除幻和祛魅，例如他的《文学原理引论》和《美学意识形态》就是这方面的代表之作，他这样做可以说是对文化研究做的有意义的扩展，因为如果说文学或大众文化的文本乃是所处时代或社会的情感体验的想象性表达，因而可对其实施意识形态的分析的话，那么理论性的文本作为对那一情感结构的理论化表述就同样是我们用来理解所处时代或社会的历史真实的对象，对理论文本做意识形态的分析就同样是文化研究的重要构成部分；最后，与"文化研究"对后现代状况采取的微观政治的策略即只专注于后现代情境下的阶级、性别和种族问题不同，伊格尔顿对后现代采取了更为激进的策略，他一方面对后现代理论和文化在现实问题面前的犬儒主义态度进行激烈的批判，强调社会主义的总体政治对于破除资本主义的政治欺骗的重要性，另一方面他也积极地介入与各种后现代理论的对话，强调在这种对话中来激活马克思主义的批判力量。

伊格尔顿的文化唯物主义观

除了承续文化唯物主义的政治介入传统以外，伊格尔顿的文化唯物主义观念主要是从文学、文化是生产方式和文化与自然的关系中得以阐发的。

伊格尔顿在辨析他的文化观念时曾经提到，“生产方式”是马克思主义政治经济学特有的一个基本概念，而“文学”与“政治经济学”分属两个不同的学科领域，它们是两回事儿。伊格尔顿却坚持要把“文学”与“生产方式”链接在一起，因为在他看来，文学既是一种社会知觉结构和意识形式，同时也是一种产业。书籍即是意义的结构，使大众得以消费的商品。文学成为产品或可以消费的作品，必须经过一定方式的生产过程，这都是显而易见的事实。概括而言，伊格尔顿首先把艺术牢牢置于社会生产的物质基础之上，令人信服地坚持了唯物主义批评的根本立场；第二，文学生产方式以比人们一般想象的更高的程度决定了艺术观念和审美趣味；第三，文学生产方式以各种方式刻写在作品的文类、风格、结构、节奏、句式等形式上；第四，从本质上看，艺术是一种社会生产形式，是一种社会实践。

作为文学生产的最基本材料的语言无疑是文学生产方式刻写在作品中最重要的手段。伊格尔顿对此进行了出色的分析，认为语言是将文学生产方式、文本、意识形态、社会历史经验等纳入一种互相决定、互相阐发的结构关系中的媒介。语言之所以能够担当这一角色，固然是因为“文学”可以一般地理解为以语言为媒介，但更重要和内在的原因是，语言不仅属于上层建筑，而且它首先是一种自然的物质现实，是物质的生产力的一部分，因为从人类动物特性的意义上说，没有语言就不可能有任何物质生产。语言就是这样独特地通过表意过程呈现出经过生产方式侵染的社会、政治和意识形态等层面。语言并不是清白无染的中性工具，而是“布满了政治历史的灾变留下的疤痕和裂隙，到处散落着帝国主义、民族主义、地方主义以及阶级搏斗的遗墟废址。语言学问题总是政治语言学的问题，在这个领域，进行着宗主国征服者与臣服国、民族国家与民族国家、地区与全国、阶级与阶级之间的斗争”。[1]正是通过这种所谓的“共同语言”，统治阶级阐发它们的政治需要和意识形态。“英文成为‘民族’语言的历史也是帝国主义及其后果的历史。”[2]在威廉大帝入主英伦岛之后的几百年里，诺曼法语与英语的分野也是阶级的分野；如果没有诺曼底的丧失，也许就

1 Eagleton, *Criticism and Ideology*, P 54.

2 Eagleton, *Criticism and Ideology*, P 55.

不会有盎格鲁—诺曼英语的出现，正是在诺曼英语的支配地位下，古英语才发生了迅速的嬗变；而在1362年被法律承认为霸权语言的“英语”并不是“所有的英语”，它主要是东部中心的方言，谁都知道，这个地区的伦敦、牛津和剑桥是政治和意识形态的权力中心。因此，文本的意义不仅表现在它如何调用语言，而且表现在用什么样的语言；使用什么语言，往往是一个严肃的政治问题和意识形态问题。弥尔顿坚决用英语写作《失乐园》，是意味深长的选择，是一个激进的政治行动，它认定资产阶级的新教民族主义胜出古典的和贵族的文化。文本将特定文学生产方式的社会关系内化于文本结构之中，文本的形式必然会体现谁来生产、为谁生产、如何生产的特定关系。当然，文学生产方式是通过意识形态的作用进入文本的。

“文学生产方式”范畴的展开表明，应该重新考虑“作家”的概念，因为我们现在看到的文学不是一个“创作”的过程，而是一种物质的“生产”实践。伊格尔顿指出：“作家不止是超个人思想结构的调遣者，而且也是出版公司雇佣的工人，去生产能卖钱的商品。”[1]这句话不仅说明文学生产中的剥削关系，而且表明应该“将艺术家看成扎根于某个历史时代、选用一定的材料加以生产的工人”，[2]于是，“作家”、“诗人”或“艺术家”从上帝似的全靠自己的灵感的创造者变成了离不开材料、工具以及技艺等约束的“工人”和“生产者”。皮埃尔·马歇雷甚至认为，作家就是把一切的现成材料加工成新的产品的生产者，形式、含义、神话、象征、思想意义等材料都是现成的，作家像汽车装配厂工人一样，把材料制成半成品，把半成品制成成品：“艺术家运用某些生产工具和专门的艺术技巧，将语言与经验材料变成为既定的产品。这种制造没有任何理由比别的制造来得神秘。”[3]

实际上，“文学”一直处于“商品”与“精神食粮”、“制造业”与“审美追求”之间的尴尬境地。显然，问题最终还得回到生产方式这一最基本的矛盾运动上来，塑造和打破“文学”神话的最终力量还是文学生产方式。尤其进入20世纪以来，以文学生产技术、音像技术、多媒体技术大大改变了文学生产方式的结

1 伊格尔顿：《马克思主义与文学批评》，文宝译，人民文学出版社1980年版，第65页。
2 伊格尔顿：《马克思主义与文学批评》，文宝译，人民文学出版社1980年版，第74页。
3 伊格尔顿：《马克思主义与文学批评》，文宝译，人民文学出版社1980年版，第74页。

构和运作，也改变着“文学”的内涵和外延，把“文学”向“非文学”推进，“文学”面临着前所未有的危机。就目前情况来看，“文学”遇到的最大挑战将来自网络。网络将为“文学”写作者提供一种方便、廉价、快捷的生产和传送手段，这意味着网络的文学生产方式将形成新的文学生产关系，写作者也许会取代书商，成为自产自销的一种新型生产者。这种新型的生产方式和生产关系必将生产出一种“面目全非”的“文学”，它也许因为简单快捷的传播方式而产生某种“新闻”的效应，它也许因为多媒体的界面而成为一种集音、像、字于一体、可以听闻看触思的“文学”，而这样的“文学”还是“文学”吗？我们难以具体地描画未来文学的样子，但是可以肯定，未来的“文学”将像电脑写作一样，永远处于可修改的状态。“文学”已经说明且还要说明：“把‘文学’看作一个专门化的社会历史范畴，这是一个重大的理论突破……正因为文学是历史的，是主要文化阶级上的一个关键概念，所以它是语言社会发展的一种特殊形式的确切证据。”[1]

应该说，文学生产方式的运动已经使我们清楚地看到，文学生产绝不是纯粹的“精神活动”，甚至不是纯粹的上层建筑分支。事实上，所有艺术实践都横跨经济基础和上层建筑两个领域，它不仅是社会多重结构互相制约和决定的一种物质生产过程，而且是广泛涉及包括宗教、政治、伦理、哲学以及美学在内的思想精神和意识形态的生产过程。这就意味着任何艺术都是一种“生产”，并且是一种涉及广泛的生产过程。这样一个复杂广阔的领域也许只有用“文化”一词才能涵盖，因为根据伊格尔顿的理解，“文化”可以是一个容纳力极强的概念。正如前面在“伊格尔顿的文化概念”一节所讲，“文化”一词在当代的用法主要有三个含义：文化可以指价值得到认同的具体的思想和艺术作品以及制作和分享该作品的过程；也可以指一个社会的所谓“情感结构”；文化还可以指制度意义上的社会的整个的生活方式。最重要的是这三个意义互相关联。对于文学生产方式的分析充分表明，“文学生产”确实是“三个意义互相关联”的过程，在这些情况下，用“文化生产”来说明或代替“文学生产”，是很自然的事情。尤其在“文学”概念发生动摇形势下，更显得必要。它可以更好地解释作

---

1 Terry Eagleton & Drew Milne, *Marxist literary Theory*, ed.s., Blackwell, 1995, P 267.

为审美对象如何在整个文化版图上获得自身的位置和价值。应该看到，在伊格尔顿这里，“文化生产”概念不仅扩大了理论的视野，更重要的是它还具有一些激进的政治意义。

首先，“文化生产”应该是一个马克思主义批评概念，因为根据历史唯物主义，“文化”是多种意义互相依托、互相阐发、互为实现的一个范畴，说到底，是以物质生产为基础的整个社会实践过程。伊格尔顿发现，早在浪漫主义时期，文化诸层面的意义就是互相关联的，作为艺术的文化与作为生活经验的文化以及作为社会结构的文化，交织和统一成“文化”整体。早期浪漫主义的这一文化的概念从19世纪初开始暴露出断裂的痕迹，狄更斯、乔治·爱略特、密尔、阿诺德、盖斯凯尔夫人等，都以这样那样的方式表现了文化诸意义的断裂和分离。贯穿整个维多利亚时期乃至整个自由主义历史的主导思维模式是，“文化（美的生活、美的艺术）如何才能在其基本价值不被根本改变的情况下播撒于整个文化（迅速改变着的整个社会），并且对传导这些价值的社会结构本身形成一定的挑战”[1]。也许就是从这个时候开始，“文化”成了高高漂浮在物质社会之上但企图调和、凝集、指引或改造整个社会的精神指数和理想价值，这显然是文化的分裂或分裂的文化，是资本主义文化危机的开始，换言之，资本主义的文化危机实质上就是理论所把握的人类潜能的可实现性与社会现实的贫乏条件之间的尖锐矛盾和冲突。解决这种危机的第一步也许是按照唯物主义精神，相信如果有一种作为整个价值体系的更为精神化的文化，那么它也必然植根于作为社会根本结构的生产方式之中。也就是说，最根本的问题还是文化生产资料的所有权问题，因此，解决这种危机的根本出路是社会主义的物质实践。在伊格尔顿看来，只有社会主义才能将断裂的文化整合起来，才能赎回被剥夺了的绝大多数男男女女们的文化生活。社会主义的根本目标就是建设一种比自由主义理想的文化“更丰富、更多样、更开放、更灵活、更自由”[2]的文化。

“文化生产”概念意味着文学和所有艺术活动在一定程度上也是一种物质实践。这种实践性使艺术活动充分发挥自身的相对自律性，更加有力地反作用

1　伊格尔顿：《历史中的政治、哲学、爱欲》，人民文学出版社1980年版，第135页。

2　伊格尔顿：《历史中的政治、哲学、爱欲》，第142页。

于一般社会结构或整个文化构成，使艺术得到革命的发展并最终推动人类的解放工程。“真正的革命艺术家不能只关心艺术的目的，也要关心艺术生产的工具。”[1] 这里对“工具”的重视也是对艺术“形式”的重视，这就是说，文学生产方式决定、改变、影响并最终突出了艺术的“形式”，反过来加强了文学生产方式的相对自律性，用伊格尔顿的话来说，“艺术生产关系在于艺术内部，由内部形成它的形式”。[2] 当这种自律性已经非常清晰时，一个极其重要的命题便自然形成了：“马克思主义批评家都理解这一事实，即艺术是一种社会生产的形式。”伊格尔顿接着解释说：“艺术首先是一种社会实践，而不是供学院式解剖的对象。我们视文学为文本，但也可以把它看作一种社会活动，一种与其他形式并存和有关的社会、经济生产的形式。”[3] 艺术是生产的，所以是实践的。伊格尔顿在评论马歇雷关于“实践”的界定时说，“‘一般的实践，我认为指任何用既定的原材料制作既定的产品的过程，即用既定的（生产）资料通过既定的人工劳动所完成的改造。’这个定义适用于一切，也适用于我们所理解的艺术的实践。”[4] 文学生产方式为艺术的实践性本质提供了有力的物质关系的支持，反过来说，文本形式和文学生产方式的自律性的根源和基础是艺术的实践性，因此也可以说，艺术之所以是“生产”，最终因为艺术是“实践”。“实践”是永远流动、不断变化的，因为它是受到具体时空限制的活动。正是这种限制使它在一定条件下突破旧边界的限定，开辟新的疆域；但是它从不预设任何形式来限制自身的前进，它在实践中创造一切可能的形式。

伊格尔顿的“文化生产”概念在后现代泛文化潮流中显示出更加重要的政治意义。我们知道，各种后现代主义致力于解构中心、推倒一切学科界限的工作，结果似乎只剩下一门“文化”学科或非学科，用伊格尔顿的话来说，“传统的知识结构已经放进了坩埚”。[5] 而那些着力于“重构”工作的人们也纷纷把注意力集中于“文化”一词，“文化诗学”、“文化哲学”和“文化研究”仿佛成了时

1　伊格尔顿：《马克思主义与文学批评》，文宝译，人民文学出版社 1980 年版，第 68 页。

2　伊格尔顿：《马克思主义与文学批评》，文宝译，人民文学出版社 1980 年版，第 73 页。

3　伊格尔顿：《马克思主义与文学批评》，文宝译，人民文学出版社 1980 年版，第 66 页。

4　伊格尔顿：《马克思主义与文学批评》，文宝译，人民文学出版社 1980 年版，第 74—75 页。

5　伊格尔顿：《历史中政治、哲学、爱欲》，人民文学出版社 1980 年版，第 196 页。

代的知识主题。贴上“文化”标签的这些话语肯定包含着打通狭隘的学科分界，拓宽研究视野的意图，但是不可否认，对“文化”的一味推举在一定程度上是对现实物质问题的回避和向旧的“唯文化论”的回归。更有甚者，“文化”在有些人手里成了一种奇妙的全球粘合剂，好像只要文化交流的渠道畅通无阻，“世界人民”就会不分彼此，其乐融融；好像只要文化问题处理好了，就可以避免或解决政治乃至军事冲突。后现代主义的“文化”实际上仅限于作为艺术和思想作品的“文化”，这是自由主义的“文化”概念，是脱离现实物质关系或者在一定程度上企图与物化的社会秩序相对抗的审美飞地。笼统而言，伊格尔顿也诉求广阔的“文化”视野，但他的“文化生产”概念使作为观念、价值体系和意义象征系统的“文化”与社会的一般生产方式关联起来，使“文化”的各种意义互相联系、互相阐发、互相推动，使“文化”真正与人联系起来，成为一种生产实践或生动的“人化”过程。

将“文学生产”扩展为“文化生产”，极大地拓宽了伊格尔顿批评理论的对象，也许这就是他后来经常把“文学批评”称为“文化理论”的原因吧。这使我们想起了也谈论“文学生产”的马歇雷，对比之下，伊格尔顿直接明确地把“文学”与“生产方式”联系起来，直抵艺术的物质根基和实践本质，而马歇雷的“文学生产”似乎始终不愿走出意识形态和审美形式等“精神的”领地；结果，伊格尔顿的“文学生产”概念扩展并进入整个“文化”，成为一种相当彻底全面的实践，而马歇雷的“文学生产”则只能复制出“文学”文本。原因也许在于，马歇雷提出“文学生产”概念，不是为了把“文学”置于物质生产和社会关系的网络，倒像是为了确保“文学”远离物质生产的自治性和自律性。庸俗马克思主义把文学与物质生产嫁接起来，结出了失去审美属性的恶果。威廉斯也把艺术看作一种“物质实践”，这是非常难得的，但遗憾的是他反对基础 / 上层建筑框架，因而也不会接受“生产方式”概念，况且他没有对这种实践的构成结构做过系统的分析。

而伊格尔顿则明确提出，“生产方式”是马克思主义或唯物主义文学理论的一个基本范畴，并且对其性质、结构、演化和运作规律以及与艺术的关系进行了深入的考察和辨析。他的研究表明，把“文学”与“生产方式”联系起来，绝不是进入正式文学研究之前的一种象征马克思主义立场的仪式或“最终”意义上的提示，而是蕴藏着极为丰富的思想，可以为当代批评提供丰富的理论资源。

伊格尔顿的意识形态观

同样地，“意识形态”也是伊格尔顿的文学理论中最为核心的一个概念，他的文章几乎没有一篇不提到“意识形态”：分别于 1991 年和 1994 年出版的《意识形态导论》和《意识形态读本》集中反映了他对“意识形态”范畴的系统研究和阐述。伊格尔顿之所以对“意识形态”范畴如此重视，其根源可能在于他认为马克思主义批评是一个更大的理论分析体系中的一部分。这个体系旨在理解意识形态，而理解意识形态就是更深刻地理解过去和现在；这种理解有助于我们的解放。这表明，理解伊格尔顿的“意识形态理论”是研究他的文化批评理论的核心工作。

在伊格尔顿看来，文化批评在某种意义上就是政治批评，也就是意识形态批评。“为什么批评？”难道“批评”活动像肠胃反应一样自然和必然地发生吗？像空气一样必需？或者说批评只是茶余饭后的精神游戏或物质丰裕之后的所谓审美追求？显然，对这个问题的回答构成一切批评理论和实践的逻辑起点或归宿。就伊格尔顿的情况而言，这更是一个经常自觉提出的问题，他在《当代西方文学理论》里问道：“文学理论的意义是什么？为什么首先要考虑它？难道世界上没有比代码、能指和阅读主体更重要的问题？”[1] 伊格尔顿曾经这样设问：“批评家在坐下来开始研究某个主题或作者时，突然涌上一些烦人的问题。干吗研究这些？给谁看，影响谁，打动谁？整个社会对这种批评行为赋予什么样的功能？”[2] 这些直截了当的设问本身已经包含着关于批评属性的某种答案，已经很大程度上表明了作者对批评之事的基本态度：批评首先是一种社会行为，是把批评家个体自我的观点表达出来、传达给别人并打动、影响乃至改变别人或群体的一种实践活动。批评总是有所为而发的，因而必然是一种有目的的社会功利行为，“目的”也许不同，但“功利”是肯定的。伊格尔顿非常实在地问

1　伊格尔顿：《当代西方文学理论》，王逢振译，中国社会科学出版社 1988 年版，第 280 页。

2　Eagleton, *The Function of Criticism from the Spectator to Post-Structuralism*, Verso, 1984, P7.

道："如果批评是无功利的，谁会去做这样的事？"[1] 当然，这里的功利不是"自私自利"的个人打算，而是为了影响和改变群体的一种"社会功利"。如果承认批评是一种具有社会目的性和功利性的话语活动，就不难承认伊格尔顿的这个命题："一切批评在某种意义上都是政治的。"[2] 他指出："'纯'文学理论是一种学术神话。"[3] 这就是说，"不纯"或"政治性"是学术理论所固有的属性，尽管"远离恶浊政治"的操持仿佛成全了一批学术大师，但实际上，他们离开的只是在某些文化形态中的"官场"政治，并没有而且不可能离开伊格尔顿所说的"政治"："我这里所说的政治仅仅指把社会生活整个地组织起来的方式，以及这种方式所包含的权力关系。"[4] 据此，我们首先可以把政治性理解为社会性的一种比较具体的说法，并且不妨把批评一般地理解为对特定社会情境下产生的语言效用的分析，就此而言，不难接受批评的政治性。

批评的政治性还表现在它是一种意识形态话语和工具，用伊格尔顿的话来说，"文学理论实际上只是社会意识形态的一个分支，完全没有什么一体性或个性使它充分区别于哲学、语言学、心理学、文化和社会学的思想。"[5] 如果说意识形态是人们借以体验其社会的观念、价值和感情，那么作为价值判断活动的"批评"也不可能不是一种意识形态形式："任何一套关于人类意义、价值、语言、感情和经验的理论，势必要论及关于人类个人和社会性质的更广更深刻的信念、权力和性的问题。……我们在这本书里已经考察过的一些理论，在它们企图完全忽视历史和政治当中最清楚不过地表现出意识形态。"[6] 例如，"甚至在逃避现代意识形态时，文学理论也显示出它与意识形态常常有无意识的密切关系，在它认为自然适用于文学文本的那种'美学的'或'非政治'的语言里，暴露出它的杰出人物统治论、性别歧视或个人主义"。[7]"批评"的社会性、实践

1 Eagleton, *The Illusions of Postmodernism*, *Blackwell*, 1996, P 36.
2 伊格尔顿：《当代西方文学理论》，第 303 页。
3 伊格尔顿：《当代西方文学理论》，第 303 页。
4 伊格尔顿：《当代西方文学理论》，第 281 页。
5 伊格尔顿：《当代西方文学理论》，第 292 页。
6 伊格尔顿：《当代西方文学理论》，第 281 页。
7 伊格尔顿：《当代西方文学理论》，第 283 页。

性、政治性等属性决定了它在讨论文学问题时，必然要涉及到整个社会结构和物质实践问题，也就是涉及到整个文化范畴。这也就是说，文学的意义是一种文化意义，换言之，批评必须有一种文化意识，才能理解文学以及一切艺术的真正意义，这也许就是伊格尔顿经常把“批评”和“文学理论”称为“文化理论”的根本原因。根据“文化理论”，文学是多重结构的整个文化系统的一个关系项。一方面，文学本身是由各种文类构成的综合体，另一方面，文学与其他艺术形式缠结在一起，人们耳熟能详的诗歌与绘画与音乐的“通感”以及与戏剧与舞蹈与影视的亲缘关系，都表明即使“纯粹”的审美行为也注定是人类各种知性活动的杂交过程。因此，任何真正深刻的文学批评都不会只限于谈“文学”，而是与文化的其他门类联系起来，这种方法尤其在英国已经成为传统，伊格尔顿指出：“辉煌时期的英国文学批评总是在提及文学作品时，不可避免地说到比作品本身更多的事情，真的是在测绘整个文化的深层结构和主要方向。”[1] 所以，在伊格尔顿这里，文学批评就是文化批评，文化批评也是更广义的文学文本批评。具体来说，他的这一批评是围绕着文学生产与意识形态的关系来展开的。

伊格尔顿有关文学生产的理论，在马克思主义文论家中是非常独特、突出的。他在论述文学的生产过程时，深受阿尔都塞和本雅明的影响。他认为，文学既是意识形态的一部分，又是经济基础的一部分。作家、艺术家、生产者在资本主义社会是雇佣劳动者，文学艺术也是一种制造业，因此，作品、艺术品也是商品。因此，伊格尔顿认为，如何说明作为生产的艺术与作为意识形态的艺术之间的关系，是马克思主义批评当前面临的最重要的问题之一。

在伊格尔顿看来，意识形态是一个复杂的现象，它与社会、与现实、与政治有着密切的联系，但文学作品不可能是占统治地位的意识形态的简单反映，也不是作家所属的社会集团或阶级的意识形态（即世界观）的反映。他认为，经济基础与上层建筑不是简单的一对一的对应关系。文学与现实的联系也不是直接的，而是间接的，如果仅仅简单地从文学作品中去搜集政治经济与阶级斗争的状况，把它看作是作家所属的社会集团或阶级的意识形态的反映，那就把

1 Stephen Regan, *The Eagleton Reader*, ed.. Oxford : Blackwell, 1998, P 154.

马克思主义庸俗化了。

根据艺术生产的理论，文学创作也是一种生产，那么文本生产者将“什么”生产成产品呢？伊格尔顿的答案是：意识形态。像任何形式的生产一样，文本生产也离不开生产的对象和材料；这就是说，在文本生产之前已经客观地存在着各种意识形态原材料，伊格尔顿称之为“前文本意识形态”（pre-text ideologies）；文本生产通过艺术工具和技巧，按照自身的逻辑对前文本的意识形态“原料”进行加工、制作、生产成具有特定审美形态的文本产品。因此，“文本是一种意识形态生产”。[1] 这是一个各种结构多重决定的复杂的生产过程。首先，前文本意识形态材料并不是通常所理解的那种无形或抽象的思想意识“内容”，文本以审美的“形式”为意识形态的“内容”赋形；在伊格尔顿看来，前文本意识形态材料本身就是一种具有特定形式的生产，或者说，是以历史真实为材料生产出来的产品，文本生产其实是生产的生产。第二，艺术程式和手段并不是纯粹的“审美”范畴，它们已经受到了意识形态的决定性影响，甚至转化为审美意识形态，譬如，“古典人文主义是本·琼生戏剧的形式和表意过程的一种积极的决定因素，是他的文本所插入的审美传统的一部分。”[2] 因此，对前文本意识形态的加工制作不外乎就是对那些材料进行审美意识形态的筛选、组织、张扬、掩饰、暗示、神秘化或自然化。第三，前文本意识形态并不像“自然材料”那样被动地接受加工和制作，而是在生产过程中与具有多重结构的审美意识形态互相交合、影响、修正、补充和转化，从而形成一种“文本意识形态”或文本产品。

伊格尔顿的意识形态生产理论既把历史真实排除在文本之外，又将它与文本联系起来，这不仅因为意识形态是对历史真实的再现形式，文本通过意识形态形式“隔了一层”地占有历史真实，亦即“文学作品是一种生产，将已经生产出来的某些关于真实的再现形式生产成想象的客体”；[3] 而且根据伊格尔顿的意识形态理论，意识形态本身不完全是“虚假的”，它包含着“真实”的因素，例

1 Eagleton, *Criticism and Ideology*: *Marxism and Literary Criticism*, London: Methuen, 1976, P64.

2 Eagleton, *Criticism and Ideology*, P 186.

3 Eagleton, *Criticism and Ideology*, P 75.

如从功能层面看，意识形态无论真假，总是对某种真实的历史或政治状况的真实回应，是主体需要、欲望和动机的真实反映。从某种意义上说，意识形态生产文本准真实的过程就是在“真实”虚位的情况下建构“真实”，“以真实的不在场构成真实的在场”。[1] 这种情形与历史条件生产意识形态的原理相仿佛，以此方式给人以某种关于历史真实的知识。总之，意识形态的交锋与冲突是无所谓不真实的，正如历史的矛盾和斗争一般被看作真实的事实。巴尔扎克的文本就是“通过”而不是绕过这种意识形态冲突，显示了历史的真实。总之，历史条件通过意识形态形式成为文本自我生产过程或审美表意的最终决定结构，或者说我们通过文学形式看到某些价值、力量和关系，从而获得一种历史知识。伊格尔顿将这种关系表示为：历史——意识形态——文学文本。由此可以看出，“生产”是伊格尔顿的一体化的意识形态生产理论的核心概念，他力求以此超越形式主义美学和传统的文学反映论和形式/内容二分法。在伊格尔顿手里，“形式”获得了新的含义，它既不像形式主义说的那样主动地整理和组织内容，以致安排和制造内容，也不像机械决定论理解的那样消极地等待来自“内容”的指令，迎候“内容”的降临。在文本的意识形态“生产”过程中，形式和内容的区分已经没有多大意义，或者说它们本来就是不可分割的：“形式是思想知觉的具体化。”[2] 如果我们现在对贝尔的那个著名的命题“美是有意味的形式”作出注解，那么似乎可以说：美，指艺术作品；有意味的形式等于有意识形态意味的形式。

“批评是上层建筑理论中的一个特定要素，研究其特定对象的特殊规律；它的任务不是研究意识形态组合的规律，而是研究作为文学的意识形态话语的生产规律。……如果文学文本被还原为它们的意识形态组合，那么批评就真的只是关于那些组合的科学的具体应用了。”[3] 伊格尔顿的这段话一方面说明“意识形态”是文学批评的一个关键概念，另一方面说明文学批评如果仍然是“文学批评”，那么它的对象就不是意识形态。实际上，最困难的问题不是认识文艺与意识形态的密切关系，而是具体地说明意识形态如何与文艺作品铰链起来。

---

1 Eagleton，*Criticism and Ideology*，P 68.

2 伊格尔顿：《马克思主义与文学批评》，文宝译，人民文学出版社 1980 年版，第 73 页。

3 Eagleton，*Criticism and Ideology*，P 96-97.

在伊格尔顿看来，把文艺作品看作对意识形态的“表达”或“反映”，这是庸俗马克思主义的观点，自然是不可取的。在意识形态与文艺文本的关系问题上，最有价值的理论也许来自马歇雷。马歇雷认为，意识形态在艺术作品中的运作情形与精神分析学所说的“梦的运作”非常相似。根据弗洛伊德关于“梦的运作”的解释，梦分为若干层次，“梦的最上层”是意识中存在的梦，是已经系统化之后的梦，在这个层次上，梦的断裂、空隙和矛盾已被填起抹平，是一个比较连贯一致的文本。但是真正的梦隐藏在这个层次下面，它是不完整的、自我分裂的、支离破碎的梦本身。梦的意义就隐藏在这个梦本身的文本里，隐藏的意思是说，无意识总是通过拐弯抹角的方式不情愿地表达自己，因为自我（ego）在监视和控制无意识本我（id）的表达，所以无意识只能通过软化的、间接的、扭曲的、甚至让人无法辨识的形式表达出来。文学生产的原理亦复如此。也例如：“奥斯汀小说的价值就在于它对自己的洞察了无所知，正因为小说有很多它不可能明白的事情，小说才知道它所做的事情，并以特定的形式去做。奥斯汀的确只是‘知道’，而不是明白。但她所知道的事情并非因此而什么也不是，并不是被排除真实之后的零。如果排除了历史唯物主义所理解的真实，奥斯汀呈现的那些伦理话语、性格修辞、关系仪式或程式仪典就一无所有了，我们认为她的小说之所以‘有价值’的那些东西也便荡然无存了。但那些仪式和话语并非真实撤走之后剩下的空洞，在它们所编码的意识形态战斗中，并没有什么‘不真实’的东西。正因为意识形态是‘真实的’，所以它并不总是只有经过形式的、准科学的自我距离化之后，才能暗指历史。意识形态就是这样进入小说的。”[1]意识形态在文学文本里也显现为一种无序的混乱形式。批评就是要揭示那种产生无序和分裂的话语的扭曲机理，重构文本的内部移置过程。“科学的批评”应该穿过文本的裂隙和脱字，把对象话语与它的生产条件联系起来，揭示隐义或意识形态的作用过程。不过批评家不会像精神分析师一样，去治疗或完成文本，而是解释文本为什么会如此。如果真的如此，文学批评岂不是成了对隐藏于文本深层和缝隙里的意识形态的钻探了吗？把文学作品之所以是文学作品的“审美形式”搁在一边，这还是文学批评吗？与此相比，伊格尔顿提出的“意识形

1 *Criticism and Ideology*, P 70.

态生产”概念更好地解决了意识形态与文本的关系问题，它既使文本受制于意识形态，同时又与它保持距离，亦即保持文本的相对自主性。这种张力和联系是通过“生产”过程来具体实现的。虚构性、自我表意性和物质性使文本获得某种本体论意义上的存在，亦即相对自主的存在。然而，这种相对自主的文本并非形式主义者眼中的那种封闭的、静态的审美客体，而是一个动态的、进行的、开放的实现或“生产”过程。因此，对于伊格尔顿而言，研究文本就是“考察生产的情形”，考察的结果进一步论证了文本的相对自主性，而不是以牺牲文本的审美结构的代价来凸显某种意识形态的“内容”。

即便是他在论述形式与内容的关系时，在指出形式与内容的辨证关系时，他还是善于运用马克思主义的意识形态理论，指出形式归根结底还是属于意识形态的范畴，形式的变化反映了意识形态的变化。他的这一观点，曾在他的许多论著中，从不同角度、不同程度地反映出来。

伊格尔顿对作为意识形态的艺术与作为生产的艺术之间关系的研究，可以说是他对“西方马克思主义”的突出贡献。这个问题在马恩的经典著作中找不到现成的答案，以前的“西方马克思主义”理论家们也没有做出令人满意的解释。

伊格尔顿关于意识形态与文本关系的基本思路是：如果说文本的意识形态不是作者意识形态的表现，那么文学文本也不是一般意识形态的表现，而是某种意识形态生产。他以演出与剧本的关系为例指出，像文本与意识形态的关系一样，演出与剧本的关系也往往被认为是表现、反映或复制的关系。然而演出实际上不是“反映”剧本而是对剧本进行加工生产。演出与剧本的关系不是反映而是劳动关系，导演与演员通过戏剧工具把剧本这一“原材料”生产成产品。“剧本的性质将决定着演出的性质，但反之亦然，演出也决定着剧本的性质。”[1]这是一个十分复杂的相互决定、相互操纵的过程。

总体上看，伊格尔顿的马克思主义批评力求的是一种科学性，而这种科学性是建立在生产论之上的。为了纠正反映论，伊格尔顿提出文学生产模式，但是为了避免堕入纯形式主义，他又必须时刻注意意识形态的问题和历史问题，

1　*Criticism and Ideology*, P66.

这是他的理论的矛盾所在。此外，他深受阿尔都塞的结构主义的马克思主义的影响，因此在他看来，批评主要不是做出价值判断，而是揭示文学生产规律。实际上，这种揭示本身也具有强烈的意识形态意义，文学文本或批评的权威性就建立在其伪装的"自然性"之上。文本与批评经常有意或无意地掩盖自己的人为性和历史决定因素。一旦这种"自然性"被揭示为一种复杂的人为构造过程的产物，就开辟了一种批评和革命的可能性。因此，科学批评本身也具有意识形态含义。伊格尔顿这些理论虽未能从根本上解决文学的价值问题，但对传统的文艺理论不大重视文艺的价值判断与分析，却是一个有益的补充。

结论

伊格尔顿的文艺思想研究远未结束，因为他依然活跃在理论界，不断地著书立说。综观伊格尔顿的思想历程，我们已经不难看出，伊格尔顿之所以成为当今西方文学理论和文化批评的一位大师级人物，能有资格跻身于西方马克思主义主要人物之列，的确是因为他有着不同于其他人的独特业绩。伊格尔顿不仅以"说什么"给人们以思想的震惊和启迪，而且以"怎么说"深深地打动他的读者。最重要的是他能把一切既有的和"在线"的知识程式放在现实的钳锅里加以"烤验"，使我们重新感受"思想着"的乐趣和实在的自我。他那坚定的马克思主义信念，我们可能得到很多的启示，但我认为从中得到的最大的启示是：永远从自身的处境和感受中提出"真问题"，永远从自己脚下的泥土中汲取新鲜的灵感，不要寄生于某种"最权威的"、"最新的"或"最稳当的"理论话语，这样我们才能从所有动物都会做的"模仿"进化到只有人类动物才能做的"创造"。伊格尔顿始终旗帜鲜明地坚持文化研究的方法论问题必须与实践政治紧密联系起来，因为"文化并不是一个超验的可以涵盖一切的范畴，更不是可以调合一切现实纷争的最终裁决者。如果用文化来解释一切，文化就成了永远漂浮着的无所指的"能指"。但实际上，文化从来就是问题的一部分，而不是解决问题的办法，文化本身就是政治斗争的场所。如果有人离开人与人的现实历史关系，将特定社会结构的问题转换成观念变迁的文化问题，那是为了掩盖问题的真实性和症结。”[1] 正是由于这种深切的现实关怀，他始终持一种广阔的文化视野，坚持文化诸意义互相阐发的关系，尤其坚持将作为社会象征系统的文化置于作为社会根本结构的一般生产方式之中。这种深深的政治关怀使他能看到整个历史上绝大多数男男女女所体验的一直是苦难和压迫的生活，但更重要的不是洒一把浪漫主义的同情泪或说一些自由主义的漂亮话，而是更深刻地看到开着自己的汽车到南方阳光明媚的希腊海滩度假的工人并没有解放自己。因此，伊格尔顿似乎不合时宜的社会主义信念首先不是来自某经典或元理论，而是来自切身的现实感受，正像他在《瓦尔特·本雅明》里说的那样：“人们所以成为社会主义者，绝不仅仅因为他或她信服了唯物主义的历史理论或被马克思的经济算式的说服力打动。最终而言，做一个社会主义者的惟一原因是他反对历史中绝大多数男男女女一直过着痛苦而低下的生活，他相信这种状况在将来是可以改变的。”[2] 所以，伊格尔顿仍然坚持马克思主义立场，在他看来，只要存在压迫，作为最彻底的解放理论的马克思主义就不会失去它的有效性，马克思主义仍然是对消费资本主义进行内在批判的最先进的武器。伊格尔顿的这种现实关怀和理论与实践相统一的原则，始终使他在自己话语活动中保持了最大限度的开放性和吸纳性。伊格尔顿可能有他这样和那样的问题和片面性，但他的这种理论的现实关怀和批评实践的批判精神永远是我们从事文化工作的学者们应该借鉴的要义。

文中引用书目：

1. 伊格尔顿：《马克思主义与文学批评》，文宝译，人民文学出版社 1980 年版。
2. 伊格尔顿：《历史中的政治、哲学、爱欲》，马海良译，中国社会科学出版社 1999 年版。
3. 伊格尔顿：《当代西方文学理论》，王逢振译，中国社会科学出版社 1988 年版。
4. 冯宪光：《“西方马克思主义”美学研究》，重庆：重庆出版社 1997 年版。
5. Eagleton Terry, & Milne, Drew, *Marxist literary Theory*, eds., Blackwell, 1995
6. Eagleton, Terry “The Contradictions of Postmodernism”, *New Literary History*, Spring, 1997.
7. Eagleton, Terry, *Walter Benjamin, or Towards a Revolutionary Criticism*, Verso, 1981.

1 Eagleton, “The Contradictions of Postmodernism”, *New Literary History*, Spring, 1997, P 2.

2 Eagleton, *Walter Benjamin, or Towards a Revolutionary Criticism*, P96

8. Eagleton, Terry, *Criticism and Ideology : Marxism and Literary Criticism*, London : Methuen, 1976.
9. Eagleton, Terry, *The Function of Criticism from the Spectator to Post-Structuralism*, Verso, 1984.
10. Eagleton, *Terry*, *The Illusions of Postmodernism*, Blackwell, 1996.
11. Stephen Regan, *The Eagleton Reader*, ed.. Oxford : Blackwell, 1998.

第十章　齐泽克“实在界的鬼脸”[1]

齐泽克是受马克思主义深刻影响的当代西方思想界多产的精神分析学派理论家家。他致力于把拉康艰深的精神分析学理论精髓延展至意识形态、主体性、通俗文化、电影网络等方面，把拉康理论予以哲学化、社会化和通俗化。齐泽克以“实在界”为核心概念全面继承了拉康的晚期哲学思想，并融合马克思主义知识传统，在与阿尔都塞对话的基础上发展了意识形态理论。同时，他还通过对黑格尔哲学的拉康化读解，提出拉康式分裂主体思想，企图在后现代哲学语境下再续西方主体性批判传统。

斯拉沃热·齐泽克(1949—)，是斯洛文尼亚的拉康派哲学家、后马克思主义者和文化理论家[2]。他系斯洛文尼亚的卢布尔雅那大学社会学与哲学研究所研究员，是当今的国际学术舞台上一颗耀眼的学术巨星。自从1989年他的第一本英文学术著作《意识形态的崇高客体》出版以来，他的思想对拉康精神分析学、后马克思主义、政治学、通俗文化理论产生了广泛而深刻的影响。英国马克思主义理论家特里·伊格尔顿说:“齐泽克是最近数十年欧洲所出现的精神分析，而且实际上是广义的文化理论的最令人敬畏的杰出倡导者”。齐泽克在思想渊源上来自法国拉康的结构精神分析学，同时吸收了马克思主义的左派遗产，企图在理论上贯通两者，在实践上融合运用。这样他不仅为艰涩难懂的拉

1　本章由韩振江撰写。韩振江，大连理工学院副教授。

2　台湾学者将 Slavoj Zizek 翻译成斯拉维·纪杰克，《神经质主体》的译者万毓泽说这是根据斯拉夫语的发音而翻译的。大陆的学者多数翻译为斯拉沃热·齐泽克则是根据英文的音译而来，为统一译名本文采用大陆的惯用译法。

康理论的明晰化作出了不可磨灭的贡献，也为马克思主义特别是阿尔都塞的结构主义马克思主义提供了反思性参照，进而发展了意识形态理论。弗里德里克·詹姆逊在《晚期资本主义的文化逻辑》中说："马克思主义的特权在于它总是介入并周旋于不同的理论符码之间，其深入全面，远非这些符码本身所能及。齐泽克(Slavojzizek)想告诉我们说拉康主义也是这样一种转换模式，甚至是一种优于马克思主义并包容马克思主义和辩证法的模式。"[1] 由此我们可以看出齐泽克的理论底色是拉康主义，还是经过法国当代精神分析学家阿兰·米勒传承的晚期拉康理论。拉康主义是指齐泽克基于正统的拉康解读、阐释，把拉康的精神分析学理论当作一种观察世界、阐释世界的基本立场、思维方式和核心体系。齐泽克的拉康主义是他所有理论的灵魂和逻辑线索。齐泽克的拉康主义或者叫做拉康主义纬度下的齐泽克，是特指侧重从精神分析学特别是拉康思想的知识谱系(或传统)中解读、梳理和总结齐泽克的思想。至于拉康主义的定义则指的是拉康的精神分析学理论以及研究传统。张旭东在《批评的踪迹：文化理论与文化批评》有名为"幻想的秩序——作为批评理论的拉康主义"一文，他在文中引用了"拉康主义"一词，也是在拉康精神分析学理论的哲学化和文化理论化方面来用的，基本上指拉康的思想。在本文中，拉康主义则是围绕拉康的精神分析学思想的解读和阐释所产生的理论化、哲学化、通俗化的拉康思想的知识传统。

齐泽克是具有典型的后现代写作风格的哲学家，行文杂深奥的哲学观念、敏锐的当代社会思考、好莱坞电影、赛伯空间与黄色笑话于一体，文风随意而洒脱，逻辑重复而充满悖论。如果说阅读拉康近似于智力搏斗和精神自虐，那么阅读齐泽克也丝毫不会轻松，则近似于考验你的思维理解力和学术的耐性。后马克思主义领军人物拉克劳说"齐泽克的文本是一种罗兰·巴特意义上的可写文本"，要是从这样的文本中总结逻辑的理论过程，恐怕要费一番周折。这样我们对齐泽克的解读，还是采用他自己的方法吧：以齐泽克的眼睛来看齐泽克。他的理论奠基作品《意识形态的崇高客体》的"引论"最后一段充分说明了

1 [美]詹明信：《晚期资本主义的文化逻辑》，北京：三联书店2003年版，第22页。书中译名为"吉捷克"。

他的理论贡献和思想脉络："挽救黑格尔的唯一方式是通过拉康，对黑格尔式的遗产进行拉康式的解读，这会为探讨意识形态问题开辟新的途径，并帮助我们把握某些当代意识形态现象，而不致于落入任何一种'后现代主义'的陷阱"。根据上述的说法，齐泽克认为拉康精神分析理论也是一种具有阐释世界的普遍性的理论符码，可以在古典哲学、后现代哲学和意识形态理论间进行嫁接和转换。具体说来，齐泽克的理论可以划分为三重追求：一根据晚期拉康阐释和总结带有个性色彩的拉康主义构建；二拉康精神分析哲学的合法化，在后现代主义理论围攻中重建启蒙主义的激进版主体性；三通过拉康与马克思的联谊，开辟新的意识形态理论途径。

一、师承和"实在界"的核心地位

齐泽克是拉康精神分析学向哲学、社会学、政治学、文学电影等各个领域延伸研究和思想渗透过程中出现的佼佼者。他是拉康主义的斯洛文尼亚学派的创始人和主将，通过他的例证式的阐释，我们能看到拉康理论的精粹。目前国内，对于拉康思想的研究还集中在前期拉康思想整理上，晚期拉康理论涉及较少，即使有一些论述也没能深入、全面的展开。齐泽克的研究就是要通过拉康学术继承人阿兰·米勒的眼睛来看拉康理论全貌。在拉康的前期理论中，符号界是一种中心的概念，探讨语言在人类个体无意识中的作用。晚期理论的概念也发生了很大的变化，重要的在于探讨了诸如：对象 a、幻象、不可能性、实在界、原质、快感等命题。齐泽克确立了"实在界"在拉康理论中的中心地位，围绕着实在界重新界定了"想象界"和"符号界"的关系 . 齐泽克的一个重要工作就是用晚期拉康的实在界来从阐释整个拉康理论，予之以系统化、清晰化、整体化。

有些人称拉康为"现代撒满教的巫师"，这不是说拉康的理论是蒙昧主义、神秘主义的产物，而是说明拉康理论的深度和晦涩难度。在齐泽克的理论解读中，齐泽克看到了与他人不同的拉康，也就是说齐泽克所解读的是晚期拉康，是阿兰·米勒的拉康，是齐泽克的拉康。从拉康主义的传播来看，在不同的语境中遭遇不同，不同的流派对拉康的接受也是不同的。在法国和一般的拉丁语国家，拉康研究主要存在于临床的精神分析实践，先后有巴黎弗洛伊德学派、弗洛伊德事业学派负责训练拉康派的精神分析师和临床实践，当然也冲击着哲学、文学、电影等领域，但这些不是主流。在英语国家中，拉康的研究和影响主要围绕着电影—文学—女性主义三角旋转，并且在理论上找到了与福柯等后结构主义的对话机制。另一个方面在不同的拉康派之间也在着分歧，这是因为阐释视域和代系不同而引起的。在法国拉康主义的几代人之间存在着“老派”与“新派”的对立。拉康的第一代传人属于老派，包括奥克塔夫、塞尔日·勒克莱尔、穆斯塔法·萨福安等，他们以拉康50年代的著作(《著作选》)为基础，强调临床问题的重要性，强调符号界在拉康理论中的主导地位，强调拉康的结构主义倾向。第二代传人属于新派，也就是由拉康的女婿阿兰·米勒领导的米歇尔·西尔韦斯特、阿兰·格罗里夏尔、齐泽克等试图概括拉康理论，指出拉康在不同的教学阶段所存在的差异。他们认为，晚期拉康的拒绝任何符号化的“实在界”概念才是最重要的。齐泽克属于米勒领导的新一代拉康主义者，他开创了斯洛文尼亚学派。齐泽克于1976年左右在巴黎跟随阿兰·米勒学习拉康精神分析学，特别是拉康后期的坚持近20年的研讨班报告。由此可见，齐泽克属于正统的拉康学派的继承人，他说：“我必须公开说，我理解的拉康也就是米勒的拉康。在米勒之前，我并没有真正理解拉康的思想。因此，我从巴黎的这段时间学习中受益匪浅，那是我思想形成的一个重要时期。”[1]齐泽克在正统意义上把晚期拉康当作拉康思想的中心来理解，认为实在界是拉康主义的哲学基础，并把拉康精神分析学的范畴主要用于哲学性、文学性和政治性的反思和探索之中。后马克思主义的核心人物、美国埃塞克斯大学政治学教授拉克劳说：“斯洛文尼亚学派有两大特色，第一他坚持不懈地指涉意识形态—政治领域，……第二运用拉康的范畴去分析古典哲学文本：康德、马克思和黑格尔。”

从齐泽克的师承以及斯洛文尼亚学派的追求来看，他对拉康理论有两个根本的看法即：分裂的拉康与实在界的凸现。在这两个观点支持下，齐泽克重新解读了拉康。他认为，拉康不是一个同一、透明的理论家，而是运动着的、不断在超越自己的理论革命者。他提出，1960年拉康的《精神分析的伦理学》标

1　齐泽克，格林·戴里：《与齐泽克对话》，南京：江苏人民出版社2005年版，第35页。

志着拉康的根本性转向，前期以标准的《著作选》为重要文本，晚期主要研究的对象是拉康坚持27年的精神分析学《研讨班报告》（1953—1979年共26集）。拉康是一个极具原创色彩的、与时俱进的哲学家，理论在不停地发展，其核心的概念比如镜像阶段、对象a、符号界、大他者等概念都在不断的变化，甚至这些概念的后期内涵否定前期的定义。齐泽克说："英语世界对雅克·拉康的接受，尚未融入以《精神分析的伦理学》（1959—1960）为标志的断裂的全部结果，即使有所融入也不占主导地位。这次断裂彻底改变了他的教学重心：从欲望的辩证法转向了快感的惰性，从作为编码信息的症候转向了作为充斥着快感的字符的症候合成人，从'无意识具有语言结构'转向了处于中心位置的原质——抵抗一切符号化的快感的不可化约的核心。"[1] 齐泽克克认为，鉴于这种理论的对立或者分裂，再同步地阅读拉康的《著作选》与研讨班报告是绝对不合适的。他提出理解和阐释拉康必须从阿兰·米勒提出的"拉康反对拉康"的方式才可行。理解拉康的唯一方式就是把他的工作当成一种不断前进的工作，当成追求某种"稳固的创伤性内核"的连续性工作。

另一个方面，齐泽克确立了"实在界"在拉康理论中的中心地位，围绕着实在界重新界定了"想象界"和"符号界"的关系。众所周知，拉康的精神分析学是从研究妄想狂精神病的自我形成开始的，提出婴儿自我形成的镜像阶段理论，这相当于"想象界"；后来加入了结构主义语言学的成分，提出无意识具有语言结构，这便是"符号界"的理论雏形；晚期拉康侧重于欲望的辩证法、对象a、原质等概念探索，这些都属于实在界的范畴。1953年拉康在研讨班报告《想象界、符号界、实在界》明确提出了"三界"理论，但是没有具体的展开论述。"三界"在初期拉康的理论中具有发生学意义上的阶段性，晚期拉康则更把"三界"在共时中并存，而且相互牵连、互为表里。"想象界"（theimaginary），也称"想象的"或"想象域"，1953年成为拉康思想中一个核心概念，具有幻想、引诱、诱惑的意思，但并不是幻想的意思。"想象界"的基础是镜像阶段自我形成的模式，因为人类自我是通过认同形象或者镜像而产生的，因此，认同是想象界的核心问题。"符号界"（thesymbolic），有的翻译为"象征界""符号的""符

1　齐泽克：《实在界的面庞》，季广茂译，北京：中央编译出版社2004年版，第191页。

号域”，指的是拉康理论中语言学介入后的无意识结构和欲望法则的表征，或者说就是语言—文化在内的社会形式。符号界首先是一个先验的具有梦结构的语言存在和法则系统，其次是主体存在的基础。符号界一方面让人类摆脱想象界的虚幻性，赋予人类各种意义，并建立主体间交往的符号网络，另一方面由于符号界（大他者）阉割了主体，使它处于分裂的状态，失去了原初快感成为对象 a 的欲望客体。

“实在界”（thereal），有的翻译为“真实界”“实在的”“实在域”等，它是拉康晚期理论的核心概念。实在界不是一个实体的存在，带有强烈的悖论性。齐泽克说：“实在界既是坚硬的难以渗透的内核，它抵抗符号化；又是纯粹的空幻性的实体，它本身并不具有本体论的一致性”。[1]1970 年代以后“创伤”开始成为“实在界”，它是一个并不实际存在于现实中的实体，是抵制符号界的硬核，但是由回溯性的效果与结果所显示的。其次，在社会层面来谈实在界就是一个具有不可能性的对抗，它本身什么也不是，但还要从一系列结果中回溯性出现的社会创伤。最后，实在界是一种类似与弗洛伊德的“死亡冲动”的彻底否定性和空无，它本身就是某一空隙、短缺、根本否定性的体现。

实在界在晚期拉康理论中处于中心的地位，对于齐泽克来说，他继承了阿兰·米勒的围绕着实在界研究整个拉康理论的传统，把实在界与符号界的关系放在社会无意识层面来予以考察丰富了意识形态理论。同时，他把实在界与精神分析的死亡冲动、强迫重复联系起来，并在德国古典哲学与当代后现代语境中的主体性问题结合起来研究，提出了拉康的主体性理论。他还从实在界就是空无，就是“没有任何关系”的观点出发，探讨了实在界与后现代主义、女性主义的关系。虽然实在界是晚期拉康和齐泽克的核心概念，但是这个概念类似于康德的“物自体”或者基督教的“上帝”，是一个可望而不可及的非实存的概念，因此，我们难以说明实在界究竟是什么，只能围绕着这个概念的效果来定义它。另一个方面，实在界在齐泽克的思想中也是个发展中的概念，很难予以确定的内涵，并且在不同的理论对话中实在界表达了不同的变形。

1　齐泽克：《实在界的面庞》，季广茂译，北京：中央编译出版社 2004 年版，第 230 页。

二、精神分析学的“分裂主体”

齐泽克以拉康的分裂主体对主体性哲学的颠覆为起点，在德国唯心主义传统中重读了拉康“实在界”与“主体”的关系，以期完成后现代主体性碎片时代的主体性重建。他在召唤着一个游荡在西方学术界的幽灵——笛卡儿的主体幽灵，在笛卡儿主体受到一切学术势力的围剿之后，他要通过拉康对主体性哲学的阅读中发现笛卡儿哲学中依然活跃的那部分否定性的知识传统。

拉康结构主义精神分析学在“回归弗洛伊德”的口号下重振了精神分析学的传统，即强调无意识、本我对意识与自我的怀疑和颠覆。拉康在自我形成的“镜像阶段”中就明确地修正了“自我心理学”派的具有调节社会与个体心理功能的自我概念，他认为自我来自于婴儿时期对他人或者镜中形象的误认，本来意义上的自我就是他性的替代物。从这里我们可以看出，拉康的精神分析学的反对两个自我观，一个是精神分析运动内部的“自我心理学派”，另一个是笛卡儿的统一的、理性的、意识的自我。拉康的理论对传统的主体进行了理论革命，声称主体已经死亡，主体都是分裂的、神经质的，不过是“创伤的后遗症”而已。很多理论家都认为拉康是后现代主义哲学思想的先驱，德里达晚年曾说，他过去以为受福柯的影响比较多，但是现在看来精神上还是接近拉康。

作为拉康派的主要阐释者的齐泽克不仅继承了对主体性哲学的反思，而且还要反对把拉康归于后结构主义的谱系之中。他认为拉康是启蒙运动中最为激进的当代哲人，应归于理性主义的谱系中。齐泽克说：他的任务是通过拉康解读黑格尔的遗产，为辨证法提供一种新的解释。他的理论口号是“回归笛卡儿”，意思不是要用那种主宰现代思想（透明的思考主体）的观念来回归“我思”，而是要揭露它被遗忘的另一面，即“我思”中的那过剩的、不被承认的内核。拉克劳说，齐泽克在通过拉康重读和重构古典的哲学文本，比如康德、黑格尔、笛卡儿、马克思等等。在我看来，他不仅在通过拉康解读黑格尔，而且也在通过黑格尔来再造拉康——一个理性主义体系中的否定性、差异性的哲学维度。众所周知，拉康的主要理论是源于对神经症和精神病的心理分析治疗，其体系依然是属于精神分析学，而且主要术语也是这个体系中的。齐泽克实质上所做的工作就是把拉康的思想明确的、彻底的哲学化，对拉康思想进行哲学合法性论证。齐泽克根据法国米勒学派的晚期拉康思想，以实在界为核心建构起拉康主义的哲学大厦，同时把拉康这位后现代性哲学家纳入现代性哲学体系中，在对哲学史的拉康主义修订中重建后形而上学。

齐泽克首先继承了弗洛伊德经典精神分析学和拉康结构主义精神分析学对笛卡儿主体的强烈批判和对主体性哲学的颠覆。多迈尔在《主体性的黄昏》中说到："自文艺复兴以来，主体性就一直是现代哲学的奠基石。在政治学的领域里，现代主体性往往培育出一种别具一格的个体主义；它不仅把自我作为理论认识的中心，而求把它作为社会政治行动和相互作用的中心。……在我看来，主体性观念已在丧失着它的力量，这既是由于我们时代的具体经验所致，也是因为一些先进哲学家们的探索所致。"在此表明了，主体在哲学中的地位已经越来越受到质疑和反思。当然在哲学家们的探索中，逐渐颠覆和重组这各式各样的主体观念。从马克思针对黑格尔的唯心主义辨证主体的实践论批判，到胡塞尔提出交互主体性概念、哈贝马斯的交往论理学、阿尔都塞的被质询的主体理论，这一切哲学的努力无不在为驱除笛卡尔的主体幽灵而努力。但是，无论哲学上的这些对主体性的反思意义如何重大，也不能忘却这一祛魅过程中另一股重要力量、另一个思想的资源，这就是弗洛伊德称之为"哥白尼式革命"的精神分析学的意义所在。

众所周知，弗洛伊德的精神分析学起源于对神经症的治疗和梦、口误等心理现象的分析。在这一科学的过程中，弗洛伊德发现了传统的理性的"自我"并不能给人类个体一个完美、清晰、幸福的生活。在自我的理想与现实悖论中，他发现了欲望，在意识的漏洞中他发现了无意识的黑洞，在语言的明晰性中他发现了逻辑的含混和断裂，这一切让弗洛伊德修改了理性的、意识的自我的定义，进而提出超我、本我、自我的三层人格学说。从弗洛伊德对笛卡尔以来的"我思"的质疑和颠覆开始，精神分析学走了一条与传统哲学不一样的路径去清理主体性哲学中的主体影响。精神分析虽然起源于临床的精神病理学的诊断和治疗，但是弗洛伊德发现了"无意识"，这就好似一场哥白尼式的革命，使得"自我"的良好的同一性、完整性和透明性受到了前所未有的挑战。对此，阿尔都塞评论到，由于马克思我们知道哲学的自我不是历史的中心，与之平行不悖的是弗洛伊德的发现——人类存在并没有自我的形态，也不是以自我、意识或存在为中心的——人类主体是非中心的。

在与自我心理学对经典弗洛伊德主义的斗争中，拉康应历史的呼唤出场了。他声称“回归弗洛伊德”，其精神实质就是要回归弗洛伊德的意义——再度彰显无意识的中心地位。拉康不同于弗洛伊德的生物学决定论、泛性论，在索绪尔开创的现代语言学帮助下实现了语言学转向，在列维·斯特劳斯的结构人类学研究中吸收了结构主义的养分，改造和发展了弗洛伊德的无意识、欲望学说，因而他的后精神分析带有浓厚的语言学、结构主义的底色。拉康的主体是分裂的、他者性、欲望的破碎的延移主体。一个方面是他从婴儿的身体分裂建构统一镜像入手，再次宣判了弗洛伊德意义上的“自我”也是虚妄的想象物，是一种对小他者的误认。这样他就更彻底的清算了精神分析学中被自我心理学派引用为资本主义社会焦虑症的修复术的自我，彻底清除了自我同一性的残余。另一方面，拉康把无意识的黑洞反转成了语言的编织网，用他的话说就是“无意识就是他者的话语”“无意识具有语言的结构”。在拉康看来，无意识不再与本我的无限制能量流动相联系，而是清晰地具有了语言的逻辑——换喻与转喻，因而，语言–符号秩序就支配和构架了人类个体的主体性。主体不再是自动的、主动的选择，而是被动的他者性。最后，拉康还把主体的运作分析为欲望的换喻和转喻的过程，一切都是变化的，主体不过是言语延异留下的痕迹而已。

那么，齐泽克是在何种意义上来接受拉康的遗产，并予以改造的呢？齐泽克充分发展了拉康的后期理论，整体上以“实在界”的概念为核心做理论研究，同时把拉康的主体性思想予以哲学化，也就是通过康德、黑格尔来阐释拉康。他反对把拉康归入“后结构主义”领域，反对把拉康的精神分析理论歪曲为蒙昧主义，主张把他定位于理性主义的谱系之中。因此，在齐泽克开来，拉康是启蒙运动中最为激进的当代版。

齐泽克对主体的探讨起源于弗洛伊德精神分析和德国唯心主义。在这两大流派中，他所关注的中心是存在法则中的某种缺失（failure）和过量（excess）。在德国唯心主义中存在着某种彻底否定性的东西，康德把这种疯狂称作“魔鬼的罪恶”，谢林用“自我的黑夜”来形容，而黑格尔则把这种否定性称之为“世界的黑夜”。他们论述的重点都是强调否定性是所有存在的根本和无法消除的背景。在齐泽克看来，拉康的实在界从根本上就是不可能性本身，是属于类似与康德“物自体”一样的功能性存在物。实在界并不存在于现实之中，也不存在于心理状态中，甚至也不存在于无意识之中。它是人类的根本否定性，前主体的黑夜，但是正是这种彻底否定性的实在界开创了想象界和符号界。同时，实在界也不是不可遭遇的，它不是基督教的不可模仿的、不可感知的上帝。实在界是一种原初的创伤，只是在回溯性的架构中才显出其阴影。主体本身就是来自于实在界的创伤，是符号化过程中对实在界召唤的回应。拉康理论的重要性在于他不仅看到了主体内部的裂缝、缺失和空无，正如结构主义一样；但他超越结构主义的主体性在于看到了这种空无其实是主体最核心的所在，是主体的真正支撑。一切的想象界和符号界都是围绕着这个先验的空缺——否定性来建构的；空缺在精神分析中就是人类个体被抛入这个世界的阉割。齐泽克认为，拉康的主体是作为创伤性内核的主体对大他者所提问题的回答。

他认为，后现代主义谋杀了主体的存在，因为解构主义认为主体概念已经过时了，主体不过是延异滑动的能指临时装配而已。齐泽克强调主体既不是实体，也不是一个特别的中心，而是基本的结构的空白，是主体性形成中的一个剩余即对象 a. 他的基本论点是在德国唯心主义里，主体性的中心特点是和拉康的“对象 a”概念一致的，对象 a 就是缺乏的遗留物，阉割后的痕迹。从康德到黑格尔所讲自我相关的否定性就是弗洛伊德的死亡本能，或者说弗洛伊德的死亡本能和拉康的实在界就是过量否定性的最好概括。齐泽克说，主体性就是在对抗自己的理性内在疯狂中形成的。

总之，齐泽克根据法国米勒学派的晚期拉康思想，以实在界为核心建构起拉康主义的哲学大厦，同时把拉康这位后现代性哲学家纳入现代性哲学体系中，在对哲学史的拉康主义修订中重建后形而上学。

三、“新意识形态论”

齐泽克出生于社会主义国家的前南斯拉夫，生活在经过苏东巨变后社会主义国家斯洛文尼亚，长期奔波于发达资本主义国家的欧州和美国，他是栖居和穿梭于两个世界的人。这样的经历造就了齐泽克对社会主义和马克思主义的天然兴趣和理论追求，造就了他的左翼立场，同时他发迹于欧美资本主义社会，透视各种当代资本主义文化现象，从拉康主义与马克思主义的结合中找到了批判当代资本主义的理论武器。他继承弗洛伊德精神分析–马克思主义的社会心理学意识形态分析，揭示意识形态幻象的机制，挖掘了当代资本主义操纵人类想象方式的隐秘所在。齐泽克从拉康主义晚期思想的深刻把握入手，修正了阿尔都塞的“意识形态国家机器”理论，并从拉康的快感思想解读了意识形态的动力——超我快感。综合来说，齐泽克在意识形态理论上有三个突破：其一揭示意识形态幻象的运作模式，其二意识形态的主体性，其三，意识形态的超我快感，即意识形态动力说。

意识形态（Ideology）是法国思想家特拉西1796年正式提出来的，最初是中性的概念，意思是观念学说或者观念科学。马克思创造了意识形态的德文词（Ideologie），并阐述了马克思意识形态的学说。在马克思思想中，意识形态是总体性的概念，本质上是统治阶级的思想观念，总是在歪曲和掩蔽现实关系。这样马克思就赋予了意识形态贬义的色彩，因此，展现真实的阶级关系和去除虚假意识的蒙蔽就成了理论批判的重要任务。齐泽克从对马克思《资本论》的解读中，与拉康对照阅读，提出马克思发现了资本主义社会的征兆，探讨了商品拜物教的性质。但是他不认为意识形态是虚假意识，而是一种受幻象支撑的社会存在。同时，他认为，社会历史阶段已经不再是马克思所处的自由资本主义时代，因此，意识形态批判也达不到揭露的目的。齐泽克引用了马克思的话：“他们对此一无所知，但依然坦然为之”，[1]在这个意义上意识形态是一种掩盖阶级利益的遮蔽；现在则不同了，犬儒主义意识形态已经接受了虚假的事实但依然去做，因此齐泽克颠倒了马克思的话“他们对此一清二楚，但依旧坦然为之”。犬儒主义已经让意识形态批判陷入了绝境，再揭露意识形态的神秘化会无功而返。齐泽克这对这种情况，提出意识形态不是掩盖事物真相的虚假幻觉，而是建构我们社会现实的无意识幻象。他引入了拉康的征兆概念，认为马克思对资本主义揭露也是征兆性的研究——寻找崩溃点。根据季广茂的理解，

1　马克思：《资本论》，北京：人民出版社1975年版，第90—91页。

征兆是普遍下的特殊按照普遍本身的逻辑，将普遍瓦解，比如马克思根据资本主义自由的逻辑推翻了资本主义“自由假相”。意识形态之所以能发挥其功能是因为有一个主人能指。“主人能指”是“符号性权威的空洞能指”。它是能指，但它是空洞的，即没有任何内容的。“主人能指”在社会现实中起着巨大的“缝合功能”。齐泽克举例说，“有关犹太人的意识形态图像是缝合我们意识形态系统的非一致性的一种方式”，是掩盖社会根本对抗的形式。齐泽克认为，“缝合点”是指这样一个“点”，它不仅把众多漂浮的能指缝合在一起，而且还能通过“询唤”把个人转化成主体。比如，我们一度耳熟能详的“阶级斗争”概念就是这样的“主人能指”，它可以把所有漂浮不定的能指“缝合”在一起，赋予其精确而固定的意义，并因此而建构稳定的社会现实。意识形态的主人能指、缝合点、崇高客体共同建构了意识形态的幻象。齐泽克的意义在于：他揭示了意识形态提供的是现实的符号结构——终极幻象——作为逃离实在界痛苦的一种方法。现实总是实在界的一个虚拟现象，这意味着社会作为一个统一体是根本不可能的，因为实在界本质上是一种无法控制的过量的否定性、一种原初的对抗性。

齐泽克 - 拉康的精神分析学的主体理论对阿尔都塞的意识形态主体提出了质疑和修正。阿尔都塞的“意识形态国家机器”理论深受拉康“镜像阶段”思想的影响，提出意识形态的质询个体成而成为“主体”，或者说一切意识形态都是通过主体范畴的作用，把具体个人呼叫或者建构成具体主体的。特瑞·伊格尔顿高度评价了阿尔都塞对西方马克思主义意识形态的发展，指出“尽管存在着缺陷与局限，阿尔都塞对意识形态的解释，代表现代马克思主义思想在主体问题上的重大突破之一。意识形态是人的主体之生产不可缺少的一种媒体。”[1] 但是在齐泽克看来，阿尔都塞实际上误读了拉康，或者说接受了半截子的拉康。拉康的镜像阶段中，婴儿内在统一性的获得在于在对小他者形象的认同上，通过认同，把他人当作自身来初步建立“自我”，这个误认的自我就是主体的雏形。在符号界中通过符号—形象秩序进入大他者的世界，也就是进入了父亲之名为代表的社会符号世界。在社会学或者政治学的范畴中，意识形态就是一

1　齐泽克等：《图绘意识形态》，南京：南京大学出版社 2006 年版，第 265 页。

种典型的、网络式的符号秩序。阿尔都塞认为，人类个体是通过误认而成为主体的，即通过意识形态质询把自己识别为接受者，在大他者的自我复制中建构了主体。意识形态就是通过质询、臣服、误认和践行，通过人类再生产出特定的社会关系的。齐泽克从晚期拉康的不可能的实在界思想出发质疑了这一主体理论。他把阿尔都塞的意识形态主体理论称为“异化伦理学”或者“主体性的贫穷”，意即取消了主体的存在，变成了符号的替身。齐泽克认为，阿尔都塞的主体观与拉康的主体观是根本对立的，他从拉康的精神分析学的伦理中概括出拉康之主体为“分裂的伦理学”。他主要针对拉康的一句名言展开阐释：不要给自己的欲望让步，即不能消灭实在界与实在界之符号化之间的距离。在齐泽克看来，正是实在界对抗符号化的剩余成为了人的欲望客体的成因，而这欲望客体之成因在分解着符号界的整齐划一的统一性，因此，他认为主体就是一种实在界的病症，这病症开启着实在界的坚硬内核——对抗性、不可能性。这种哲学观表现在政治上，就带上了后马克思主义（拉克劳与墨菲）的色彩。他们在《霸权与社会主义策略》中说道，社会是建立在基本的对抗性上的，承认存在着抵制符号化的原始性创伤和不可能内核，任何的符号性缝合都最终失败。齐泽克的社会观虽然接近与拉克劳的“对抗”观，但是他主张实在界的不可能与符号界斗争中的妥协和权宜性解决。

齐泽克另一个有创见的地方在于把弗洛伊德和拉康的快感理论引入了意识形态概念之中。他在《快感大转移》（The Metastases of Enjoyment）中充分探讨了意识形态法则中的超我快感和剩余快感的问题，认为快感是法则存在的根源和动力。他认为，意识形态法则的维系不仅仅来自于对意识形态法则的公开认同，更决定意义的在于对非—法则的认同，因为超我出现在公共话语法则失败的地方，在这个失败点上公共法则被迫在一种非法的快感中寻求支持。齐泽克分析了公共法则与淫荡超我之间的支撑关系：“只要超我表明快感侵入了意识形态领域，我们也能够说，符号的法则和超我之间的对立指向意识形态的意义与快感之间的张力：符号的法则担保了意义，而超我提供了快感，这种快感成为意义的不被承认的基础。”[1] 以正面示人的符号界或者意识形态共同体的认同最终总是建立在某种共享的罪行基础上的，比如某个领导在非常尴尬的情况下暴露了他的无能或失败，集团的团结便通过主体对这一失败的共同否定上得到加强。齐泽克敏锐地看到了共同体除依靠符号的秩序维系统一性外，还依赖于非—法则的超我之罪恶快感。

齐泽克把拉康精神分析学社会化、意识形态化、马克思主义化了，产生了不同于阿尔都塞的意识形态理论。在阐释拉康与重读马克思的过程中，他的主要语境是经典马克思主义，并与阿尔都塞的结构主义马克思主义、拉克劳和墨菲的后马克思主义、朱迪斯·巴特勒的后女性主义激进民主派、阿兰·巴迪欧的后马克思主义精神分析在不断地学术交锋和思想对话。他不仅在“回到拉康”的意义上重读和阐释拉康，同时也从后社会主义国家的马克思语境中再次挖掘马克思的遗产，建构在全球化资本主义时代的意识形态批判。

当然，齐泽克对大众文化也同样予以了拉康化解读，从而把拉康思想向文化理论领域的延伸。他少年时代就开始迷恋于各种大众文化现象，作为成长于大众文化之中的理论家来说，切身的经验和自我的体验就成为他解读大众文化的不可替代的资源。他把现代主义、后现代主义艺术、好莱坞的电影、科幻小说、网络游戏、黄色笑话、宗教问题等等统统予理路上的拉康化。一切大众文化的文本和超文本都成了齐泽克阐释拉康精妙思想的载体。这种六经注我的方式不仅发展和延展了拉康的理论，同时也发展了大众文化理论本身。齐泽克曾经在《自我访谈》中说：“我借助于上述所有的例子（大众文化文本）都旨在避免伪—拉康式的行话，并且为我的读者而且为我自己提供一种最大可能的清晰性。在某种相同的意义上，我只是在把拉康的某些概念成功地转换成大众文化的内在低能时，才能确信自己正确理解了它。”由此开来，齐泽克对大众文化的拉康式解读，不仅仅是一种理论的图解，更是理论自身的一种理解和阐释过程。

---

1 齐泽克：《快感大转移》，胡大平、余平宁、蒋桂琴译，南京：江苏人民出版社 2004 年版，第 69 页。

第十一章　批判理论的再兴

——新一代西方马克思主义批判理论家及其理论[1]

当代世界的社会科学与人文科学研究，从来就没有，将来也不可能与马克思主义完全斩断联系。在当今西方，马克思主义依然在迅猛发展，成为近年来西方学术中最具活力的推动力量之一。对中国学界来讲，了解当代西方马克思主义的最新发展状况，并在此基础上反思中国当代马克思主义理论构建无疑有着重要的意义。在当代西方特别是英语世界中，新一代西方马克思主义批判理论家已经成为当代西方"文化马克思主义"最重要的代表之一。

1980 年代以来，西方马克思主义特别是法兰克福学派的理论在我国得到了全面的译介。其译介和研究可以分为两个阶段。1980 年代初到 1990 年代初为第一阶段。在这一阶段，卢卡契、布洛赫，布莱希特、萨特、麦舍雷、戈德曼、安德森、伊格尔顿、弗洛姆、马尔库塞、阿尔都塞、本雅明、阿多诺、霍克海默得到了大量介绍和翻译，中国学术界对这些名字已耳熟能详。1990 年代中期以来到近年为第二阶段。这一阶段主要是对詹姆逊、哈贝马斯等人的翻译研究和现代性、后现代理论的讨论探索。詹姆逊常来中国，其所思所想恰如风行水上，所到之处激起层层涟漪（对他的介绍和翻译 1980 年代就一开始，但真正大量的译介和研究仍在 1990 年代）；赛义德的东方主义和其后崛起的斯皮瓦克的理论创见则引发国内学人对后殖民理论的持久的关注；威廉姆斯、斯图亚特·霍尔、理查德.霍加特和汤普森等伯明翰文化研究学派后来居上，连

1　本章由金元浦撰写。金元浦，文学博士，中国人民大学教授，博士生导师。

带引起国内对葛兰西“霸权(领导权)”理论的“再”发现；而批判理论的几位不可遗漏的法国理论家鲍德里亚、福柯、布尔迪厄等曾经的或半截子的马克思主义者在国内引起了跨学科研究的热情；哈贝马斯则独占鳌头，相关译事与研究均保持了持久的热度；德里达的《马克思的幽灵》所表现的对马克思主义的转向又引起学界惊异的注视，特别是两位巨擘先后访问中国，引发了一轮新的思考与讨论。

与国内情形的低迷截然不同，在西方，马克思主义与批判理论则在许多学校堂皇占据经院的高位，风头一直强健。1980 年代以来出版了大量的相关著作。如马丁·杰的《辨证的想象》以及沃尔夫·威格绍斯的《法兰克福学派》全面梳理了批判理论发展的历史线索。尤金·伦的《马克思主义与现代主义》，弗兰克.莫莱蒂的《被当作奇迹的符号》对马克思主义与文学文化进行过细致探讨；还有一些概述性的著作，如戴维·海尔德的《批判理论导论》、兹奥坦·塔的《法兰克福学派》，以及学者们所写的批判理论家的传记，如苏珊·贝克莫斯对瓦尔特·本雅明的介绍，丹尼尔·波斯顿对恩里克·弗洛姆的介绍，道格拉斯·凯尔纳对赫伯特·马尔库塞的介绍，阿帕德·卡达肯对乔治·卢卡契的介绍，吉林·罗斯对西奥多·阿多诺的介绍等等。但是，这些著作都存在着共同的缺陷，没有着重分析该学派的主要代表人物的基本理论，也缺乏对其理论传统中的相互关联性的探究。

1980 年代末到 1990 年代初的一个重大问题是马克思主义在后现代社会文化理论中的未来前景。西方原有的工业化劳动的旧的世界体制让位与服务部门，让位于中心——边缘式的雇佣模式以及种种新的身份形式，这些身份形式不再围绕工作、阶级和社团建构起来的，它们包括身体、性别、种族、时尚、图像甚至亚文化等。安吉拉·默克罗比指出，“在过去的几年中，文化研究发生了相当富于戏剧性的变化，因为现代性问题与后现代性问题代替了更为熟悉的意识形态概念和霸权概念，而这些概念从 1970 年代中期到 1980 年代中期把文化分析牢固地植根在阿尔杜塞和葛兰西所界定的马克思主义领域里。现代主义和后现代主义远远超越了媒体和研究的范畴。它们无所不在……不管是好是坏，是受欢迎还是受批判，这些名词充分体现了文化知识分子和艺术工作者在 1980 年代末和 1990 年代初对世界的体验和理解方式所发生的深刻变化。”这样，后现代主义内部生长起一种后马克思主义的批判理论就是顺理成章的。欧内斯特·拉克劳的《对我们时代的新的革命的沉思》(1991)安吉拉·默克罗比的《后马克思主义与文化研究》(1994)还有美国的“中国专家”阿里夫·德里克的后革命理论、马克思主义与中国历史的研究《后革命氛围》(1999)都可以算作是后马克思主义时代的新批判理论。

另外作为后马克思主义时代的批评家，费斯克和托尼·本尼特则都关注后现代消费时代的大众文学与大众文化。美国威斯康辛大学麦迪逊校区传播学教授费斯克(JohnFiske)写下了《理解大众文化》、《解读电视》、《解读大众》、《传播研究导论》、《澳洲神话》、《电视文化》等著作，受霍尔等英国文化研究、葛兰西霸权理论和福柯影响，发展出一套“权力——抵抗——快感”的文化平民主义。澳大利亚格里菲斯大学社会和文学理论教授托尼·本尼特，著有《形式主义与马克思主义》(1979)、《邦德和邦德之外》(1987，与珍妮特·乌勒克特合著)，是一位持有马克思主义立场的(后)马克思主义文学批评家。

值得注意的是，坚持法兰克福学派思想的新一代批判理论家逐渐浮现出来。如德克萨斯大学批判理论网站就对批判理论重新进行了代际划分。他们不再执着于对法兰克福学派内部第一代第二代第三代的细致区分，而将本雅明、霍克海默、阿多诺、马尔库塞、弗洛姆和哈贝马斯列为老一代批判理论家，而将美英等英语世界的批判理论家本·阿格、斯蒂文·贝斯特、道格拉斯·凯尔纳和斯蒂芬·布隆纳列为新一代批判理论家或后马克思主义理论家。当然，还有其他一些著名的批判理论家。如理查德·沃林、马克·波斯特等人。理查德·沃林作为当代著名社会理论家和法兰克福学派重要的美国传人，在批判理论界享有相当声誉，美国加州大学批判理论研究所所长马克·波斯特则以将批判理论与当代媒介革命结合起来而蜚声我国学界。

批判理论(criticaltheory)或批判的社会理论(criticalsocialtheory)有广义与狭义两种。狭义的批判理论是指法兰克福的社会理论；而广义的批判理论则包括：批判理论(法兰克福学派)、后现代主义、女权主义、多元文化主义、文化研究等。它们都或多或少地具有西方马克思主义的理论背景，具有理论批判的基本品格。

在西方，作为一种特殊的思维规范与学科建制的社会学理论，已经逐渐让位于社会理论。这就是所谓从“社会学的”到“社会的”的转型。作为一种跨学科的规划，社会理论影响并包含了社会科学与人文科学领域众多学者的独立活动。福科、德里达、法兰克福学派、法国女性主义深刻地启发了这些学者的学术思想，而这些理论的综合则“代表了当代知识生活的最令人激动的进展”。相比之下，专门化了的社会学理论越来越受到学科框架的限制。

20世纪许多引领潮流的欧洲理论视角，如新马克思主义、后现代主义、女权主义、文化研究等，都拥有不少相同的理论前提，都具有反思现代性的特点，正是基于这些相同的假设，人们才能够将它们综合为“批判的社会理论”。

对于实证主义社会科学的质疑是各种批判理论的核心而持久的特点。启蒙时代以来，实证主义的倾向逐渐在社会学中占统治地位。社会学的创始人孔德就明确认为，社会学应该成为一门“社会物理学”，它像自然科学描述“自然规律”一样描述所谓“社会法则”（sociallaw）。在批判理论看来，这种观点把“社会现实”冻结为“本体论的冰块”，把资本主义、种族主义、性别歧视（sexism）以及对于自然的统治等模式看作是不可避免的与必然的。马克思则尝试通过他所说的“意识形态批判”对于这些关于“社会本质”的表征进行“解冻”。马克思以后一些最重要的批判理论的发展都吸收了20世纪后期来自文学与文化理论的洞见（尤其是法国的“后理论”），使得原先的马克思主义的意识形态批评发展成为对于整个意识形态话语的批判分析——从大众媒介到教育以及其他艺术与文化门类。

马克思作为批判的社会理论的创始人，地位始终没有动摇。他用以洞穿“法定的”社会世界的静态表征的核心术语是历史性（historicity），即社会模式的历史流动性。社会的历史性意味着过去的与现在的社会模式是可以通过受压迫阶级或阶层的协调一致的政治行动与社会努力来加以改变的，不存在像“自然法则”一样不可改变的“社会法则”。而且爱因斯坦与海森堡以后的后实证主义的自然科学哲学也证明，即使自然科学也不能不是一种哲学的建构，研究世界就不能不改变世界。实证主义的社会科学家建基其上的自然科学模式并不是天经地义的，“批判的社会理论牢固地建立在后实证主义关于科学是一种彻底的历史的、哲学的、政治的活动这样一种观点上”。当然，这并不意味着批判的社会理论必然放弃客观性。马克思就是一个既客观地、又批判地描述世界的社会分析家。

无疑，批判的社会理论禀承了马克思主义的批判的否定的传统，批判实证主义的形而上学历史观，把历史描述为可能性的领域。历史虽然受过去与现在的制约，但不受过去与现在的支配。解放的基础是人民对于历史性的意识，而对于历史性的意识即对于统治的非永恒性的意识。当然在一些学者看来，马克思主义自身也存在一些实证主义因素。

新一代西方马克思主义批判理论

在某种程度上可以说，20世纪初法兰克福学派诸君对大众文化、大众媒介的讨论与批判开了当代媒介文化批判研究范式的先河。随着时代的发展，阿多诺等人在当时提出的理论观点在今天看来或许有点偏激或与现实不相适应，但是，其批判的方法和主要的理论观点仍然被今天的媒介文化研究者不厌其烦地反复使用、征引。在法兰克福学派之后，所谓的女权主义、霸权理论、文化研究等的兴盛更加丰富了批判理论的研究方法，研究者也对当代媒介问题给予了更大的关注。尽管法兰克福学派、英国文化研究等理论流派在某种程度上对马克思主义经典作家的理论观点进行了一定的修正，但是，马克思主义研究方法的许多主要观点并未改变——至少，其批判的研究方法没有消失。对媒介的批判研究方法在今天的西方学界仍然有着旺盛的生命力，新一代西方马克思主义批判理论家便是其中最为主要的代表。

所谓的“新一代”（nextgeneration）这一称谓来自于美国德克萨斯大学主办的“启迪：批判理论网站”。[1] 该网站将阿多诺、本雅明、弗洛姆、霍克海默、哈贝马斯和马尔库塞列为“经典”（classical）批判理论家，而将本·阿格、斯蒂文·贝斯特、斯蒂芬·布隆纳、道格拉斯·凯尔纳等人列为“新一代”批判理论家。近几年来，国内学界也开始关注新一代西方马克思主义批判理论家的观点和主张，他们的主要著作大多被翻译成中文，并受到了广泛的关注。

应该说，所谓的“新一代”西方马克思主义批判理论家并未像法兰克福学

1 “启迪：批判理论网站”网址：http ：//www.uta.edu/huma/illuminations/

派那样形成一个固定的学派，他们在观点、主张和研究方法、研究立场等方面也有着很大的差异，但是，从其关注的焦点及其理论方法来看，新一代西方马克思主义批判理论家在以下几点上是共同的。

第一，在学术渊源上，他们都受到西方马克思主义理论传统的影响，有着浓厚的法兰克福学派批判理论背景。"启迪：批判理论工程"网站对"第三代"批判理论家的界定是："第三代批判理论家是那些受到法兰克福学派遗产直接影响的当代理论家。他们的作品强调种族、性别、阶级、科技以及后现代带来的挑战等问题。他们的作品延续了社会批判理论的工程，在日益复杂的当代境况中推进了批判性的思考。"[1] 新一代西方马克思主义批判理论家大多是以法兰克福学派的批判理论研究而奠定其学术地位，并在某种程度上继承了法兰克福学派的学术传统。道格拉斯·凯尔纳的《批判理论、马克思主义与现代性》、《赫伯特·马尔库塞与马克思主义的危机》、斯蒂芬·布隆纳的《批判理论及其理论家》、马克·波斯特的《批判理论与后结构主义》等等，都是法兰克福学派批判理论研究的重要作品。

第二，新一代西方马克思主义批判理论家继承法兰克福学派的批判理论的同时，也吸纳各种新的理论方法（如法国新社会理论、后结构主义、英国文化研究等等），力图以此重构批判理论，以将当代社会的新变化理论化。在《后现代理论》一书中，贝斯特和凯尔纳呼吁"重建社会批判理论"："我们呼吁在批判的前提下，将现代理论与后现代理论批判地结合起来，以便既能图绘出社会组织和社会冲突中的那些较为广泛的方面，同时又能图绘出其片断性的方面以及各种微观领域。"在批判理论重构的过程中，新一代西方马克思主义批判理论家大都保留了马克思主义立场和方法。凯尔纳认为："我们仍然生活在资本主义社会，并且，只要我们还生活在资本主义社会，那么马克思主义将仍然是合乎时宜的。"[2] 他毫不隐晦地说："同那些宣称马克思主义在现时代已经逐渐过时的人相反，……我认为马克思主义仍然具有对现时代进行理论概括和批判现

1 见"启迪：批判理论工程"网站（http：//www.gseis.ucla.edu/faculty/kellner/Illumina%20Folder/index.html）对"第三代"批判理论家的介绍。

2 俞可平主编：《全球化时代的"马克思主义"》，中央编译出版社 1998 年版，第 35 页。

时代的资源”。[1]

第三，新一代西方马克思主义批判理论家大多注意到了当前社会所处的转型时期，以及当代媒介（特别是当代大众传媒）在这一转型时期中所引发的种种新奇现象。因此，他们的批判理论有很多是围绕当代媒介文化问题而展开的。比如，在《信息方式》一书的导言中，马克·波斯特就指出，当前交往模式的变化无疑会引起主体的变化，语言包装的变化改变着主体将意符转化为意义的方式，当语言从口传包装和印刷包装转换到电子包装时，主体与世界的关系也就被重新构型。因此，我们要成功论证电子媒介交流对主体的影响，就必须在社会领域建立理论，对社会批判理论最根本的理论假设，甚至对更普遍的社会科学的最根本的理论假设提出质疑。[2] 在《第二媒介时代》中，马克·波斯特则更明确地指出："本书关注的重点将是如何发展一种社会批判理论，以便能解释清楚呼之欲出的第二媒介时代普遍的文化重组。"[3] 在新一代西方马克思主义批判理论家中，马克·波斯特的"信息方式"、"第二媒介时代"，道格拉斯·凯尔纳的"媒介文化"、"媒介奇观"等理论观点的提出，都是以传统批判理论为基础，借鉴、吸纳新的理论方法对当代社会的种种新奇现象加以解释，这些观点在当代学界也都产生了广泛的影响。

在这里，西方新一代马克思主义批判理论家成长起来，形成了一道闪烁着创造性的思想辉光的精神长廊，他们是时代的批判理论的新一代探索者。

理查德·沃林（Richard Wolin）

理查德·沃林美国莱斯大学历史系现代欧洲思想史教授。西马批判理论家。著有《存在的政治》（1990）、《文化批评的观念》（1992）、《本雅明：救赎的美学》（1996，第二版）。通过这些著作，理查德·沃林确立并巩固了他作为当代著名社会理论家和法兰克福学派重要的美国传人的权威地位。在其代表性的论著《文化批评的观念》中，沃林审视了当代思想界四个主要流派，即法兰克福学派、存在主义、新实用主义和后结构主义的文化批评观。他试图揭示这些理论

1 俞可平主编：《全球化时代的"马克思主义"》，中央编译出版社 1998 年版，第 27 页。

2 马克·波斯特：《信息方式》，范静哗译，商务印书馆 2000 年版，第 20 页。

3 马克·波斯特：《第二媒介时代》，范静哗译，南京大学出版社 2000 年版，第 4 页。

在什么地方发展了现代理论和价值的重要批评方法，在什么地方它们的贡献退居自由主义、启蒙运动和批判的马克思主义之后。沃林的立场是新马克思主义的，深受法兰克福学派、特别是哈贝马斯的影响。他寻求通过与其它理论的磨合建立更加强有力的现代马克思主义批判理论的地位。他反对将法兰克福学派解读为一种统一的运动，指出该学派不同人物实际上提出了不同的理论概念，而且在整体上，法兰克福学派成员对理性本质的看法怀有很大的分歧。因而，对阿多诺、霍克海默和马尔库塞所提出的“工具理性”的批判，仅仅表现出把理性与支配结合起来的态度（在此种情况下）的一个侧面。沃林指出，在30年代末，为了回应每况愈下的政治形式和正在崛起的实证主义，霍克海默和马尔库塞发起了一次“理性主义的转折”，从而在西方理性主义中找到了重要的批评源泉。沃林同意阿多诺的艺术具有重要的认知和乌托邦功能的观点，但他认为阿多诺将美学体验降低为实用主义功能，因此对艺术的看法带有过分的倾向性。沃林同时对阿多诺理论中的精英特性进行了批评，认为艺术不仅应该对哲学家和批评家有意义，而且还应该为形形色色的受众敞开大门。在此，沃林将阿多诺的现代主义框架抛在脑后，而倾向于认同一种后现代观点，以寻求艺术与日常生活和大众更深的交融。但沃林也注意到这一立场是有缺陷的，因为它有可能在将艺术融于当代生活中时，完全丧失其潜在的对现存社会的批判作用。所以，他认为阿多诺的“否定美学”对于当代文化的理想的发展，仍是一个有效的安全阀。

本·阿格（BenAgger）

本·阿格，德克萨斯大学阿林顿校区社会学系教授，西方马克思主义批判理论家，理论中心主任，著有《享乐资本主义：一个意义批判理论》1989，《话语的衰落：后现代资本主义里的阅读、写作和抵抗》1990，《统治的话语：从法兰克福学派到后现代主义》1992，《公共社会学：从社会事实到文学行动》2000，《自我与网络社会》2002等著作。

批判理论、后结构主义理论和后现代主义理论是哲学、美学理论、文学批评和女性研究领域的研究者最为熟悉的知识传统。今天，相当多的美国社会学家开始通过数量丰富的论著表现出他们对这三种理论学派的纯熟运用，文学阐释中也对之频繁应用。德里达的解构主义、法兰克福学派、后结构女性主义电影批评、法国女性主义和文化研究的阐释性著作充斥人文类的书店。德里达本身实际上已成为一种学科。

批判理论、后结构主义及后现代主义对人文学科的疆域提出了挑战，包括它与其它人文科学的差别以及它对解决智慧性问题的方法论的严重依赖。这三种理论视角通过使得传统学科的边界变得模糊的方式重新定义了人文科学和文化研究。它们通过解构主观的学科差异对学科间性(interdisciplinarity)都有所贡献。德里达关于阅读的策略强调了试图将自己与其它版本、作者及学科的浸染性影响隔绝的作品的文本间性(intertextuality)。他指出所有文本都被其它文本扭曲到名副其实的学科间性的程度。

本·阿格还提出，要划分建树型后现代主义者和批判性的后现代主义者。前者支持以意识形态为目的的哲学，是肯定论的后现代主义者，后者则以对现代性的强烈批判为特点。

马克·波斯特(Mark Poster)

马克·波斯特，美国加州大学厄湾校区历史学教授，西方马克思主义批判理论家，批判理论研究所所长。著有《福柯、马克思与历史》、《批判理论与后结构主义》、《信息方式》、《第二媒介时代》等，编译著作有鲍德里亚《生产之镜》、《鲍德里亚文选》、《政治理论与当代文化》等。受到马克思"生产方式"概念的启发，马克·波斯特提出了"信息方式"的概念。表明电子媒介及其所产生的影响正日益成为我们社会关注的中心问题："在把马克思的'生产方式'与我的'信息方式'相提并论时，我有几个方面的意思。首先，我想通过这一概念表明，在当今的社会，尤其是在美国和其他高度工业化的国家，符号的文化交流日益居于中心，日益成为社会中最重要的方面之一，甚至成为生产过程本身最重要的一个组成部分……今天，产品是如何生产出来的已经不那么重要，重要的是人们彼此怎样地变换符号。"

波斯特还深入批判了那种将赛伯空间并入现有的民主形式的主张。他认为，在赛伯空间中，身体与精神的关系、主体与机器以及新的时空适用域的关系已经改变，这暗示了互联网中的政治不会只是作为旧的统治方式的增补，而是标志这新的权力关系将在电子社会中建立起来。波斯特发问，进入了数字时代的赛伯空间，人们还能继续保持先前植根与地域的种族身份？他认为，有了互联网，就可能出现一种全新的全球政治。那么因特网是什么？它不是笛卡儿所谓的“广延物体”，而与以往的任何形式都不相同。

马克·波斯特还在他的《网络民主：互联网与公共空间》一文中发表了一通榔头与德国的高论，蛮有意思：因特网与其说是一种东西，毋宁说它更像一个社会空间，因此它的作用与其说是榔头意义上的，毋宁说是德国意义上的。德国对于其国内人民的作用是让他们成为德国人（至少对大多数人来说是如此）；尽管海德格尔的追随者和其他一些人有可能不同意，但榔头的作用并不是使人们成为榔头，而是要把金属的钉子敲进木头里去。只要我们把因特网看作是一把榔头，我们就无法将它的方式认为是德国意义上的。问题是在现代性的宏大叙事中，因特网是一种高效率的传播工具，现代的观点倾向于把因特网贬低为一把榔头。

斯蒂文·贝斯特（Steve Best）

斯蒂文·贝斯特，哲学博士，德克萨斯大学埃尔帕索校区人文科学与哲学教授。西方“后”马克思主义批判理论家。贝斯特与凯尔纳这两年在国内风头正健，他们合写的两部重要著作《后现代理论：批判的质疑》（中央编译出版社，2001）和《后现代转向》（南京大学出版社，2002）都在国内正式出版，产生了较大的反响。贝斯特认为过去的数十年，无论在理论、艺术和科学中都发生了一个后现代转向，它主要是一种范式的转变，如有些人所认为的，是从现代到后现代的划时代转变。生活中各个方面的巨大动荡与变化使许多人认为，我们已经跨越了现代时期而正在进入一个新的后现代时期。这些观点激起了过去 20 多年中关于后现代问题的争论（参看贝斯特 Steve Best、凯尔纳 Douglas Kellner 的著作，1991），引发了现代与后现代拥护者之间的理论论争。由于各种文化、技术、经验的新形态及经济、政治、社会的惊人变化，使得当代社会与它之前的生活形态出现了明显的断裂，从而带来了现代时期的终结。在文化领域，最近的十几年中出现了对现代主义的否弃，同时各类艺术中的后现代主义遍及从电影到新兴多媒体的各个美学领域。此外，后现代主义的理论也波及学术界的各个领域，对包括科学在内的众多领域中的知识传统提出了挑战并且已经改变了它。

我们把这种表现在社会生活、艺术、科学、哲学中的巨大变化称为“后现代转向”理论。在这本书中我们提出，我们已经进入现代与后现代之间的一个新的、巨大而未知的疆域。后现代转向包括在广泛领域中从现代到后现代理论的转变及向一个新范式的趋动，这一范式以新的方式观察和阐释世界。后现代转向还包括后现代政治的出现，后现代特征的新形态及文化、技术的新结构。特别是书中提出这样一个观点，即我们已跨越现代主义，进入一个新的（后的）带来挑战、危机与可能的历史空间。

道格拉斯·凯尔纳（Douglas Kellner）

道格拉斯·凯尔纳，哲学博士，德克萨斯大学奥斯汀校区哲学教授。西方马克思主义批判理论家。凯尔纳的《法兰克福学派与英国文化研究的错位》和《波德里亚：一个新麦克卢汉？》两篇文章。前者探讨了批判理论的两个重镇法兰克福学派与英国文化研究学派在理论和实践上的联系与区别，凯尔纳认为，在过去的几十年里，英国文化研究倾向于极度藐视或丑化法兰克福学派所提出的大众文化批评。法兰克福学派一直被讥讽为“精英分子和杰出人士”，或被指责为忽视了对文化研究方法和事业的关注。这的确是一种令人遗憾的误解。因为在凯尔纳看来，尽管两派在研究方面存在着明显的分歧，但仍然有许多推动两派之间对话的共同之处。同样，这两派之间的差别和分歧的接位很可能产生富有成效的效果，实际上，两派某种程度上都克服了另一派的不足和局限。因而，双方的接位能够产生新的视角，并将有利于推动一种新的朝气蓬勃的文化研究。所以，法兰克福学派和英国文化研究在方法上不是对立，而是相互补充的，并以新的形式接位在一起。

凯尔纳还对当代批判理论的“最先进的媒介和社会理论家，一直被推崇为新的麦克卢汉”的波德里亚进行了论述。波德里亚的新后现代社会理论认为：媒介、模拟以及被他叫做“赛博闪电战”的东西构成了一个新的经验领域、新的历史阶段和新的社会类型，我们必须对此作出理论上的反应。凯尔纳认为，我们已经跨进新世纪，进入到一个崭新的文化时期，其中全球化媒介和计算机技术正产生着深刻的变化。在这样一个时代，我们需要一种文化研究，来分析当前全球化文化产业中政治经济因素、新媒介技术、产品的大量出现以及各种各样的大众消费方式。凯尔纳认为法兰克福学派对于当前的文化和社会形势分析尤为重要，因为该流派聚焦于当代资本主义社会中的技术、文化产业和经济形式之间的相互渗透的研究。既然当前的时代受到新媒介和计算机技术的强烈影响，所以，我们需要发现或找到某些新的视角来研究技术、文化和日常生活的这种渗透。凯尔纳认为，法兰克福学派和英国文化研究不是对立的、冲突的，而是有共同基础，可以相互沟通的并互补的。二者为我们提供的研究资料能够批判地分析和改变我们当前的社会形势，来发展一种新的，不同于以往批判理论的具有实践性的社会批评理论和文化研究。

斯蒂芬·布隆纳(Stephen Bronner)

斯蒂芬·布隆纳，鲁特格斯大学政治学系教授。西方马克思主义批判理论家。著有《批判理论及其理论家》，作者写作这本书的目标不是要提供该理论的详尽发展史，而是力图重建批判理论的激进目标，评估其当前合法性中的不足。作者采用了批判理论中“解放的迫切性”这一核心术语来审视批判理论自身。作者认为，批判理论不是一个体系，也不能被简约为一个排斥他者的封闭系统。可能正是基于此点，批判理论传统中的重要学者们均采用了一种特殊的文体表达方式。这种文体，因其内在的未完成性，而构成了一种独特的逻辑形式，具有反系统和自我反思的特质。《批判理论及其理论家》力求恢复批判理论最初的跨学科性质，因而其讨论涉及到哲学、美学、政治学、人类学、历史等诸领域。从新一代研究批判理论的著作中我们看到，批判理论本身是流动的，它已不再可能归属于某个既定学科或思潮，这种学科间性的发展，取决于它能否根据新的现实条件来超越诸种旧的观念。当然，这并不能证明无须为批判理论提供一个一般的定义或理解(后者只能导致反启蒙主义)。所以，本书试图把批判理论界定为在解放观念鼓舞下的一种理论大集合。

批判理论一开始就明确表达了消除社会不公的浓重的批判意识。它努力揭示出，在科学貌似中性的表述中，人性被压抑的状况，并不少于潜藏在本体论中的。因之，批判理论一直执着于建构知识社会学和“意识形态批判”。但是，它对现存秩序的固有的或内在的批判中也保留了一瓣超越的或乌托邦的色彩。

第十二章　道格拉斯·凯尔纳的媒介批判理论[1]

道格拉斯·凯尔纳是新一代西方马克思主义理论家的代表人物之一。在继承法兰克福学派、英国文化研究等西方马克思主义理论的基础上，凯尔纳对媒介文化、媒介奇观等当代文化现象提出了很多富有启示性的理论观点。在对新一代西方马克思主义批判理论家的理论特点进行梳理的基础上，本章将道格拉斯·凯尔纳置于西方马克思主义的发展脉络中，以此凸显凯尔纳对马克思主义理论的继承与发展。本文对凯尔纳的媒介文化观、媒介批判理论进行了较为详细的梳理和介绍，并以理性的眼光对道格拉斯·凯尔纳媒介批判理论的不足之处进行了批判性审视。

在当代西方学界，马克思主义的发展仍然呈现出勃勃之势。以“是否承认辩证法和无产阶级使命”为标准，美国纽约大学教授贝特尔·奥尔曼将当代西方马克思主义划分为“真正的马克思主义”和“修正的马克思主义”。仅是最近十几年西方出现的“修正的马克思主义”，贝特尔就列出了“文化马克思主义”、“社会运动的马克思主义”等十类。[2]“修正的马克思主义”已经成为当代西方学界一支十分重要的学术力量。它们在马克思主义理论的基础上，借鉴、吸收其他理论成果，对马克思主义的丰富和发展产生了重要作用。

对于西方马克思主义理论，中国学者尽管在态度上有着很大的分歧，但是，关注“西马”理论、在扬弃的基础上借鉴其有益因素却已经成为一种普遍

1　本章由闫玉刚撰写。闫玉刚，文学博士，中国传媒大学副教授。

2　贝特尔·奥尔曼：《西方马克思主义研究中的十个新流派》，见“文化研究网”http：//www.culstudies.com.

的共识。在文学、文化研究领域，以法兰克福学派、英国文化唯物主义、伯明翰学派等为代表的当代西方“文化马克思主义”对中国学界的重要影响已经是有目共睹的事实，它们甚至一度成为国内学界对待“大众文化”、“当代审美文化”的一种固定的批判“模式”。

西方马克思主义发展脉络中的道格拉斯·凯尔纳

对于西方马克思主义，不同学者将之划分为不同的发展阶段。周穗明先生主编的《20世纪西方新马克思主义发展史》将20世纪“西方新马克思主义”划分为四大阶段：第一次世界大战和欧洲革命前后“新马克思主义”的初创时期；两次世界大战期间“新马克思主义”的形成时期；战后“新马克思主义”的发展时期；70年代后“新马克思主义”的多元化时期。其中，以后现代主义为方法论主流的70年代以后的“新马克思主义”，是“新马克思主义”发展史上最为多元化的异端的一代。[1]也有学者将西方马克思主义的发展史划分为形成阶段（20世纪20年代初～30年代初）、发展阶段（20世纪30年代初～60年代末）和转向阶段（20世纪70年代以后）。[2]

在西方马克思主义的发展脉络中，凯尔纳属于20世纪70年代后西方马克思主义“最为多元化和异端的一代”。凯尔纳秉承了法兰克福学派批判理论和英国文化研究的理论传统，并力图寻求二者之间“失去的联合”，在综合二者理论方法的基础上，以“多视角文化研究”等理论方法重构当代社会批判理论。我们可以说，在凯尔纳的理论方法中，法兰克福学派、英国文化研究这一西方马克思主义传统是其立足点；女权主义、法国新社会理论等各种后现代主义理论方法是其吸收的有益元素；纠正文化研究后现代转向之后政治经济学、文化生产因素、批判维度的缺失是其目标所在；通过“诊断式批评”等方法揭示当代媒介文化背后的政治权力关系，并以此提高受众的“文化认知力”，实现更加美好、平等的民主前景是其理论的现实旨归。

---

1 参见周穗明主编：《20世纪西方新马克思主义发展史》，学习出版社2004年版。

2 王凤才：《追寻马克思——走进西方马克思主义》，山东大学出版社2003年版，第9—11页。

在西方世界，20 世纪是一个“文化焦虑的时代”，文化的自觉、文化的焦虑、文化的危机、文化的反抗、文化的批判在 20 世纪西方理论界一直占有十分重要的地位。而在各种有关文化批判的理论话语中，西方马克思主义的文化批判理论又成为一道颇为引人注目的亮丽风景线，“文化批判构成了西方马克思主义的理论核心和聚焦点”[1]。

对于西方马克思主义对文化问题的强调，凯尔纳用“文化马克思主义”（Cultural Marxism）一词进行了概括。并且，在《文化马克思主义与文化研究》（Cultural Marxism and Cultural Studies）[2] 一文中，凯尔纳对 20 世纪西方“文化马克思主义”的发展脉络进行了简单的梳理。

马克思、恩格斯等马克思主义经典作家很少涉及文化现象。对马克思和恩格斯来说，一定时期的文化观念服务于统治阶级的利益，为阶级统治阶级提供合法化的意识形态。在凯尔纳看来，马克思、恩格斯等马克思主义经典作家没有发展一种持续不变的文化分析模式。在马克思之后的第二代经典马克思主义者（the second generation of classical Marxists）更少关注文化问题，只是将视野狭隘地集中于经济和政治方面。

从 1920 年代开始，一批马克思主义者开始转而关注文化现象。乔治·卢卡契、本雅明、阿多诺等人坚持了马克思主义的文化分析模式，将马克思主义的理论方法主要用于文化现象的剖析。葛兰西的霸权理论，被卢卡契、布洛赫等人发展了的意识形态概念、乌托邦理论和历史唯物主义文化分析模式影响了法兰克福学派的文化研究轨迹。通过对以前马克思主义文化分析模式的继承和发扬，法兰克福学派开创了拉扎斯菲尔德所说的传媒研究的批判研究模式。在 1960 年代之后，文化马克思主义在整个欧洲和西方世界都产生了重要的影响，法国的罗兰·巴特、泰凯尔集团、意大利的德拉·沃尔佩、卢西奥·科莱蒂以及英语世界的弗雷德里克·詹姆逊、特里·伊格尔顿等人都运用了文化马克思主义的方法模式，对文化的生产、阐释、接受进行剖析和批判。其中，继承文化马克思主义方法并对以后的文化研究模式产生重要影响的一个最为

1　衣俊卿等:《20 世纪的文化批判》，中央编译出版社 2003 年版，第 57 页。

2　Douglas Kellner，“Cultural Marxism and Cultural Studies”，http : //www.gseis.ucla.edu/faculty/kellner/index.html

主要的流派就是英国伯明翰学派。

如果说法兰克福学派阐明了国家垄断资本主义(或者说福特主义)时期的文化境况的话，那么，英国文化研究则主要是阐明了新型资本主义阶段(或者说“后福特主义”)的文化境况。文化研究学派的代表人物——如理查德·霍加特、雷蒙·威廉斯、斯图亚特·霍尔、理查德·约翰森等——对文化马克思主义进行了进一步的发展。在20世纪80年代中期以后，文化研究开始走向全球。在文化研究走向全球的过程中，文化研究开始与各种后现代理论互相融合，产生了所谓的文化研究中的“后现代转向”。与文化研究“后现代转向”相伴而生的文化民粹主义、消费主义等理论方法，在一定程度上背离了文化马克思主义，丧失了对文化生产的关注，丧失了文化分析中的政治经济学维度和批判视角。凯尔纳对此极为不满，力图以自己的努力弥补文化研究“后现代转向”中存在的种种不足。

从以上凯尔纳对20世纪西方文化马克思主义的简单梳理，我们可以更清楚地看到凯尔纳在西方马克思主义发展脉络中所处的位置，对此，我们可以以图表的形式简单表示如下。

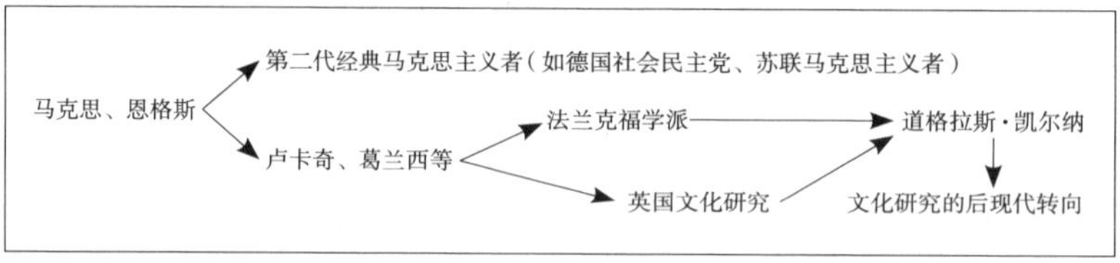

在这一“文化马克思主义”的发展脉络中，凯尔纳继承了卢卡契、葛兰西、法兰克福学派、英国文化研究等西方马克思主义的理论方法，并在此基础上借鉴、吸收了各种后现代理论，力图重构批判社会理论，使之适合当代社会新的文化现象。

媒介文化与媒介奇观

1.“媒介文化”概念的提出与界定

在凯尔纳看来，“大众文化”和“通俗文化/流行文化”的概念都不适合用来描述当前的文化现象。“大众文化”在人为制造高雅 / 低俗的二元对立，轻视大众及其文化的同时，还“调和了文化矛盾，将互相对抗的实践和群体化解为一种中性的‘大众’”；[1]“通俗文化 / 流行文化”意味着此种文化现象是“自下而上”地来自于民众，它忽略了这样一个事实：“正是一种自上而下的文化形式常常把受众降格为一种对已简化过的意义的被动接受者。”[2]因此，与其使用诸如“大众”、“通俗 / 流行”之类的意识形态标签来标识当前的文化现象，不如直接谈论文化与传播、文化与媒介，即“媒介文化”。凯尔纳认为，媒介文化的概念避免了“大众文化”、“通俗文化 / 流行文化”所蕴涵的内在的意识形态性，同时也提醒人们关注文化得以生产、流通和消费的社会语境。在凯尔纳看来，在文化和传播之间作出区分是武断的和生硬的，应该予以解构，“不管人们是将‘文化’看作是高雅文化的产物、人们的生活方式、人类行为的语境，还是把它当作任何别的什么，文化总是与传播密切相关的。一切文化要成为一种社会的产物从而名副其实地变成‘文化’，就既是传播的主宰，又被传播所主宰，因而就其本质而言，也是传播性的。……既没有无文化的传播，也没有无传播的文化。”[3]

凯尔纳的媒介文化概念是在当前的社会文化语境中提出的。“它意味着我们的文化就是（is）媒介文化，说明媒介已经拓殖了文化，表明媒介是文化的发行和散播的基本载体，揭示了大众传播的媒介已经排挤掉了诸如书籍或口语这

1 Douglas Kellner，Media Culture：Cultural Studies，Identity and Politics Between the Modern and the Postmodern，New York and London：Routledge，1995，P33.（中译本参见道格拉斯·凯尔纳《媒体文化——介于现代与后现代之间的文化研究认同性与政治》，丁宁译，北京，商务印书馆 2004 年版，第 58 页。）

2 Douglas Kellner，Media Culture：Cultural Studies，Identity and Politics Between the Modern and the Postmodern，New York and London：Routledge，1995，P33.（中译本参见道格拉斯·凯尔纳《媒体文化——介于现代与后现代之间的文化研究认同性与政治》，丁宁译，北京，商务印书馆 2004 年版，第 33 页；中译本第 58 页。）

3 Douglas Kellner，Media Culture：Cultural Studies，Identity and Politics Between the Modern and the Postmodern，New York and London：Routledge，1995，P33.（中译本参见道格拉斯·凯尔纳《媒体文化——介于现代与后现代之间的文化研究认同性与政治》，丁宁译，北京，商务印书馆 2004 年版，第 35 页；中译本第 60—61 页。）

样的旧的文化模式，证明我们是生活在一个由媒介主宰了休闲和文化的世界里。因而，媒介文化是当代社会中的文化的主导形式与场所。”[1]

通过凯尔纳对媒介文化内涵和特征的界定，我们不难发现，凯尔纳所关注的媒介文化的特征与阿多诺等人对大众文化、文化工业的概括大致相同。但是，二者在对待这些特征的态度上却有着很大的差异。在阿多诺等“经典”批判理论家看来，大众文化或文化工业的商品化、技术化、产业化、齐一化、标准化等特征构成了一种“肯定性”的文化，它在总体上是反启蒙的，成为欺骗大众、束缚意识的手段。阿多诺等法兰克福学派“经典”批判理论家对文化工业的批判带有总体化的色彩，“它没有为自己的理论提供经验上的证据”[2]。与之不同的是，凯尔纳指出媒介文化的这些特征时，同时强调了这些特征本身的复杂性，并在具体的媒介文化文本的剖析中对这些特征进行细读式的阐释。

2．从文化到“奇观”：道格拉斯·凯尔纳的媒介奇观理论

当新千年为人类历史翻开新的一页时，媒介文化的作用和影响变得更为巨大，它已经成为联结人类经济、政治、文化和日常生活领域的“轴心势力”。“毫无疑问，媒介文化会继续成为新千年社会变革的主要动力之一，其影响比以往任何时候都大得多”[3]。技术资本主义发展到令人目眩神迷的信息/娱乐社会阶段，大型传媒机构的合并方兴未艾，在这样的背景下，当代大众媒介又制造出大量的“奇观”影像来吸引受众，“奇观”的逻辑主宰了当代大众传播媒介。

凯尔纳认为，德堡等在1960年代发展起来的奇观社会理论在今天仍然有很大的启发性，它对我们理解围绕着形象、商品和戏剧性事件而组织起来的媒介和当代社会有着重要的意义。在今天，人类的体验和日常生活在很大程度上也是由媒介文化和消费社会的奇观所塑造的。因此，凯尔纳提出了“媒体

1 Douglas Kellner, Media Culture：Cultural Studies, Identity and Politics Between the Modern and the Postmodern, New York and London：Routledge, 1995, P33.（中译本参见道格拉斯·凯尔纳《媒体文化——介于现代与后现代之间的文化研究认同性与政治》，丁宁译，北京，商务印书馆2004年版，第35页；中译本第61页。）

2 多米尼克·斯特里纳蒂：《通俗文化理论导引》，阎嘉译，商务印书馆2001年版，第85页。

3 Douglas Kellner, *Media Spectacle*. London and New York：Routledge, 2003, ⅷ.（中译本参见道格拉斯·凯尔纳《媒体奇观·英文原版前言》，北京，清华大学出版社2005年版。）

文化奇观”的概念，这一概念指的是“那些能体现当代社会基本价值观、引导个人适应现代生活方式、并将当代社会中的冲突和解决方式戏剧化的媒体文化现象，它包括由媒体制造的各种豪华场面、体育比赛、政治事件等”[1]。在当前这样一个追求媒体轰动效应的年代里，传统意义上的新闻已经屈从于奇观的逻辑，因而被戏剧化、“小报化”了。各种政治丑闻、党派纷争、表面上无休止的文化冲突和“恐怖战争”等新现象也都以媒体奇观的方式表现出来，展示在世人面前。娱乐经济的繁荣也加快了媒体奇观的发展。迈克尔·沃尔夫指出，“娱乐性”已经成为当代工商业最重要的因素之一。通过经济的娱乐化，影视作品、主题公园、电子游戏、赌场等娱乐形式已经成为美国经济的重要产业。[2]在凯尔纳看来，虽然沃尔夫对“娱乐经济”不加批判地大唱赞歌，在某种程度上已经表明他就是他自己所赞美的那些跨国集团和商业巨头们的“托儿”，但是，娱乐因素的介入的确推动了媒体奇观的发展，而且“娱乐圈”也总是制造媒体奇观的首要领地。

对德堡及国际境遇主义者来说，“奇观”概念最终成为一种文化神像，一种无所不包、无所不能的文化霸权力量，它的作用在某种程度上甚至相当于马克思部分著作中资本概念的总和。凯尔纳认为，正如资本中存在着矛盾和斗争的因素一样，奇观之中也存在着相互竞争的势力，它们利用媒体文化来实现不同的目的和计划。由此，凯尔纳指出，德堡的奇观概念显得过于宽泛化和理论化。

在《媒体奇观》一书的中文简体字版前言中，凯尔纳更为详细地指出了其“奇观”概念与盖·德堡的《奇观社会》和“国际境遇主义”组织的“奇观”概念在三个层面上的不同。

第一，德堡的“奇观社会”概念是较为单一和抽象的，带有明显的整体论色彩；而凯尔纳所探讨的“奇观”概念则是比较具体化的——例如以麦当劳为代表的消费文化奇观，以克林顿性丑闻和弹劾案为代表的政治文化奇观，或者是以《X 档案》为代表的电视文化奇观。

第二，凯尔纳研究媒体奇观的目的是力图通过对种种媒体奇观现象的阐释

---

1 Douglas Kellner, *Media Spectacle*, P2；中译本第 2 页。

2 See Michael J. Wolf, *Entertainment Economy*：*How Mega-Media Forces are Transforming Our Lives*, New York：Time Books, 1999, P4.

和质疑来解释当代美国和全球社会的特征和发展趋势，即，将文化研究作为诊断式批评的主要手段，对当代社会中的各种奇观现象进行解读和阐释；而德堡更关注的是对资本主义制度本身进行批判，目的是寻找具有革命性的替代方案。

第三，凯尔纳着重分析了媒介奇观中的矛盾和逆转现象，而德堡认为所谓“奇观社会”似乎是无往而不胜的。在对媒介奇观的剖析和解读中，凯尔纳一方面关注麦当劳、迈克尔·乔丹、《X 档案》等当代媒介奇观现象所代表的全球资本主义趋势，同时，更为详细地讨论了在这些奇观现象中所蕴涵的种种矛盾和斗争，并从种种矛盾斗争中揭示当代技术资本主义条件下，寻求替代性政治的可能性。而在德堡和“国际境遇主义者”那里，种种逆转和矛盾现象则没有被纳入视野之内。

当代技术资本主义的新现实创造了大量的媒体奇观，同时，在这种社会语境中产生的媒体奇观也成为记录当代社会品味、希望、恐惧和幻想的“晴雨表”，成为当今的“时代符号”。“只有运用批判理论来解析媒体文化奇观，才能更深刻地理解当代政治和社会的历史兴衰，才能更深入地揭示人类进入新千年之后所经历的各种变化，才能更全面地把握既存的社会现实和新兴的文化趋向。”[1]关注和剖析媒介奇观，其目的就是回到现实的社会语境，“揭示当代社会文化状况中的新特点”[2]。

道格拉斯·凯尔纳的媒介批判理论

1．媒介文化研究需要多视角的解读方式

凯尔纳认为，为了抓住媒介文化文本中的整个政治和意识形态的态度，我们必须采用一种多视角的文化研究。视角就是一种眼光，一种看待事物的方式，而批判性的方法则可以解释为一种使人们能够认识到文化制品各种特点的途径。每一种批判性的方法都从一个特殊的角度关注对象的特定面貌：特定的视

1 Douglas Kellner, *Media Spectacle*. P17；中译本第 21 页。

2 Douglas Kellner, *Media Spectacle*. P16；中译本第 20 页。

角聚焦或阐明一种文本的某些特点，同时也忽视了另外的一些特点。人们考察文本以进行意识形态的分析和批判的视角越多，就越能全面地掌握文本的意识形态维度及其衍生物。因而“多视角的方法将会提供一个批判武器的仓库，一系列解剖、阐释和批判文化制品的视角。”[1]

在《文化研究、多元文化主义与媒介文化》一文中，凯尔纳指出，在最强有力的意义上讲，文化研究应该包括三个层次：文化的政治经济学、文化文本以及受众对文本接受和效果。这种全面的方法避免了对于某一方面的过于狭隘的关注，而忽视另外一些因素的危险。为了避免过于狭隘的视角，凯尔纳提出了多重视角的方式，它们包括：（1）讨论生产和政治经济学；（2）致力于文本分析；（3）研究文本的使用和接受。[2]

在凯尔纳看来，近期的文化研究过于忽视了文本的政治经济学。他认为，“将文本嵌入其生产和流通的文化体制，能够阐明被单纯的文本分析所忽视的种种特征和效果。”[3]政治经济学还有助于确定政治和意识形态话语的局限和范围。比如，通过对美国电视的研究，凯尔纳发现，美国电视的所有者从里根主义政策中获得好处，这使电视媒体对里根的批评有所减少，并表现出对里根保守主义的普遍支持。今天，更多的媒体和文化企业合并，少数媒体控制了更多的全球性文化生产和流通。在这种全球化的语境中，如果不分析信息的生产和政治经济学，以及实际文本的接受过程，人们就很难理解大众媒介在海湾战争等重要的国际事件中所扮演的角色。

但是，在全球化的时代中，人们也必须意识到，全球性的文化生产和流通网络正在走向利益整合，单纯的政治经济学方法并不能抓住媒介文化现象的重点所在。在对媒介文化文本的分析过程中，我们也应该避免经济还原论的倾向。某些政治经济学分析把文本的意义和效果化约为统治阶级和占统治地位的经济力量的单纯反映，这也是不对的。媒介文化确实在很大程度上受到资本主义价

---

1 Douglas Kellner, *Media Spectacle*. P99；中译本第 168 页。

2 Douglas Kellner, “Cultural Studies, Multiculturalism, and Media Culture”, http：//www.gseis.ucla.edu/faculty/kellner/

3 Douglas Kellner, “Cultural Studies, Multiculturalism, and Media Culture”, http：//www.gseis.ucla.edu/faculty/kellner/

值观的支配，但它也是一个不同种族、阶级、性别和社会组织之间进行激烈斗争的场所。因此，为了充分理解媒介文化的本质和效果，人们也应该对媒介文化的范围、意义、效果进行解剖和审视，这就是对媒介文化的文本分析方法。对媒介文化产品，我们需要进行多维度的文本细读，以分析其话语、意识形态立场、叙事策略、形象构建及效果的各种不同表现形式。

对媒介文化文本有各种不同的分析方法，但是，任何解读都仅仅是从某一批评者的主体立场出发的一种可能性解读——无论他的解读方式是多么地采用多重视角。在媒介文化文本的编码过程和接受者的解码过程之间存在着一定的裂隙，所以，特定的文本永远都有着多种不同的可能性的解读方式。要将文化研究引向深入，批评者就必须考察受众对文本的实际接受过程，考察媒介文化文本在社会中所产生的种种实际效应。

不同的受众具有不同的阶级、性别、种族、区域和政治立场，因此，他们在面临同一文本的时候，其产生的理解可能会大相径庭。因此，受众研究应是媒介文化研究的应有之意。对受众研究的强调有助于媒介文化研究超越单一的文本主义倾向。同时，凯尔纳也指出，在近年来对媒介文化现象的解读过程中，也出现了一种弊病：对受众接受研究顶礼膜拜，而忽视了生产和文本分析过程，从而导致了一种民粹主义式的狂欢。

通过以上梳理，我们不难看出，在凯尔纳那里，单纯的政治经济学、文本分析或受众研究，都不能对当代媒介现象进行深入而附有洞见的解读，唯有这些视角和方式结合起来，才能真正看到当代媒介文化的真谛所在。广泛、全面的媒介文化研究包括政治经济学、文本分析和受众研究，它提供批判的和政治的视角，使个体能够辨认出主流文化形式中所蕴涵的意义、信息和效果。

2．作为“诊断式批评”的媒介文化研究

凯尔纳认为，不管是社会批判理论还是文化研究的方法，都是为了教会人们如何解读文化，如何看待文化及其蕴含的社会意义，并发现文化如何影响人们的欲望、行为和身份认同。

在大众传媒横行的时代里，很多社会现实都被媒介编码、再现为媒介奇观。电影画面中凶猛的恐龙、庞大的泰坦尼克号游船、真伪莫辨的本·拉登录像带等等，都好像印证了波德里亚的“超现实”理论。正如康德无法区分现象和本体一样，我们也不可能将“真实”具体化。媒介奇观表达了当代社会中人们的各种不同的体验，而且，在媒介文化和媒介奇观中也表现出一种“再现政治”——即如何将种族、性别和阶级等进行编码，再通过媒介文化和媒介奇观表现出来。

凯尔纳认为，要对当代媒介文化现象的意义和影响作出更为深入的解析，就必须引入诊断式批评的方法，“诊断式批评能够揭示媒体文化如何再现主导地位的强势话语，如何传递阶级、种族、性别、性和政治等当代社会的重要问题中存在的矛盾和冲突。”[1]

通过对“神话”的揭秘式批评，罗兰·巴特力图将语言和种种媒介的再现进行“再政治化”。尽管巴特表示要和马克思主义保持距离，但他对媒介意识形态领域的分析与传播批判派的研究有着重要的相似之处，甚至直接成为后者的一部分。凯尔纳认为，罗兰·巴特的揭秘式批评为媒体文化的研究树立了典范——通过对图像进行修辞学的解析，将那些“神话”对社会生活进行殖民化的过程层层剥开，从读者的视角发展出一种独特的批评意识。

正如罗兰·巴特的“神话”的概念一样，凯尔纳也将奇观看作是将一定社会制度自然化、理想化的重要文化现象的集合体。例如，麦当劳就成为快餐业的一个“神话”，它的“金色拱门”成为由美食和欢乐组成的“神话域”的标志，“巨无霸”汉堡包更是成为美式生活的“神话”。在对这种“神话”式的媒介奇观的解读中，诊断式批评也应该“将人们熟悉的名人、体育、媒体文化和政治‘神话’层层剥开，解析其社会语境、意识形态上的意义及其在复杂的社会冲突所发挥的功能。”[2]

在凯尔纳那里，运用各种方法剖析当代媒介文化的一个主要目的就是为了教会人们如何解读媒介文化，如何看待媒介文化和媒介奇观中所蕴涵的社会意义，并发现媒介文化是如何影响了人们的观念、欲望以及身份认同。简而言之，其运用诊断式批评来解读媒介文化的目的就是要提高公众的“媒介认知力”。所谓“媒介认知力”就是指“人们用政治眼光对文化文本进行读解和批判的能

---

1 Douglas Kellner, *Media Spectacle*. P27；中译本第 34 页。

2 Douglas Kellner, *Media Spectacle*. P29；中译本第 35—36 页。

力”[1]。具备了一定的媒介认知力，我们就可以运用媒介文化更深入地认识世界，并运用文化的力量推进民主化的进程。

作为诊断式批评的文化研究不仅可以对媒体文化奇观的文本进行意识形态方面的评析，而且可以分析这些奇观的社会意义（例如如何引发人们的希望和恐惧），如何传递意识形态话语和政治立场，这将有助于我们对当代社会存在的心理症候（如焦虑情绪）、政治冲突和文化多义性进行诊断式批评。另一方面，媒体文化也表现出人们对美好未来的憧憬——这是我们进行社会批评和发动政治上的抵抗（如反美国霸权和反全球化）的基础。从这个意义上说，诊断式批评不仅可以揭示社会的症结所在，而且还通过治愈这些病症的手段，为社会变革和建立更加美好的新世界打下心理基础。

因此，凯尔纳试图将媒体批评和媒体教育结合起来，以提高大众解读媒体文化的能力，从而认识到媒体文化既可以被用来再现社会现实，也可以被用来解析社会现实。

“总之，将文化研究与诊断式批评相结合旨在运用社会批判理论来解析媒体文化现象，通过对文本的细读和语境分析来深入阐释当代社会文化。”[2]诊断式批评可以揭示现存社会体系中的矛盾和问题，解析当代人的恐惧和希望，阐释各种政治、社会和商业集团势力之间冲突的本质。西方马克思主义者和女权主义者将主流文化看作征服和压制的势力。而“民粹派”的文化研究则夸大了大众对主流文化的抵制，低估了主流文化对大众的征服和压制。凯尔纳主张把社会文化看作一个充满征服与抵抗、压制与斗争、同化与异化的竞技场。从这个意义上说，文化研究通过对主流文化和意识形态霸权的批判。为大众对主流文化的抵抗和斗争埋下了伏笔，从而为社会变革的进行铺平了道路。

3. 对传播政治经济学与文化研究之分歧的弥合

在媒介研究领域，传播政治经济学与文化研究的争论由来已久。安德烈亚斯·维特尔（Andreas Wittel）曾经不无感慨地说道：“传播政治经济学与文化

---

1 Douglas Kellner, *Media Spectacle*. P30；中译本第 37 页。

2 Douglas Kellner, *Media Spectacle*. P29；中译本第 37 页。

研究之间的争论久久难平，这已经是众所周知的事情了。”[1]英国传媒政治经济学的代表人物彼得·戈尔丁也指出，“有这么一种争论，将文化研究放在一端，把政治经济学放在另一端。这是英国媒体研究很久以来的一种分歧，而且不断地被重提。”[2]

传播政治经济学与文化研究之间的对抗和分歧是多方面的，同样，二者之间进行联合与对话的可能性也是多方面的。在二者之间是否能够进行对话、联合方面，有两种截然不同的态度：格罗斯伯格代表了消极的观点，而凯尔纳则代表了一种积极的、过于乐观的观点。格罗斯伯格认为，传播政治经济学和文化研究之间从来就没有过什么共同的议事日程，二者之间也没有什么共同点可言。[3]与格罗斯伯格不同，在凯尔纳看来，传播政治经济学和文化研究之间分歧、争论的根源在于一个基本的假设性错误：认为传播政治经济学是根植于社会科学传统，而文化研究根植于人文科学和文本指向的研究路径。[4]凯尔纳从“传播”一词的多义性入手指出，传播的多义性使其在壁垒森严的学科划分中处于一种十分尴尬的境地：在不同的大学和研究机构中，传播被置于不同的学科之内。在某种程度上说，传播政治经济学与文化研究之间的争论就是学科划分危机的一种表征。

在凯尔纳看来，文化研究侧重于对文本进行分析和批评，其方法主要来自于人文科学，而传播政治经济学的研究方法则恰恰相反，它运用更为经验主义——从直接的定量研究到对具体个案的经验解读——的方法，对传播媒介进行研究。这两种互相冲突的研究方法指向传播领域的不同方面，具有讽刺意味的是：同处“传播”（communication）研究领域的传播政治经济学与文化研究却缺乏真正的“交流”（communication）。对传播政治经济学和文化研究之间存在

---

1 Andreas Wittel, “Culture, Labor and Subjectivity : For a political economy from below”, Capital & Class, London : Winter 2004, P 11.

2 彼得·戈尔丁、章戈浩:《彼得·戈尔丁访谈录》，参见 http : //blog.lanyue.com/blog/view.asp?id=176168。

3 Lawrence Grossberg, “Cultural studies vs. Political Economy : Is anyone else bored with this debate?” . *Critical Studies in Mass Communication*, Vol2, .Mar 1995.

4 Douglas Kellner, “Communication VS. Cultural Studies : Overcoming the Divide”, http : //www.gseis.ucla.edu/faculty/kellner/.

的分歧，凯尔纳给出的解决办法是：在一种更为宏阔的批判理论框架中对二者加以综合。

凯尔纳认为，法兰克福学派的批判理论和与英国伯明翰学派相联系的文化研究为超越这种对立和分歧提供了一种可能性的理论资源。但是，这两种理论流派仅仅是为这种超越提供了可能，我们还必须在二者的基础上加以综合，才能解决传播政治经济学与文化研究之间的分歧。

早在1989年的《批判理论、马克思主义与现代性》一书中，凯尔纳便指出，法兰克福学派的著作为超越当代媒介、文化与传播研究中的分歧提供了一个有用的框架。通过将其分析放在批判社会理论框架之中的方式，法兰克福学派将传播和文化研究置于资本主义的社会语境之中进行分析，并对传播与文化在这一社会秩序中的再生产过程及其效应进行剖析。于是，传播研究和文化研究都被整合在批判社会理论的框架之中，并成为有关当代社会理论的一部分。同法兰克福学派一样，早期英国文化研究也以跨学科性的理论方法将政治经济学与文化分析融合在一起。但是，晚近的文化研究在对消费、身份构建的强调中失却了政治经济学的批判维度，这也是文化研究遭到政治经济学批判的原因所在。在当前的情况下，我们必须重新跨越狭隘的学科分界，将政治经济学批判与文化分析融合在一种更为广阔的多视角文化研究之中。“当务之急不是传播研究和文化研究到底应该归于什么学科之内的问题，而是应该以多视角的方法超越狭隘的学科界定，……因此，我的观点是，如果人们能够将传播和文化看作是一个连续的统一体，那么，他就能够发现将二者截然划分为两个各不相干的领域是多么的武断。”[1] 从这一点来看，凯尔纳对“媒介文化”概念的引进与强调在一定程度上也是力图超越传播政治经济学与文化研究的一种努力。

对凯尔纳理论观点的批判性审视

作为新一代西方马克思主义批判理论家的代表人物之一，道格拉斯·凯尔

1 Douglas Kellner，“Communication vs. Cultural Studies：Overcoming the Divide”. http：//www.gseis.ucla.edu/faculty/kellner/

纳在媒介文化的批判性研究方面提出了很多富有启发性的理论主张。他的“多视角文化研究”、“诊断式批评”等媒介文化研究理论对中国媒介文化研究理论的构建无疑具有重要的借鉴意义。但是，作为一个媒介文化研究理论家，其理论方法的局限性也十分明显。

首先，最为重要也是为人诟病最多的就是在对媒介文化的解读过程中做了过多的主观臆想，在很大程度上是以自己的解读代替了受众的解读。尽管凯尔纳反复强调受众研究的重要性，将受众研究作为其“多视角文化研究”中一个不可或缺的重要维度，但是，在具体的媒介文化个案解读中，凯尔纳的“受众研究”却并非真正意义上的受众研究。作为批判媒介理论的重要代表人物，凯尔纳也遭到了民族志式受众研究者的批判和质疑：凯尔纳怎能确定美国的观众同乔治·布什一样对伊拉克战争具有热情？我们也不能假定公众会按照他人的设想全盘接受海湾战争的媒介表征。

在这一方面，凯尔纳也存在着与法兰克福学派相似的问题：即受众似乎在他们那里消失不见了。当然，这种漠视受众反应的表现有所不同。多米尼克·斯特里纳蒂在简要概述了阿多诺的论点后指出，阿多诺的种种观点依赖于一个受其理论限定而推论出来的主题，他的观念仅仅被其理论分析所证明。“阿多诺的意思很可能是说：真正的听众倒退得太远，变得太‘幼稚’，以至于不值得为他们的各种观点费神。”“法兰克福学派的理论家们仿佛知道人们应该做什么和不应该做什么，但却用一种人们无法理解的语言对他们这么说。”[1]因此，在法兰克福学派那里，受众被设想为“文化呆子”，消失在了阿多诺等人的“精英统治论”（斯特里纳蒂）之中。而在凯尔纳那里，受众则消失在大量纷繁不尽的材料和作者的主观解读之中。在《波斯湾电视战争》中，凯尔纳收集了大量的材料来证明媒介支持这场战争，但是，正如有评论者所指出的，这些纷繁复杂的材料过于“冗长”，一个报道接一个报道的描述令人难以卒读。进一步说，这些纷繁复杂的材料与“相信作者”（trust the author）的内容分析方式结合在一起。[2]这样，在冗长的材料和“相信作者”式的主观分析中，真正意义上的受众

1　多米尼克·斯特里纳蒂：《通俗文化理论导论》，第85、92页。

2　See *Armed Forces & Society*, Winter 1994, P497.

消失不见了。即使是对媒介“效应”的分析，也更多地是作者的主观断定，而缺少真正的受众研究和分析。正如莫里森在了解了英国1000多位成年人的思想观点后所指出的那样，在海湾战争媒体报道的接受过程中，受众不是在偏见或客观两个范畴内审视这场海湾冲突，他们更关心的是他们是否会生厌。即使受众没有感到厌烦，那么他们对媒介表征的解读也是复杂的，他们所关心的并不一定是媒介宣传最明显的形式的那些关注点。

其次，在凯尔纳那里，政治也演变成了一种学术政治。凯尔纳一再强调文化研究中政治维度的重要性，其对媒介文化进行研究的目的也是为了提高公众的“媒介认知力”，避免“看客政治”的出现，并以此为基础推动积极的社会变革和社会民主化。凯尔纳认为，“从某种意义上说，未来的政治斗争是在媒体文化奇观的舞台上展开的”，因此，“理解媒体文化奇观是我们把握和变革现存社会机制的必要条件”[1]，人类的未来在很大程度上取决于在媒体文化奇观主导的时代构建怎样的奇观以及如何复兴和重建民主政治。但是，凯尔纳的“政治”仅仅局限于“媒介”之中——不管是电影、电视还是互联网，在一定程度上混淆了现实政治与“媒介化政治”之间的区别。从这一点上说，作为美国较有影响的“公共知识分子”的凯尔纳在一定程度上又局限于“专业知识分子”的领域之中。这一点在凯尔纳最近的学术转向中显得更加富有悖论意味。最近几年，凯尔纳几乎不再关注学术问题，而是将主要精力投入到对布什政府的批判之中，不管是《从9·11到恐怖战争》、《2000：世纪大劫案》，还是其主办的“博克左派”网站，学术探讨和理性分析的影子越来越少，而公开的政治立场、时政资料的堆积越来越多。

再次，凯尔纳的“多重视角”在很多时候显得有点散乱不堪。在具体的媒介文化文本的分析过程中，凯尔纳运用了各种各样的理论方法，从马克思主义到符号学、从文本细读到女权主义、再现政治等等。一方面，这些不同“视角”的运用有时显得过于自信，表现出强烈的“相信作者”式的对读者感受的漠视。另一方面，凯尔纳也在不同“视角”之间不断变换、游移，其跨越性有时让人觉得不着边际，无所适从。

1 Douglas Kellner, *Media Spectacle*. P 177；中译本第208页。

作为一个重要的批判理论家，凯尔纳提出了种种颇富启示意义的理论主张，同时也暴露出种种缺陷和不足。对于我们来说，如何对之进行辨证的扬弃，并将其理论置于中国语境之中，关注中国媒介文化研究的本土化问题，才是关键之所在。

第十三章　第二媒介时代网络传播方式对主体的重构

——马克·波斯特[1]的媒介思想[2]

当今的世界，媒介在我们社会生活中发挥着越来越重要的影响和作用。尤其是上个世纪90年代以来，互联网的出现和迅速发展，我们生活的方方面面都受到了巨大的冲击，包括传统观念，比如真实观、主体观、身份观等，也包括我们的思维方式、生活方式等等。可以说，电子媒介更新了我们的生活也更新了我们自身。据此，国外有学者对传统的媒介工具论提出了质疑，对技术与文化的关系问题拓宽了新的思路，指出：电子媒介（尤其以互联网为代表的新媒介）及其所产生的影响正日益成为我们社会的中心问题，值得我们作哲学和文化上的探讨。本文即是以美国学者马克·波斯特的媒介思想为基点，来探讨网络传播方式对主体的重构问题。主要从以下三个方面来着手：一、第二媒介时代网络传播方式对主体自我构成的重构；二、第二媒介时代网络传播方式对主体话语身份的重构；以及三、第二媒介时代网络传播方式对主体感知方式的重构。三个问题其实分别涉及的是主体或人与自我的交流及关系，主体或人与

1　马克·波斯特，1941年生，是美国加洲大学厄湾校区历史学系和电影与传播学系教授，批判理论研究所所长。著名的西方马克思主义批判理论家。研究领域：西方文化思想史、批判理论、新媒体研究。专著有：《福柯、马克思与历史》、《批判理论与后结构主义》、《信息方式》、《第二媒介时代》、《互联网怎么了》等；编译著包括波德里亚的《生产之镜》、《让·波德里亚：作品选》、《政治理论与当代文化》等。自1995年起，他一直致力于对因特网的理论考察。

2　本章由金新撰写。金新，文学博士，中国画院博士后研究人员。

他人的交流及关系，以及主体或人与物质世界的交流或关系。笔者所力图强调的也正是马克·波斯特所关注的焦点问题：即交流和交往的问题已成为当今社会和文化的重心和主题。

有人把当今的世界喻为媒介社会，标明了媒介在我们社会生活中越来越突出的影响和作用。尤其是上个世纪 90 年代以来，由于互联网的出现和迅速扩张，我们生活的方方面面都受到了巨大的冲击，包括传统观念，比如真实观、主体观、身份观等，也包括我们的思维方式、生活方式等等。可以说，电子媒介更新了我们的生活也更新了我们自身。据此，国外有学者对传统的媒介工具论提出了质疑，对技术与文化的关系问题拓宽了新的思路，指出：电子媒介（尤其以互联网为代表的新媒介）及其所产生的影响正日益成为我们社会的中心问题，值得我们作哲学和文化上的探讨。其中，美国学者马克·波斯特就是最具有代表性的一位。

波斯特比较关注人的主体性问题。在他看来，随着新媒介的产生，媒介在个人的主体性的塑造方面起到了极为重要的作用。他认为，哲学和社会学并不能完全解释个人主体性的形成，而从媒介入手则是一个更新更具体的命题。下面，本文就从以下三个方面来论述一下此问题：一、第二媒介时代网络传播方式对主体自我构成的重构；二、第二媒介时代网络传播方式对主体话语身份的重构；以及三、第二媒介时代网络传播方式对主体感知方式的重构。

在进行具体的论述之前，让我们先来了解一下波斯特立论的基础。

一、波斯特理论的出发点

波斯特的理论主要有两个出发点：一个是西方马克思主义的，另一个是后结构主义的。

应该说，波斯特对西方批判理论情有独钟。尤其是以阿多诺、本雅明为代表的西方马克思主义理论对他的影响非常之大。在他的著作中对马克思和西方马克思主义学派的引用和继承比比皆是。在德克萨斯大学批判理论网站对批判理论重新进行的代际划分中，不再对法兰克福学派内部进行第一代、第二代或第三代的细致区分，而是将本雅明、霍克海默、阿多诺、马尔库塞、弗洛姆和哈贝马斯列为老一代批判理论家，而将美英等英语世界的批判理论家本·阿格、斯蒂文·贝斯特、道格拉斯·凯尔纳和斯蒂芬·布隆纳列为新一代批判理论家或后马克思主义理论家。其中，也包括马克·波斯特和理查德·沃林等人。这些新一代的西方马克思主义理论家针对西方新的现实语境所提出的前沿问题和敏感问题发表自己的见解和主张，力图建构一种新的社会理论。他们将视线越来越多地转向了日常生活，波斯特也一样，他的焦点就是电子媒介尤其是以网络为代表的新媒介。

波斯特曾说："我既是一个马克思主义者，也不是完全意义上的马克思主义者。很多时候人们称自己为马克思主义者却不愿意正视一些非常重要的问题，比如说对于媒介的研究。马克思是一位重要的思想家，很多研究媒介的学者也一直在受到他的影响，例如法兰克福学派的阿多诺、霍克海默、本雅明等等。"[1]

由于不同的时代背景，马克思虽然在著作中提到媒介的作用，但是并没有深入涉及媒介研究和主体的塑造问题，他认为媒介是一种精神交往，并不具备改变社会的力量；法兰克福学派多数学者虽然重视对媒介的研究，但是相对于大众传播的第一时代背景，他们更多地是把媒介作为一种技术工具来看待，而波斯特却把媒介描述成为一种物质，一种能够改变社会的文化的物质力量。比如就新媒介来说，他关注的是互联网可以塑造一种什么样的人格，而不是技术上的改变。这无疑是对西方马克思主义理论的一种发展。

波斯特的另一个理论出发点是后结构主义的理论和方法。后结构主义是一种关于语言的理论，强调交流中形式的空缺、写作的延异、话语建构主体和作用于身份的方式等。作为一种理解方式，波斯特认为，后结构主义与一个由媒介人与人的信息机器所创造的社会世界具有某些值得探索的关联。[2]

他肯定了波德里亚和哈贝马斯的批判理论中对语言层面的重视，他说："波德里亚和哈贝马斯的近作中都有一种优先考虑符号交换而非劳动的倾向。两人都把批判理论的范围扩展到能够涵盖语言现象，两人都比马克思更进一步

1 王苏娅：《马克·波斯特：用历史阐述媒介》，2006 年 9 月 13 日《中华读书报》。

2 马克·波斯特、金惠敏：《无物之词：关于后结构主义与电子媒介通讯的访谈 - 对话》，《思想文综》2000 年第 5 期。

地拉近了技术与文化的关系。表意方式变得与生产方式一样处于批判理论的中心位置。哈贝马斯的理想化言语情境与波德里亚的符号交换变成了革命理论的新基础。生产方式的转型问题必须与意义、文化和语言的转型问题一样受到批评的关注。”[1]

与此相对应，他提出了一个非常重要的概念——“信息方式”来和马克思的“生产方式”相比照。“信息方式”借用了马克思的生产方式的理论。在《德意志意识形态》以及其他著作中，马克思赋予生产方式以两方面的含义：(1)作为一个历史范畴，它按照生产方式的变化对过去进行区分和分期（区别不同的生产手段与生产关系的组合）；(2)作为对资本主义时期的隐喻，它强调经济活动，把它看作是如阿尔都塞所说的“终极的决定因素”。马克·波斯特提出在新的语境下也可以按照信息交换的方式来进行历史分期，并赋予符号的文化交流以社会的中心地位。

在把马克思的“生产方式”与他的“信息方式”相提并论时，马克·波斯特有以下几方面的意思。首先，他想通过这一概念表明，在当今的社会，尤其是在美国和其它高度工业化的国家，符号的文化交流日益居于中心，日益成为社会生活中最重要的方面之一，甚至成为生产过程本身最重要的一个组成部分。也就是说，今日的“信息方式”就如同19世纪的“生产方式”一样居于社会关注的中心。

其次，与马克思对生产方式变迁的关注一样，马克·波斯特也关心信息交换方式的变化，比如说，在20世纪，文化客体、符号客体等构成了阿多诺和霍克海默所称的“文化工业”。在这种“文化工业”中，信息交换的方式多半是单维的、独白式的和霸权性的。但是随着互联网的迅速发展，“文化工业”的信息交换方式发生了相应的变化。在他看来，这个变化的总趋向就是，文化客体的生产者与其消费者之间的信息交换越来越非中心化了。总而言之，他之所以将“信息方式”与“生产方式”相比照，是因为他看到了文化问题正日益成为我们社会的中心问题。

早在20世纪50年代初，加拿大的经济史学家、政治经济学家英尼斯就

1 马克·波斯特：《第二媒介时代》（范静哗译），南京大学出版社2000年版，第155页。

广泛分析了人类传播的各种形式、各种技术手段，提出了一种把传播技术及其发展同人类社会变迁、文明发展史联系起来考察的媒介理论，十多年后，又有麦克卢汉继续开拓这一领域，成为确立以媒介技术为焦点的研究传统的关键人物。马克·波斯特在此基础上，又向前迈进了一步，他提出的"信息方式"的概念，是意图建构一种新的理论，来恰当描述电子化交流方式，对社会互动新形式中的语言学层面进行解码。他说："我引入了信息方式这一概念，以此标示电子媒介交流的非同质性簇群。特别是电视广告、数据库、和电脑书写等符号模式，也可以说是交流方式，它们要求人们以基于语言的理论探讨它们的运作、它们的阐发方式、它们引发的支配形式以及它们为解放规划带来的前景。"[1]

他把信息方式划分为三个阶段：面对面的口头媒介的交换；印刷的书写媒介的交换；以及电子媒介的交换。第一阶段的特点是符号的互应，第二阶段的特点是意符的再现，而第三阶段的特点则是信息的模拟。在第一阶段，即口头传播阶段，自我由于被包嵌在面对面关系的总体性之中，因而被构成为语音交流中的一个位置。在第二阶段，即印刷传播阶段，自我被构建成一个行为者，处于理性/想象的自律性的中心。在第三阶段，即电子传播阶段，持续的不稳定性使自我去中心化、分散化和多元化。

二、波斯特理论的适用背景——"第二媒介时代"

"第二媒介时代"和"信息方式"都是波斯特媒介理论的核心概念，也是他最富有开创性的观点之一。

"第二媒介时代"是波斯特在其著作《第二媒介时代》中首先提出来的。为了强调以网络传播为代表的新媒介对人和社会生活的再构型，以引起人们对这一新现实的理论上的重视，他把后结构主义理论引入传播史，提出了这一概念，用以区别之前以印刷媒介为发端的大众媒介时代。也就是说，第二媒介时代，是以因特网为代表、以介入融合模式、无作者权威为特征的双向互动的媒

1 马克·波斯特：《第二媒介时代》，第191—192页。

介时代，它已经在本质上有别于以单向播放模式为特征的第一媒介时代。其主要特征就是双向互动和去中心。如果说，第一媒介时代对应于现代主义的理性传统，强调线性、有序、稳定、单向传播等特质的话，那么，第二媒介时代则对应于后现代主义的非理性，突出非线性、无序、不稳定、双向互动等特质。

波斯特认为第二媒介时代将带来一个文化普遍重组的时代。而在这一新旧更迭的临界点，原有的社会批判理论已不能充分解释新出现的文化重组现象，需要一种对原有理论的批判和反思，并针对新的历史语境和新的交往传播方式建构一种新型的社会理论，以便能解释清楚呼之欲出的第二媒介时代普遍的文化重组，指明这些前景对于文化变革的重要性。

三、网络传播方式对主体自我构成的重构

按照马克思主义的唯物辩证法，任何事物都是“自我构成”、“自我运动”、“自我发展”的，人类也不例外。现代哲学中关于主体论的一个主题就是：主体是在交往行动以及交往结构中被构成的。马克·波斯特把这个主体置于交流模式即信息方式中进行考察，探讨了信息方式的变化如何引起了主体的变化，他认为，信息方式的改变影响着接受者群体的文化心理塑造，不同的信息方式使主体随着语境的不确定性而被相应地一再重新建构。[1]也就是说，主体的自我构成是一个历史地不断建构的过程，不同的传播方式对应着不同的自我构成。比如：

口语传播方式对应的是同一的自我。口语传播是面对面的同时空交流，说话人的话语与其神情、语气、声调、手势及身体语言等共同构成信息。听与说的身份不是完全固定的，而是双向互动且可以随时逆转的。这种同时在场和语境化的口头交流形式，说话人与听者的身份、性格、情绪和其他个人因素都会融入到交流中去，并且影响着交流的形成和效果，话语的主体性十分明确。口头交流形式要求双方把言行统一起来考察，理解，它塑造的是认知主体、话语主体和行为主体同一的自我。也是没有中心、没有权威的。

1　耿占春：《书写与自我建构》，《天涯》。

文字、印刷传播方式对应的是理性自我。在书写与印刷传播中，信息传递是不同步的，时空也是分离的。在这里，产生了身体同话语行为的分离。书写者可以完全依赖语言建构一个与直接行为相分离的自我主体。书写产生的纯粹的语言形象，使得自我有了一个独立的反思和想象的空间，可以凭借语言塑造一个与自我不完全同一的理性的反思的自我。书写使得主体可以通过立言而使自我不朽。理性自我居于中心，也出现了作者权威。

而网络传播方式对应的则是想象的自我或虚构的自我。在网络传播中，时空进一步分离，语言的使用基本上与电子书写者的实体身份相脱离，脱离了阶级、地域、性别、种族、社会地位等等实体特征。人们在虚拟现实中进行的是虚拟的交往。身份以及主体都在电子交流网络中消散了。人们可以玩面具游戏，玩不同身份的游戏。可以用想象的身份、虚构的角色来进行交流、交往，可以扮演任何角色，只要你可以用语言符号去塑造它。这似乎正是电子交流网络的狂欢节般的景象。电子书写被抽离了社会交往的现场，以至身份变成了想象性的。自我变成了虚构的、多重的。

由此，也引发了对另一个问题的争议性探讨，那就是网络传播方式所塑造的这种虚构的自我会不会造成自我的分裂？对此有人认为，这种情况会使主体自我异化为分裂的人，想象的虚构的自我会与主体现实生活中的自我发生冲突和混淆，以至损害人的心理和应对现实生活的能力，同时虚拟交流也会影响现实生活中人们的真实互动关系。也有人对此持乐观态度，他们认为，现代主体的理性自我是工业社会、印刷书写的产物，它束缚了主体的自由和生动性。而网络传播方式所塑造的想象的自我恰恰解放了现代社会对自我的束缚，使它可以以多重面目展现自身，对于现代生活中身心疲惫的人们起到了一种抒解、释放和抚慰的作用，在现实世界之外建构了一个桃花源，在网络传播中建构的虚拟自我，也可以反作用于现实生活，丰富现实生活中的自我构成，并使其相互平衡、和谐。波斯特的观点比较倾向于后者，他对网络传播方式对自我构成的整塑作用是持乐观态度的。甚至赋予它一种解放的力量。他认为，网络传播方式展示了一种理解主体的前景，即主体是在具有历史具体性的话语和实践的构型中构建的。人们从此可以将自我视为多重的、可变的、碎片化的，自我构建本身变成了一项规划。

四、网络传播方式对主体话语身份的重构

在进行论述之前，有必要先了解一下福柯的话语概念。马克·波斯特将福柯的话语理论与网络传播中的数据库和电子书写相联系，分析了网络传播方式对主体话语身份的重塑。在福柯那里，话语首先是作为一种反论断(counter-position)提出的，它所针对的对象是这些人，即他们把书写理解为某一主体的表述，他们在寻求阅读与倾听行为中的意义时又从词语回到意识。福柯说："当主体制造某一种话语时，这些各不相同的形态则归结为不同的身份、地点、主体能占据或被给予的立场，归结为主体言说所在领域的不连续性……因此，我将放弃任何把话语视为一种表述现象的努力——亦即对先期确立的某种综合作用的文字翻译；我倒是要为主体性的种种不同立场寻求一个恒性场(afield of regularity)。尽管我对话语作如此构想，但它并不是一个思考、认识并言说的主体庄严地进行的展示；相反，它是该主体的消散以及该主体与其自身的不连续性可能得以确定的总体性。话语是外在性(exteriority)的空间，其中部署着一个由种种独特地点所组成的网络。"[1]

网络传播方式对主体话语身份的重构具体表现在：

1. 对作者身份的重构

网络书写一方面继续发展了由印刷书写肇始的趋势，即文本脱离作者，作者与读者之间的时空距离增加；但另一方面，网络书写又颠覆着印刷书写，文本从印刷语言的固定的线性语域，转移到了口头语言的非固定的开放性语域。换言之，网络书写行为消融了现代意义上的主客体界限，导致网络语言呈现出一种口头语言与书面语言二元交织的后现代特征。

波斯特指出，作者是一个个体，一个在书写中确认其独特性的独特存在，他/她通过其作者身份确立自己的个性，从这个程度上讲，电脑可能会搅乱他/她的整体化主体性的感觉。电脑监视器与手写的痕迹不一样，它使文本非个人化(depersonalizes)，清除了书写中的一切个人痕迹，使图形记号失去个人

1 福柯：《知识考古学》，第54—55页。

性(de-individualizes)。与笔、打字机或印刷机相比，电脑使其书写痕迹失去物质性。当待传输内容通过键盘被录入电脑时，磷光像素更显示在荧光屏上，形成字母。由于这些字母只不过代表着内存中的美国信息交换标准代码系统中的代码，可以说对它们的改变能以光速进行。作家与他/她所用的词语之间的相遇方式是短暂而立即就会变形的，简言之，是非物质的。与此相对照的是，用手划在纸上的或以打字机的键敲上去的油墨有一种不变的痕迹，难以改变或抹擦掉。一旦这些字从头脑中的意象转化成字形再现，它们就变成其作者的敌人，与他/她对抗，抵制他/她想改变或重新调整它们的努力。在相当程度上，在电脑上写作免去了从思想到字形的转化过程，却又达到同一目的。因而，作家所面对的这种再现，便与头脑中的内容或说出来的话，有着相似的空间脆弱性和时间同一性。作家与书写、主体与客体具有这样的相似之处，即走向同一性，这是对同一性的一种模拟，它颠覆了笛卡尔式主体对世界的期待，即世界由广延物体(resextensa)组成，它们是与精神完全不同的存在。

电脑书写还以另外一种方式颠覆了作为中心化主体的作者，即它引入了集体作者诸种新的可能。现在已有许多合作性的文字处理方法：一张磁盘可以在不同的作者间传来传去或邮来邮去；两个或更多的电脑可以用调制解调器通过电话线交流；区域网可以给不止一台电脑提供同时进入一个文本的可能。在这些情形中，集体加工很方便，在某些学科中这种做法已很常见。电脑为集体作者提供了一种非同步的同时性(nonsynchronous simultaneity)：写作与编辑可以在不同地点同时进行。电脑还极大地简化了对文本的增删工作。更值得注意的是，电脑化书写有助于对其自身进行集体作者新形式的实验。总之，电脑书写颠覆了作家的个性，也带来了集体作者的诸多新的可能。[1]

2. 对把关人身份的重构

“把关人”理论是由传播学四大先驱之一的卢因率先提出来的。所谓“把关人”(gatekeeper)，其中的“关”(gate)是传播者对信息做出处理的关节点，而“把关人”(gatekeeper)就是完成信息处理的角色。“把关”是对信息和新闻的选择，对于受众来说，这是一个外界世界的基本框架被全新建构的过程。但是，

1 （美）马克·波斯特：《信息方式》（范静哗译），商务印书馆 2000 年版，第 150—155 页。

这个过程并不仅仅包含对信息和新闻的选择，“把关”的过程是把来自外界的千万条信息缩减成几十条信息传递给受众的过程，它涉及处理、控制等各个方面。在传统的传播学理论上，“把关人”和议程设置理论都是从传播者角度提出来的。作为传统媒体的新闻记者、编辑和总编都是大众传播过程中的守门人。

进入第二媒介时代以后，原先的中心化的传播方式转向去中心化的、双向的传播模式，这种模式拒绝权威，也就同样拒绝了伴随大众媒介上百年的“把关人”角色，“把关人”的角色遭到了挑战，甚至面临被消解的危险。因此网络传播中的“把关人”可能是和第一媒介时代中的“把关人”全然不同的，“把关”的规则也会有所差异。

网络媒介中，无论是信息发布者还是信息接受者，他们首先都是网络媒介的共同使用者，反过来说，任何一个网络用户，都既可以在网上接受信息，也可以发布信息。当他发布信息时，他就是信息传播者；反之，当他接受信息时，他就是信息接受者。因此，网上并不存在一个固定的信息接受者群体这一概念，也就不存在传统意义上的“受众”这一概念。

在网络传播中“把关人”身份的新变化主要体现在内容选择的尺度上。网络传播营造了和以往不尽相同的媒介工作环境，媒介工作中的传统遭到挑战。在舒梅克(Shoemaker)所指出的进行“把关人”研究的 5 个层面上，行业规则层面(routines of communication work)受到网络传播影响最为明显。行业规则代表了媒介行业在一定时间内积累的工作传统和工作原则，这些传统通过老记者带新记者的过程，以人际传播的方式“口口相传”。每一个新的媒介工作者，从他走进属于他的那个办公室开始，他就进入了一种行业规则，并受其制约。但是，网络传播是一个全新的领域，一个全新的“编辑部”，尚未来得及形成固定的传统，担任网络传播“把关人”的，也以年轻人居多，榜样的力量功效甚微，或者说，榜样仍未成形。从更深一个层次而言，网络传播颠覆了第一媒介时代的传播逻辑。以往“把关人”是负责为受众挑选信息构筑外部世界的主要工程师，相对于受众而言，他代表着权威。但是到了第二媒介时代，传播的特征表现出去中心化和双向性，如同众多社会学家所注意到的那样，网络传播蕴含着远胜于报纸、广播、电视的巨大的民主力量。它对权威的拒绝同时也是对传统“把关人”角色的解构。媒介“把关人”位高权重的情况有所改变，因特网上富裕的媒介资源给了受众挑选媒介的权利，受众完全可以向那些他们不喜欢的媒介组织说“不”。[1]

比如，代表民间力量的博客的出现，标志着民间信息制作和传播主体的批量崛起。在博客的写作中，每个作者都是把关人，都相对独立地完成信息搜集、整理、制作、传播全流程，同时也决定着某些信息的取舍。这样在传统传播环境下，由少数传播组织控制把关权的状况，就被庞大的博客“把关人”阵容所挑战了。同时，博客使“把关人”标准个性化，并且开始真正实现了话语权向民众的回归。

五、网络传播方式对主体感知方式的重构

把媒介与主体感知方式的建构相联系来进行研究的最有代表性的理论家是加拿大学者麦克卢汉。马克·波斯特的观点受麦克卢汉的影响颇深。

早在 1964 年，麦克卢汉在《理解媒介——论人的延伸》一书中就传播技术形式对空间、时间以及人类感知等方面所带来的深刻变化就做了细致分析。20 世纪 90 年代以来，电子媒介的迅速发展正在逐步地将麦克卢汉的预言变为现实。

麦克卢汉将技术媒介看作是人体感官的延伸的论点主要集中于传播媒介对人类感觉中枢的影响上。他的成名作《谷登堡群星璀璨》（1957）首先表现了对拼音文字和印刷品造成的个体感觉以及相应文化后果的思考。麦克卢汉的一个主要观点是，认为媒介和其他技术性工具一样，如车轮或字母，是人类感觉器官或身体功能的巨大延伸。每一种新的媒介技术都会因为产生分离或令人入迷的力量而在文化的发展中创造出不平衡，从而改善“感官的关系”。他认为，当任何一种感觉或身体的功能以技术的形式具体化时，官能的分裂和各感觉之间比例上的变化就出现了，从而结构出人体感官的新的感应特性和复杂性。比如听觉有利于发展人类的情绪和直觉经验，而印刷术的发明则巩固并扩大了视觉

1　参见燕晓英：《Mr. Gate 在网络传播中的变化——以《人民日报》和人民网为例观察从纸媒体到网络版过程中“把关人”的转变》。

在应用方面的知识可能性，从而与拼音文字区别开来；与印刷的书籍比较，中世纪的手稿是不清晰的，常常被读出声来，需要视觉和听觉的相互交流；印刷书籍由于加重了视觉偏向而进一步分裂了感觉生活等等。

麦克卢汉将印刷术产生之前的文化称为口头文化。在口头文化阶段，人们的各种感官是平衡的，口语文化允许一切感官极为频繁地相互作用，只是在交流的过程中，更多的靠得是听觉。文字的出现突出了人的视觉的生物性功能。麦克卢汉将西方拼音字母的文字形式的出现看作是创造“文明人”的技术手段。拼音文字牺牲了词汇的意义和知觉，最终造成了人的听觉经验和视觉经验分离的结果，将人从所谓的由口语所构成的“部落文化”中分离出来。文字的出现促进了个体摆脱部落，走向独立，并使得空间观念和时间观念得以连续和保持一致。文字的出现使文化逐渐走向统一，并由此产生文明。在麦克卢汉的“部落文化”中，听觉决定着经验，并压抑着视觉价值。口头文化在行动的同时要做出即时的反应，而拼音文化所赋予人行动时压抑情感和情绪的手段。他强调，在这一点上，会意文字（例如中国和印度的文字）要优于拼音文字，因为会意文字在经验的深度上仍然保留着内涵丰富的知觉。麦克卢汉将西方理性、自律的现代主体建构都归因于拼音文字的出现。印刷文字冲击了口头传统。从印刷物的页面来看，文字间隔稳定，字体一致，整体版面呈有序的线性排列，这种空间的物质属性将读者与作者相隔于一定的距离之外。与作者之间的距离促进了读者的独立的思考和批判意识。在波斯特那里，印刷文化将个体建构为一个主体，一个有稳定和固定身份的主体。但麦克卢汉从他独特的人体感官的角度出发分析，认为这样的主体过于偏重视觉的功能，从而造成了主体感官整体性的分裂。

麦克卢汉将电子技术的出现（包括电影、电视、电话、电报、电脑等方式）看作是活字印刷术之后发生在传播领域的第二次技术革命。如果说印刷媒介延伸的是人体的视觉器官的话，那么，在麦克卢汉看来，电子媒介延伸的就是人体的中枢神经系统。印刷术鼓励人的直线思维，鼓励人们以方便印刷书页视觉形态的方式去安排知觉；而电子媒介是非线性的、重复性的、非连续的、直觉性的，是靠类比的方式来分析，而不是靠因果序列的方式进行推理。在麦克卢汉那里，这种感觉和思维结构是全新的，是对“部落文化”时期个体感官的整体性的回归。麦克卢汉欢呼电子媒介时代的到来，认为电子媒介修正了视觉阅读造成了个体感官的分裂，使人在感官的意义上又恢复为完整的人，人重新回归部落式口头交流文化的状态。

部落人生活在听觉空间和声觉空间之中，听觉空间没有中心和边缘的区别。它是有机的、不可分割的。它是由眼耳口鼻舌身同步互动而产生和感觉到的空间。耳朵不能聚焦，不能分析分割，口语不能视象化，只能形成一个立体的声觉空间，不能像文字那样形成视觉空间。面对面口头交流时，人不能只突出一种感官，而是要调动一切感官。这个声觉—听觉空间是同步的、整合的、通感的。[1]

马克·波斯特将麦克卢汉的研究进一步延伸至网络传播，指出，网络传播对应的是人的触觉和中枢神经，是全部感官的调入和参与，这将造就新感性的人。和麦克卢汉一样，他认为网络传播方式会促成人的部落式回归，形成新的部落人，也就是德勒兹、瓜塔里所谓的“游牧人”。而网络时代就是“游牧人”的时代。

除此之外，波斯特还预言了身体的一种新的发展前景，指出：“生产方式以及如今的信息方式把人类身体的模拟物（analogues）呈现为日益复杂的工具，插置到社会空间中。人类之所以制造工具是为了模仿其自身的功能。人类对身体的机器复制过程已经到达这一时刻：人类正在以电脑和一般意义上的电子媒介交流系统对人脑进行一点一点的复制。一种智能性的机械身体（RoboBody）如今已成为工业、科技和大学圈内许多人士梦寐以求之物。随着人脑的功能被逐步加到机器人上，社会世界也逐步包括似人机器（android）这一新种类，它以一种镜式关系与人类对峙。”[2]

综上，三个问题其实分别涉及的是主体或人与自我的交流及关系，主体或人与他人的交流及关系，以及主体或人与物质世界的交流或关系。笔者所力图强调的也正是马克·波斯特所关注的焦点问题：即交流和交往的问题已成为当今社会和文化的重心和主题。

---

1 参见梁虹：《大众传媒技术与个体感知的嬗变——麦克卢汉相关思想评述》，中国社会科学院研究生院学报2004年第6期。第59—63页。

2 马克·波斯特：《第二媒介时代》，第191页。

波斯特认为，在过去的两个世纪中，主体是作为历史的行动者出现的，是理性化、中心化、统一的，并与受其支配的客体世界相对。如今，信息方式以诸多新方式构建着主体，现代意义上的主体正在受到新的交流模式的颠覆和去稳定化。同时，关于实在与想象的观念、主体与客体的观念、唯心与唯物的观念，以及关于内与外、男与女、心与身等观念也全部向非固定的方向转变，其具体的模式还难以分辨。我们将面临一个文化未决的时代。

尽管马克·波斯特等人的媒介研究针对的是西方后工业社会语境，与我国现阶段有一定的差别，但是，凡是反映了人类社会普遍规律的理论概括，对于当今中国的传媒研究都可以适用。近十年来，中国的互联网飞速发展，据最新的统计数据，中国的网民目前已突破一亿，网络传播已经并还在继续广泛深入地改变着我们的生活，我们的心理。因而，引介马克·波斯特的媒介思想，其重要意义也在于从中得到启发与借鉴，他揭示的媒介构建主体的作用和影响，对我们如何认识媒介有一定的警示作用。

第十四章　理论复调：作为马克思主义者的鲍德里亚[1]

多年来，鲍德里亚在中国一直是一个话题人物。从1996年盛宁在《读书》杂志发表了《鲍德里亚·后现代·社会解剖学》和《危险的让·鲍德里亚》两篇文章开始，到2001年其早期专著《消费社会》由南京大学出版社出版发行（同年出版的还有他的《物体系》），再到近两年来学界对其研究热情的逐渐高涨——鲍德里亚俨然已经成为当代中国理论界重点"关照"的对象之一。

最开始的鲍德里亚，是作为西方马克思主义框架下当代文化研究的学者出现在我们面前的。在《消费社会》中，鲍德里亚分析了当代资本主义运行中出现的符号化的新特征，并将这种当代社会的符号化形态标注为"消费社会"。此前他就曾经说过："消费……是一种符号的系统化操控活动。"[2]不仅如此，消费甚至"并不是一种物质性的实践"[3]，而是一种"有表达意义功能的实质"[4]。当代物如果要被消费，"（被消费的）不是它的物质性，而是它的差异"。[5]这样的论断显然让人激动异常。在西方马克思主义的思想脉络当中，对资本主义运行机制，尤其是文化机制的批判，从来就是其精髓所在，而鲍德里亚顺着巴特的思路从符号学的角度对当代社会的把握与批判，从结构性层面将阿多诺的文化工业批判大大地向前推进了一步。事实也正是如此，当代资本主义所裹挟而来的新特

1　本章由童小畅撰写。童小畅，文学博士，中国人民大学博士后研究人员。

2　布希亚（鲍·里亚），《物体系》，第8页，林志明译，上海世纪出版集团2001年版

3　同上。

4　同上。

5　布希亚（鲍·里亚），《物体系》，第8页，林志明译，上海世纪出版集团2001年版。

征远远超过了文化的工业化及缠绕其间的意识形态幽灵：相应的，整个资本主义生产方式的符号化和文化转型在日益发展的大众媒体（尤其是电视）的催化下显得更加面目模糊、不可捉摸。作为一名曾亲历"五月风暴"的后68年学者，青年鲍德里亚所面临的"敌人"确实发生了变化：它不再是以金属、鲜血和武器这样的形态动手，而是像毒气一样弥漫在社会的上空，或者，就如《黑客帝国》中的母体一样俨然而立。当《消费社会》和《物体系》出现在中国学界之时，许多研究者如获至宝，这是因为鲍德里亚的思想与理论已经开始试图将马克思主义的思想框架与当代社会文化现实结合到一起，这使得文化研究的学者在文化工业批判、当代资本主义文化批判、拜物教批判、当代传媒批评等领域获得了新的强有力的思想资源。

然而，鲍德里亚的思想运动并未就此打住，他也并不甘于在"五月风暴"骤然停止之后反复吟唱那种人文主义者的哀叹，他在另外一条道路上越走越远。从《符号政治经济学批判》将符号价值钉入马克思的政治经济学体系，到《生产之镜》对马克思历史唯物主义的系统批判，再到《象征交换与死亡》当中实现新的理论落脚，鲍德里亚用近十年的时间进行着自己与马克思主义的思想清理。早在1989年，现任教于美国加州大学的道格拉斯·凯尔纳教授就出版了《鲍德里亚：从马克思主义到后现代主义及其它》一书。作为批判学派在美国的学术继承人，凯尔纳以一个广义的左派知识分子视角对鲍德里亚进行了分析、解读与质疑。在他看来：首先，鲍德里亚对当代社会状况的描述并没有在整体上超越批判学派的框架，他对于当代社会控制机制的描述仍然是建立在以马尔库塞《单面人》当中描述的状况的基础之上的；其次，鲍德里亚对马克思主义的系统批判并没有形成建设性的意见；最后，作为理论的应用，鲍德里亚的思想无法真正介入到当代政治生活和解放性运动实践当中去。[1] 应该说，凯尔纳对鲍德里亚，尤其是其早期思想的分析和评述基本是中肯的；作为第一部研究鲍德里亚的专著，该书也完成了其自身任务。尽管如此，澳大利亚学者巴特勒对凯尔纳的观点不尽赞同。在他看来，凯尔纳戴了一副马克思主义的有色眼

1 参阅 Douglas Kellner，*Jean Baudrillard*：*from Marxism to postmodernism and beyond*；Stanford，Calif. Stanford University Press，1989.

镜来观察鲍德里亚：通过马克思主义的范畴来进行研究的话，从某种程度上来说，其结果是已经预设好的。这样，对鲍德里亚研究的结论必然是否定性的。[1]巴特勒所评有其学理依据，但这并不影响凯尔纳的著作在中国甚为深远的影响。近来学者不仅多引用其书，他的许多理论观点和分析流程也成为了许多中国学者对鲍德里亚批判的起点。

2004年出版的《走向后马克思》一书是中国最早系统介绍鲍德里亚思想的专著。作者在凯尔纳的解读基础之上，系统地清理了鲍德里亚与西方马克思主义、精神分析以及符号学之间的思想谱系与图示。[2]该书掀开了中国学界对鲍德里亚批判性解读的序幕。应该说，随着对鲍德里亚了解和研究的逐渐深入，尤其是《符号政治经济学批判》、《生产之镜》和《象征交换与死亡》等作品在中国的逐渐流传，鲍德里亚这位一开始以西方马克思主义者出现的思想家的面目突然开始变得模糊。尤其是《生产之镜》，更是使他被一些理论家从马克思主义者的队伍里面被清除出来，迅速变身为"西方马克思主义的门内逆子"和"自以为是的疯家伙"[3]。2005年《生产之镜》中文版出版前后，鲍德里亚对马克思主义的误读等相关问题成为继消费社会理论与批判之后一大新的理论研究主题，并在此过程中产生了大量的批判文章和批判性研讨。对于这一问题的研究不仅把鲍德里亚开除出了队伍，还把清算的矛头指向了后马克思主义等当代左翼思潮，最终的结论则是：后马克思主义不是马克思主义。

在理论界几年来的穷追猛打之下，鲍德里亚正式地被开除出马克思主义者的队伍，也就是说，鲍德里亚已经"不是"一个马克思主义者。然而，这样的结论是否有效？甚至，这样的结论表述本身是否具有合理性？长时期以来，关于某人是不是一个马克思主义者的争论之声总是萦绕于我们的耳边。不管是在理论界还是在革命实践上，关于这类问题的争论总显得刀光剑影。仅从语义上进行分析，某人是不是马克思主义这样的论述乃是对某人是否属于马克思主义的类与非类的界定。这样的界定过程有一个预设前提，即作为一种思想流派的马克思主义存在着某种坚硬的、不可改变的思想内核。问题可以从这里展开：

1 参阅 Rex Butler，*Jean Baudrillard*：*the defence of the real*; London：Sage，1999.

2 参阅仰海峰：《走向后马克思：从生产之镜到符号之镜》，中央编译出版社2004年版。

3 张一兵：《对鲍德里亚〈生产之镜〉的批判性解读》，《哲学研究》2006年第11期。

是什么力量从逻辑上保证着这一内核在马克思主义思想体系之中的定位所在，又是谁从实践上保证着某一种对马克思经典文本的阐释是这一内核唯一正确的表述？接下来的问题便是：作为一种思想流派的马克思主义是否真的存在着这样一个坚硬的内核？或者，这根本就是一种意识形态层面上的想象？

让我们先将这一问题从极其敏感的意识形态纷争当中拿出来，放到纯粹文本分析的范畴当中。首先需要解决的问题就是，马克思的经典文本与所谓的马克思主义者的作品之间是否是一种太阳系式的放射状关系？克里斯德瓦在《符号学》中说："任何作品的本文都像许多行文的镶嵌品那样构成的，任何本文都是其它本文的吸收和转化。"[1] 这一结论当然是滥觞于结构主义思潮的互文性理论宣言。在这样一些理论家看来，各种文本之间的关系绝不是线性的或者放射性的，而是以一种网状的形式呈现出来。卡勒则指出："互文性有双重焦点。一方面，它唤起我们注意先前本文的重要性，它认为文本自主性是一个误导的概念，一部作品之所以有意义，仅仅是因为某些东西先前就已被写到了。然而就互文性强调可理解性、强调意义而言，它导致我们把先前的文本考虑为对一种代码的贡献，这种代码使意指作用(signification)有各种不同的效果。这样互文性与其说是指一部作品与特定前文本的关系，不如说是指一部作品在一种文化的话语空间之中的参与，一个文本与各种语言或一种文化的表意实践之间的关系，以及这个文本与为它表达出那种文化的种种可能性的那些文本之间的关系。因此，这样的文本研究并非如同传统看法所认为的那样，是对来源和影响的研究；它的网撒得更大，它包括了无名话语的实践、无法追溯来源的代码，这些代码使得原来文本的表意实践成为可能。"[2] 通过近年来对鲍德里亚的研究我们知道，他的思想来源及构成相当复杂。仅以早期思想而言，除了来源于列斐伏尔和德波等人的西方马克思主义思想，来源于巴特等人的符号学方法，还有很重要的一个思想脉络就是经由巴塔耶而来的以涂尔干和莫斯为代表的人类学理论。这若干的思想资源在鲍德里亚的作品中的呈现，很难清理其主

1 朱丽娅·克里斯蒂娃：《符号学：意义分析研究》，引自《现代西方美学史》，朱立元著，上海文艺出版社 1993 年版，第 947 页。

2 Jonathan Culler，*The pursuit of signs-semiotics，literature，deconstruction*; Ithaca，N.Y.：Cornell University Press，1981，P103-4.

次关系。但有一点很清楚，那就是：在当代思想碰撞和学科融合的格局之下，如果仅仅因为鲍德里亚进行了批判马克思主义的写作就简单认为他是一个反马克思主义者，这显然非常幼稚。而以结构主义理论的视野而言，鲍德里亚与马克思主义之间的联系在整个二十世纪后半期的思想地图上是肯定不能被抹掉的。

应该说，鲍德里亚与马克思的主要理论分歧本质上产生于学科视野的不同。近来研究者多发现了鲍德里亚思想当中的多种悖逆性。首先是涂尔干：相对于黑格尔将绝对精神看作世界发展的内在力量、马克思将基于生产活动的阶级斗争看作是历史发展的根本动力，从涂尔干到莫斯的实证性社会学的视角本身，已经可以为我们提供许多思考的空间。涂尔干认为，社会事实以外在的形式强制和作用于人们，塑造了人们的意识。这种强制，既指人们无法摆脱其熏陶和影响，又指对于某些社会规则拒不遵从将受到惩罚。涂尔干的研究将社会学理论和经验研究相结合，充实了由孔德开启的实证主义社会学的构想，使社会学方法论具有实质性的内容。梅林坚定地认为鲍德里亚是一个涂尔干主义者，后者的思想资源在鲍德里亚的整个思想当中占据着中心地位。[1] 作为涂尔干的外甥和学术继承人，莫斯终身所追求的科学化的社会学研究，是与涂尔干一脉相承的。他有关礼物的论述在很大程度上影响了巴塔耶，以及鲍德里亚。在莫斯那里，他将目光的焦点集中在特殊的社会结构上，并希望能够找到一种新的模型，以此来证明经济学意义上的交换只是社会交换的一种形式而已。莫斯认为，在那些仍然处于贫困和饥饿的原始社会中，人们仍然持有一种关于财富的不同的观念，而“非经济学”意义上的交换仍然是存在的，这种交换并不基于交换价值以及积累财富的目的。莫斯研究了北美印第安人的冬节。在印第安人中间，那个节日中所有交换的礼物，其作用是维系部族之间的关系。“所有冬节的礼物都是建立在回赠的义务之上的。”[2] 莫斯在看待这一问题的时候，显然已经超越了精神层面与物质层面的界限，而是形成了一种他称之为“魔术”式的联系——这是一种对社会存在方式的一种具有革命性意义的把握。莫斯认为，

1 参阅 William Merrin，Baudrillard and the media : a critical introduction; Cambridge，UK; Malden，MA : Polity; 2005.

2 Marcel Mauss，*The gift : the form and reason for exchange in archaic societies*; translated by W.D. Halls ; foreword by Mary Douglas，New York : W.W. Norton，1990，P40

礼物的给予者不仅仅给予了一个物，而且给予自己的一部分，作为礼物的物与给予者之间是不能分割的："礼物从来无法完全从交换行为的施与者那里独立出来。"[1]基于给予者和礼物之间这种不可分割的联系，礼物交换的行为就构成了一种义务性和往复式的交换关系，并由此形成了社会的往复式作用、不可分割的紧密联系。对冬节的研究标明，如果接受了礼物而没有回礼，将意味着失去别人的尊敬和地位。如果从精神暗示的角度而言，问题将更加严重·在波利尼西亚，不进行礼品的相互交换，意味着会失去神灵的庇佑——而这恰恰是古代人所认为的现实权力和财富的源泉。莫斯区分了三种义务：首先是给予，这是一个必要的初试步骤，它创造并维持着社会关系；其次是接受，如果拒绝接受，则意味着拒绝社会结合；回礼则是为了证明某人的磊落、荣誉和财富。在莫斯礼物交换的概念化中，有一个重要的观念是"不可让渡性"。在商品经济中，通过私有财产的观念，物和人有一种强烈的分离倾向。一旦物品得以出卖，则意味着它的拥有权完全地为新的主人所占有。物也就从此被让渡与新的拥有者。然而，礼物交换当中，物是不能在给予者进行让渡的。与其说这是一种卖出和放弃，不如说其实是一种借贷关系。事实上，给予者的身份总是和被给予的物有着紧密的联系，这导致了礼物总是具有一种强制性的互酬的力量。因为礼物的给予总是与回礼联系，给予本身就意味着一种必须归还的礼物性债务。因此，礼物交换就形成了一种给予者和接受者的相互依赖。在莫斯看来，无需归还的"自由"的礼物，实际上是一个悖论，因为它无法创造社会关系。涂尔干倡导通过概念的结合来理解社会的凝聚力，莫斯实际上回答了这个问题，亦即，社会的结合是通过礼物交换来实现的。然而，在莫斯自己那里，他并不热衷于建立一个系统性的理论——尽管，这一发现本身已经从理论上具备了在理论上对现代性进行批判的可能性——相对而言，他更愿意把精力更多地放在自己的对象上。莫斯将自己的研究定义为一种科学的活动，他为《金枝》的作者弗雷泽所作的讣告中写道："关于艺术的作品可以仅仅是示意性的，然而，作为一个科学家的历史，必须真实且包含所有的相关性。"[2]也就是说，在莫斯那

1　同上，P31.

2　Marcel Fournier; *Marcel Mauss：a biography*; translated by Jane Marie Todd. Princeton，N.J. Princeton University Press，c2006. P2.

里，礼物的交换是存在于经验性的社会学视野之中的。

将礼物交换的原则理论化和抽象化的是巴塔耶。在年轻时，巴塔耶热衷于科热夫所讲解的黑格尔《精神现象学》当中所表述的社会的辩证运动过程。后来，他逐渐将黑格尔的思想与莫斯的礼物交换理论相结合，发展出了“普通经济学”和“太阳经济学”理论。在巴塔耶看来，所有炫耀性的和奢侈性的都建立消耗之上。在他的理论中，关于积累的问题被清除出了他的理论。他想要建立一种关于耗费和占有的简单对立，尽管有些时候这种对立的裂痕并不明显。巴塔耶企图设计出一种模型，将以上两种情况结合于经济学现象当中，这样它们可以被互动地被定义为消耗、浪费和损失。这样，所有的积累，其本身都可以被认为是一种消耗。巴塔耶认识到，许多人类行为都可以在损失的范畴内进行理解。通过“冬节”可以解释，所有的这种损失形式都是为了更加凸显“胜利者”的地位，哪怕这种胜利是通过损失来确认的。在巴塔耶看来，礼物的交换是一种主体超越给予者的仪式。尽管给予时将物品赠送给了对方，但是同时，主体占有了一种超越。当主体认为这是一种仪式时，他便拥有了一种权力。鲍德里亚的理论模型，很大程度上便是建立在这样一个思维体系当中。从涂尔干而来的实证主义人类学视野，并不将社会置于物质—精神二元对立的格局当中，而是把社会事实看作是一种具有张力性结构的整体概念。从这个意义上说，鲍德里亚所谓的“物”，甚至与海德格尔的“存在者”有着深刻的理论联系。在消除了“物质”与“精神”之间的隔栅之后，物便具有了相当程度上的精神深度。同时，作为“物”的当代人的命运，也在鲍德里亚对于当代社会的描述和批判中得以展开。“人”在鲍德里亚那里，也不再是一个空洞的理论术语和抽象的哲学概念，而是伴随着他对社会整体转型的批判而得以凸显。

马克思的哲学体系，不能避免地与他的政治经济学研究和批判结合在一起。作为一种系统化的世界观，其观察视点与理论路线总是要和某种科学性思维联系在一起。对于马克思来说，经济学的科学性视野成为他的哲学思想的前设性条件。这一情况的发生，并非是思想史层面上马克思的理论之失，而更重要的则是在社会史层面上资本主义发展阶段所致。早期资本主义的发展，其理论基础乃是新教伦理和理性至上的哲学突破。然而，这两者从本质上并没有完全超越基于逻各斯中心的西方思想传统。无论是本质—表象、物质—精神还是理性—审美这样一系列的二元对立，实质上仍然在传统思想框架下进行。也就是说，早期资本主义在完成了它的生产方式转型和社会组织架构布局的同时，并没有形成其相应的、迥异于传统社会的精神架构。正是这样一种精神架构的真空，让马克思在抛开了早期资本主义社会的种种精神与思想表征(这些东西实际上已经只能起到遮羞布的作用)之后发现了资本主义生产的猥亵性，并让他在批判这一罪恶的生产方式时将生产的解放、生产力的解放与使用价值的解放作为社会解放的必要条件。然而，对涂尔干主义的接受使鲍德里亚的写作有一个不言自明的前提：所有的人类关系，必然处于一种整体性的社会事实之下，这种关系也根本无法用所谓物质—精神的二元关系来进行界定；也就是说，人类关系肯定不是一种单纯的物质性或生产性的现象化。于是，在鲍德里亚看来，马克思通过解放使用价值来批判交换价值并不能从根本上解决问题："马克思主义者试图寻找一种经济学的积极功能。因此，马克思主义变成了一种有局限的、无用的资产阶级批判，它只比朝向社会的'积极作用'的庸俗人生哲学多走了一步而已。相反，巴塔耶通过一种贵族化的观点扫除了主人与其死亡斗争的主奴辩证法……马克思主义只是不再着迷于资本视野一个开始——所以引导它或跟随它的理论都将比它更为激进。"[1] 这样的激进论断其实并不是鲍德里亚突发奇想的发明创造，而是整个西方马克思主义思想不断推进深入的结果。从卢卡契对于阶级意识的分析，到霍克海默与阿多诺的关于工具理性的批判，再到列斐伏尔对于日常生活的批判：这样一条思想线索的核心乃是不断对资本主义的精神构造进行探究与批判，并希望从中找到革命的可能性与契机。鲍德里亚的极端激进思想，并不是对这一整条思想线索的否定，而恰恰相反，是这一思想线索走到了极端性的点并发生朝向自身的反转的开始。鲍德里亚对消费社会的批判，本质上就是对当代资本主义不断使用符号系统对原有的象征系统进行攫取和偷换的批判；也是对这一过程当中人类关系朝向不可复归的透明化和符号化的担忧。从这个意义上说，鲍德里亚对于马克思主义的批判，本质上是当代资本主义已经完成了它自身的精神构造的打造并开始朝向完美的

1 Baudrillard, "When Bataille Attacked the Metaphysical Principle of Economy," trans. David James Miller, *Canadian Journal of Political and Social Theory* 11 : 3 (1976, 1987), P60.

系统形态发展的思想表征，也是符号与物的关系完全倒置的思想表征。在这样一个历史的临界点上，鲍德里亚写作所体现的矛盾性和内在悖逆性，本身就可以被看作是一个有价值的文化文本。

由于对资本主义发展形态和阶段的判断，使得鲍德里亚在理论身位上继承着西方马克思主义，但也与传统的西方马克思主义者产生了很大的不同。在批判理论的思想家看来，批判理论本身首先是一种批判性介入的姿态，作为主体的批判主体“处在与其他个体和群体的真实关系之中，他与某一特定阶级发生冲突，并最终处于因而产生的与社会总体和与自然的关系网络之中。这个个体不同于资产阶级哲学的自我，他根本不是小数点；他的活动是社会现状的表现。”[1] 这样的思想者身位和姿态使得批判理论活动具有这样的倾向：“这种活动的目的不是简单地消除这种或那种弊端，因为它认为这类弊端与社会解构的组织方式有必然的联系。”[2] 在批判理论家那里，他们假定社会危机存在的永久性，强调的是始终的批判。但是，无论是高扬审美的阿多诺和马尔库塞，还是提倡交往理性的哈贝马斯，无一例外地在对社会现状的批判之外设置一个牢固的批判基点作为现存世界的它者，并以此形成与现实的张力性结构。然而，在鲍德里亚看来这是成问题的：“反映现实并进入到现实的批判性维度当中，这并不是理论的终结。这只是启蒙运动那个不朽的时代虔诚的欢呼……诉诸于辩证法看起来是不行的。”[3] 对于当代社会飞速变化的事实，无论是批判学派还是其它传统理论，其依据的张力性结构都已经开始垮塌：既然已经不再有先在的确定性，那么辩证法的逻辑基础也成为问题。对于这一当代理论已然无所依傍的情态，他接着说道：“理论仅仅具有描述性和分析性是不够的，它自己必须成为它所描述的宇宙当中的一个事件。为了做到这一点，理论必须承担并逐渐变成加速的逻辑。它必须扔掉所有的指涉并只能以未来为傲。理论必须准时地运作，

1 霍克海默：《传统理论与批判理论》，《霍克海默集》，渠东、付德根等译，上海远东出版社1997年版，第185页。

2 同上，第182页。

3 Jean Baudrillard, *The ecstasy of communication; translated by Bernard & Caroline Schutze*; edited by Slyvere Lotringer; Brooklyn, N.Y. : Autonomedia, c1988 : P97.

并以对当前现实的有预谋的失真作为代价。"[1] 在鲍德里亚写作的复调当中，一种声音发自于当代社会变化的现实，它的背后是涂尔干主义的人类学视野；另一种声音则发自于理论本身的碰撞，它的背后则是鲍德里亚对马克思主义的接受和时代性位移。而放弃理论的轴心地位并使其跟随社会变化而加速的观点，可以再次回溯到海德格尔的哲学观：无疑，这都是对近代以来过于自信的主体性哲学的反拨。无独有偶，2008 年诺贝尔文学奖获得者克莱齐奥说："我们不可能再像萨特时代的作家们那样傲慢地以为，一本书就可以改变世界了……今天，写作者们只能记录下他们在政治上的无能软弱……，当下的文学是绝望的文学。"[2]

巴赫金在论及陀思妥耶夫斯基的小说时提出了著名的"复调"理论、对话理论和"文学的狂欢节化"概念。在他看来，陀思妥耶夫斯基的"多声部性"小说创作改变了传统小说中作者和主人公的关系，偏向于在共时性状态下平行地展开多种意识，从而形成各个主人公的意识、视野和声音的一种共存关系和相互作用。尽管这多种的意识、声音和视野充满了内在的悖逆和矛盾，但这并不影响文本结构在更高层次上的多重复合统一：这实际上正是马克思主义及其西方传承在鲍德里亚复杂而多声部的理论写作当中呈现出来的形态。那么又如何解释鲍德里亚对马克思主义的激烈批判呢？布鲁姆的"影响焦虑"或可作答。在六十年代横贯欧洲的马克思主义风潮之下，各种马克思主义流派纷纷打出政治正确的旗号，思想界的论战甚嚣尘上。身处其中的鲍德里亚自不可能置身事外，而 68 年的革命行动匆匆的失败成为一剂催化剂，使鲍德里亚必须迅速在理论的突破口。就像任何一个有着俄狄浦斯情结的儿子一样，他杀死了所有他所敬爱的父亲并以此宣告自己的理论成人和突破。然而，作为先在文本的马克思主义真的被鲍德里亚的写作中消失得无影无踪了吗？仅仅从他对马克思主义的批判本身，我们就会清楚地被告知：永不可能。

---

1 同上，P99.

2 http：//bbs.frguo.com/a/a.asp?id=833285.

第十五章　加塔利的重建社会实践[1]

加塔利的“重建社会实践”方案的核心问题是主体性生产，这一理论凝聚了他一生哲学思考和社会实践的精髓，其落脚点是伦理美学范式，创造了多样性的、过程性的、异质性的主体性，延续了启蒙思想的社会实践维度，并对中国文化理论与文艺美学研究产生重要启示和影响。

菲利克斯·加塔利（FélixGuattari，1930—1992年），一个熟悉的名字，其思想是陌生的，这一切皆因“德勒兹与加塔利”的机器装置，作者署名的“马太效应”使德勒兹的思想大放异彩，加塔利的思想已被淹没在这一装置的轰隆声之中。目前德勒兹已成为国内学术研究的热点，其著作陆续翻译成中文，研究著作和学术论文愈来愈多，其趋势可与福柯、德里达相媲美。相比之下，加塔利备受冷落，无人问津，是一个学术研究的空白领域。虽然一些著作和论文也提及了加塔利，论及了两者的合作，但基本上是以德勒兹为中心展开的，加塔利基本上被遮蔽在德勒兹的阴影之下。如若我们研读加塔利的著作、进入他的思想深处，我们会为他的创造性思想所震撼，这是一种有别于“德勒兹与加塔利”或德勒兹的理论风格，加塔利横贯了人类的思想原野，为我们开启了一个全新的研究视域。

1　本章由董树宝撰写。董树宝，文学博士，北方工业大学副教授。

一

当我们阅读德勒兹与加塔利撰写的《反俄狄浦斯》(*Capitalisme et Schizophrénie 1 : L'Anti-Œdipe, 1972*)、《卡夫卡：为弱势文学而作》(*Kafka : Pour une Litterature Mineure, 1975*)、《千高原》(*Capitalisme et Schizophrénie 2 : Mille Plateaux, 1980*)和《什么是哲学？》(*Qu'est-ce que laphilosophie?, 1991*)时，我们能强烈感受到德勒兹与加塔利的两股思想巨流化合、互补、共振与生成，根据两个人的专著大致可以判断何为德勒兹的思想、何为加塔利的思想、何为“德勒兹与加塔利”的思想。德勒兹曾在访谈中明确地赞扬了加塔利的理论探索：“……两年半前，我遇到了菲利克斯。他觉得我走在了他前面，他期待着什么……菲利克斯同我谈起了他称之为欲望机器的东西：有关机器无意识、精神分裂无意识的理论和实践的概念。于是我觉得他走在了我的前面。”[1] 各自的理论探索构成了“德勒兹与加塔利”这一机器装置的坚实基础，他们相互化合，相互生成，分别成就了“德勒兹”与“加塔利”，因而不能说加塔利是德勒兹的追随者！“但是把加塔利简单地说成德勒兹的追随者是不恰当的！……《反俄狄浦斯》和《千高原》的许多中心概念都是由加塔利提出来的。正是在加塔利的倡导下，他们开始对精神分析学进行了批判，并形成与之相反的‘精神分裂分析’理论。加塔利超越学院派哲学传统的位置使他能够在与德勒兹合作之后将对政治问题、社会问题和历史问题的直接关注融入德勒兹的著作之中，而加塔利多年的实践经验……更为他与德勒兹在合作中不断地进行理论创新准备了必要的前提”[2]。

除了他与德勒兹共同撰写的著作外，他的著作有《精神分析学与横贯性》(*Psychanalyse et transversalité : Essais d'analyse institutionnelle, 1972*)、《分子式革命》(*Larévolution moléculaire*, 1977)、《机器无意识》(*L'inconscient machinique : Essais de Schizoanalyse, 1979*)、《冬日之年》(*Lesannées d'hiver,*

1 [法]吉尔·德勒兹：《哲学与权力的谈判——德勒兹访谈录》，刘汉全译，北京：商务印书馆2000年版，第15页。

2 Ronald Bogue. *Deleuze and Guattari* London and New York : Routledge，1989，P9.

1980-1985, *1986*)、《三种生态学》(*Les Troisécologies*, *1989*)、《精神分裂分析制图学》(*Cartographies schizoanalytiques*, *1989*)、《混沌互渗》(*Chaosmose*, 1992)和《反俄狄浦斯论文》(*Ecritspour L'Anti-Œdipe*, 2004),以及英译本选集《分子式革命:精神病学和政治学》(*Molecular Revolution*: *Psychiatry and Politics*, *1984*)、《混沌哲学》(*Chaosophy*, 1995)、《温柔的颠覆》(*Soft Subversions*, 1996)和《加塔利读本》(*The Guattari Reader*, 1996)等。从这些著作中,我们发现加塔利的哲学思考和社会实践横贯于众多学科领域,具有"多样性"的身份。在他与德勒兹关于《反俄狄浦斯》的访谈中,加塔利这样评价自己的思想与实践:"我那时有太多的'立场',至少四个吧。我属于'共产主义之路',随后是左翼反对派;68年5月风暴之后,我焦躁激动,写过一些文章,如《左翼反对派的九个论断》。1953年,让·乌里成立了拉博德诊所,我一开始就参加了进去。这是托斯盖尔试验的延续,我们试图在实验和理论上确定制度化心理疗法的基础(我提出了'横向性'和'群体幻想'一类的概念)。还有,自从研修班成立,我便受到了拉康的培训。"[1] 进入20世纪80年代以来,他开始思考生态学、美学等内容,开始重建社会实践的新维度。正如格诺斯科所言:"如若人们想恰当地介绍加塔利,必须要记住他是一个具有多重身份的人:他是一名在拉博德诊所工作了许多年的精神分析师;他是一名文学批评家,是关于卡夫卡著作的合作者;他是一名与哲学家吉尔·德勒兹合作的思想家,写了一部质疑政治经济学、人类学、语言学和精神分析学的综合性著作;他是一名积极分子,是法国私有自由电台运动的推动者。"[2]

纵观其一生,加塔利横贯于人类思想的各个领域,驰骋纵横于各种实践活动,深刻地思考了人类命运及其走向,表达了知识分子的社会良知与责任。如若我们试图勾勒他的思想肖像,他首先是一名精神分析学家,毕生从事着精神分析工作,日复一日地诊治形形色色的精神病患者,不过他不再是一名弗洛伊德和拉康意义上的精神分析学家,或者更准确地说,是一名精神分裂分

1 [法]吉尔·德勒兹:《哲学与权力的谈判——德勒兹访谈录》,刘汉全译,北京:商务印书馆2000年版,第16页。

2 Félix Guattari and Lula. *The Party without Bosses*, *Lessons On Anti-Capitalism From Guattari And Lula*. Winnipeg: Arbeiter Ring, 2003, P56-57.

析学家，他思考的不再是移情关系、俄狄浦斯情结等标准模式化，他诊断的不再是个体意义上的精神病患者，而是将问题思考的深度和广度上升到哲学和美学层面。他超越了精神分析学的移情模式和语言模式，探究了精神病患者与社会各个层面极为复杂的关系，由此我们可以判断，他诊治的是现代社会，诊断现代社会的“病症”。当结构主义者纷纷将主体性列入“罪恶”名单之时，加塔利反其道而行之，从生产的角度重新思考了主体性问题，重新思考了启蒙以来的“解放实践”。如同福柯临终之作《何谓启蒙？》重新拷问了康德的问题一样，他的临终之作《重建社会实践》也延续了这一思考，面对现代社会的种种危机，为现代社会开具“药方”，为现代社会寻找定向的“罗盘”。

二

《重建社会实践》是1992年加塔利应《交往世界》杂志之约所写的一篇文章，是他留给人类的最后一份思想礼物，凝聚了他一生思考的精华。在加塔利看来，现代社会患有六大“病症”，一是个人主义的变异，纳粹主义和法西斯主义构成了无时不在的潜在力量，继续占据着我们的潜在性领域，“微观法西斯主义以各种形式在我们社会中繁殖，通过种族主义、排外主义、宗教原教旨主义、军国主义和对妇女的欺压表现出来”[1]；二是专制主义的霸权，专制主义呈现为各种形式，真正控制着资本主义混沌的是证券交易所、跨国公司和国家权力，加塔利反对任何形式的专制主义，认为民主的混沌总要比源自于专制主义的混沌要好得多；三是科学主义的泛滥，科学和技术虽然促进了人类进步，促进了社会发展，但是造成了人的低能化和机械化；四是大众传媒的变节，传统传媒模式使观众处于被动状态，麻痹和腐蚀了观众，丧失了社会批判意识和责任；五是日益加剧的生态危机，空气污染、水源破坏、森林毁坏、气候恶化、物种灭绝等等；六是人的精神危机，身首解体，文化价值和人类美德的沦丧。面对霸权主义、科技主义、生态危机、能源危机、贫富差距、集权制度、恐怖主义、种族歧视和种族隔离等一系列全球性问题，他提出了“重建社会实

1 Félix Guattari. *The Guattari Reader*. Oxford：Blackwell，1996，P266.

践”的方案，这与启蒙以来解放实践的思想是一致的。

如若通览加塔利的全部思想，“重建社会实践”方案的核心主题是主体性生产，是一个关于主体性在当下社会语境中如何形成的问题。加塔利从政治、经济、科学、心理、生态、美学等各个方面提出了主体性生产的全球性方略。他明确指出，无论他介入政治活动和文化活动，还是他所从事的精神治疗工作，他思考的重心和工作的重心都放在了主体性生产之上，“但是，我们也都看到他，特别是在与加塔利的合作中，同样介入了主体性建构或生产的相似方案中。这种情况更多出现在加塔利自己的工作中，他的工作总是关涉到对他所称之的‘重新特异化’的思考，并由此得出结论：一种重新改造我们主体性的潜在性和实用性。对于加塔利而言，同样适用于德勒兹，这是一个实用的、特别唯物主义的方案。”[1] 概观加塔利的理论与实践探索，并对比于德勒兹的思考，我们可以明确地判断加塔利始终致力于主体性生产的思考，寻求一种重新改造主体性的潜在性和实用性，从《精神分析与横贯性》一直到《混沌共渗：一种伦理美学范式》，主体性生产成为贯穿于他所有作品的一条主线，而且越到他思想的后期，这条主线越明显。

从生产的角度思考主体性问题，成为加塔利与其他后结构主义者的分界点。“加塔利并不谈论主体性，而是谈论主体性生产：这种主体性并不先在于生产过程的或心灵、美学和意识形态的流，这些流横贯它、渗透它，渲染和取代它，它并不先在于期待、欲望和形成它的形式的恐惧。”[2] 这种主体性生产，与他和德勒兹所论述的欲望生产是一脉相承的，生产不单单是物质的生产，更是欲望的生产，更是主体性的生产，这是一种更广泛意义上的生产观念，已经超越了个体主体与社会的对立，其影响因素是多样性的，既有个体的因素，又有群体的因素，还有机制的因素，共同影响了主体性生产。他认为有三类因素扩大了主体性的含义，影响了主体性生产：一是社会历史事件中主体性因素的侵入，以 20 世纪 80 年末 90 年初东欧剧变、苏联解体、柏林墙

---

1 Adrian Parr（ed.）. *The Deleuze Dictionary*. Edinburgh：Edinburgh University Press，2005，P271

2 Franco Berardi（Bifo）. *Félix Guattari*：*Thought，Friendship，and Visionary Cartography*. London：Palgrave Macmillan，2008，P123.

拆除等重要历史事件为切入点，加塔利深刻思考了主体性因素在这些历史事件中所发挥的重要作用，以及这些历史事件经由大众媒介全球性扩散产生的重大影响；二是机器主体性生产的巨大发展，“机器主体性生产或者更好地运行，或者更坏地运行”[1]，一切都依赖于它在集体的“表述装置”之内的表达，不管这种机器的主体性生产最终走向如何，加塔利还是抱有积极的乐观态度，他认为当代技术的变革“也许会使我们脱离当前这个压抑的时代，进入以媒介使用的重新占用和重新特异化为特点的后媒介时代”[2]，他强调了后媒介时代的潜在创造性和“机器主体性”，突出了主体性的过程性、异质性和多样性，反对笛卡尔以来大写的、抽象的、先验的主体；最后是有关人类主体性的行为学和生态学视角，以拉博德诊所为例，他发现了社会生态学和精神生态学在机制性精神治疗中的特殊地位，拉博德不仅营造了交流的良好氛围，而且创造了“集体主体化的局部中心”，这不仅仅是一个主体性的问题，更是一个“独特生产”（*production sui generis*）的问题，关系到主体性生产的伦理美学范式。

三

“横贯性”一词最早出现于《横贯性》，这篇文章是 1964 年加塔利向第一届国际心理戏剧会议提交的报告，发表于《精神治疗学会》杂志第 1 期，后收入《精神分析与横贯性》（1972 年）。此后，“横贯性”一词频繁出现于加塔利与德勒兹合著的《反俄狄浦斯》和《千高原》，也出现于德勒兹的《普鲁斯特与符号》，而且也出现于福柯的思想中，近年来 *Brian Massumi*、*Calvin O.Schrag*、*BrunoBosteels*、*BryanReynolds*、*GaryGenosko* 等学者梳理和阐释了“横贯性”思想，发展成为“横贯性理论”，广泛地应用于哲学、历史、戏剧、文学批评、艺术等各个领域，产生了一定的影响。不过，加塔利是“横贯性理论”的创始

1 Félix Guattari. *Chaosmosis*：*an ethico-aesthetic paradigm*[M]. Bloomington：Indiana University Press，1995，P5.

2 Félix Guattari. *Chaosmosis*：*an ethico-aesthetic paradigm*[M]. Bloomington：Indiana University Press，1995，P5.

人[1]，横贯性是他最重要的理论成果之一，是他哲学思考和精神分析实践的方法论。横贯性最初来自于拉博德诊所的精神分析实践，超越了弗洛伊德和拉康的移情理论，突破了二元对立的分析模式，提出了独具特色的群体分析理论。“因此一个人属于这样一个群体，并不是为了隐匿欲望和死亡，致力于神经官能症困扰的集体过程，而是因为一个极为特殊的问题，最终本质上不是永恒的，而是过渡性的。这就是我所说的‘横贯性’结构。”[2]横贯性解构了移情的二元关系，使群体主体通过协商共同参与创造，生产出新的主体性形态。

德勒兹认为横贯性可以应用于左派理论与实践，“从某种宽松甚至含混的方式来定义左派，由理论角度来看，它是对权力问题的不断追索，表现为对资产阶级概念的同样抵制；而从实践角度来看，它是某种局部且特化的斗争形式，其相互关系与必要单位不再来自整体化或中心化的过程，而是如加塔利所言，来自横贯性过程”[3]，横贯性是反中心化、反整体化的，这恰恰证明了横贯性理论的普适性和可操作性。横贯性之所以成为加塔利哲学思考的方法论，恰恰来自于他对主体性生产的深刻反思和实践探索，横贯性打开了一个创造性的潜在空间，有利于建立多样性的、差异性的表述装置，发展出新型的主体性形态。后期他提出了“横贯主体性”，试图沟通流、机器语群、存在之域和非物质领域四范畴构建的元模式化装置图，有助于理解存在之域的“耦合”，通向了具有社会和文化含义的非物质宇宙的价值体系。[4]在一定程度上，横贯性理论与巴赫金的复调理论存在着高度一致性，这或许是加塔利后期重新阐释巴赫金理论的重要缘由之一。

巴赫金的复调理论是20世纪产生广泛影响的重要理论之一，影响了一批理论家，加塔利也从巴赫金的复调理论获得思想灵感，并与他和德勒兹的叠歌理论结合起来，认为主体性是复数的，是复调的，是个体、群体和机制相互作

---

1 Bryan Reynolds. *Transversal Subjects：From Montaigne to Deleuze after Derrida*[M].London：Palgrave Macmillan，2009，P262.

2 Félix Guattari. *The Guattari Reader*[M]. Oxford：Blackwell，1996，P63.

3 [法]吉尔·德勒兹.德勒兹论福柯.杨凯麟译，南京：江苏教育出版社2006年版，第25页。

4 Félix Guattari. *Chaosmosis：an ethico-aesthetic paradigm*[M]. Bloomington：Indiana University Press，1995，P4.

用的产物，由此实现了主体性生产。在巴赫金看来，“有着众多的各自独立而不相融合的声音和意识，由具有充分价值的不同声音组成真正的复调”[1]，形成了一个多元共生的、话语丛集的世界，实际上就是一种多声部的对话关系。在这种对话关系中，主体性是独立自主的，具有自我创生的功能，而且是差异的，各有不同，“到处都是公开对话的对语与主人公们内在对话的对语的交错、和音或间歇”，“到处都是一定数量的观点、思想和语言，合起来由几个不相融合的声音说出，而在每个声音里听起来都有不同”[2]，这种复调主体性与横贯主体性是同义的，体现了一种新型的对话关系，体现了人类最基本的相互关系。复调的主体性生产是加塔利“重建社会实践”方案的重要组成部分，他认为要解决现代社会的“病症”，首先要重建能够产生革新实践的“多样性对话”，重新创造具有全球性意识的价值体系，摆脱以单一经济利润为中心的资本主义价值性所造成的道德、心理和社会的层化。

加塔利提出了“三种生态学”，主张从环境生态学、社会生态学和精神生态学来诊治现代社会的病症。“如若不改变人的精神状态，如若没有进入后媒介时代，对环境就不会有持久的把握。反之，如若不改变物质和社会环境，也就不可能改变精神状态。”[3] 加塔利认为有必要建立“生态哲学”（*ecosophy*），以便将环境生态学与社会生态学、精神生态学结合起来，为复调的主体性提供了可能性，为“多样性对话”提供了可能性，同时后媒介时代的来临也催生了这种复调的主体性和“多样性对话”。他特别强调了当代主体性的基本特征——复数性、多中心性和异质性，一个个体已是异质性成分的“多样性”，主体性现象不仅体现在个人的辖域（身体、自我），体现了多样性辖域（家庭、社区和种族），而且还体现在言语、书写、计算和技术机器的所有主体化程序。“与其制造个人与社会的对立关系，不如融合个人与社会之间的复调性交织，因此主体

1 [苏]M·巴赫金：《陀思妥耶夫斯基诗学问题》，白春仁、顾亚铃译，北京：三联书店 1988 年版，第 29 页。

2 [苏]M·巴赫金：《陀思妥耶夫斯基诗学问题》，白春仁、顾亚铃译，北京：三联书店 1988 年版，第 359 页。

3 Félix Guattari. *The Guattari Reader*[M]. Oxford：Blackwell，1996，P264.

性音乐仍有待于创作。”[1]复调主体性犹如一曲复杂的叠歌，充满了各种各样的异质性因素，创造了多样性的、多声部的世界。

四

加塔利的主体性生产最终落脚点是伦理美学范式，这与马尔库塞、福柯等思想家诊断现代社会“病症”所开出的“药方”是一致的，基本上走向了伦理美学的思考。其中，加塔利的伦理美学范式延续了福柯“生存美学”的思考路径，思考了人与自我的关系，走向了伦理美学维度，成为他“重建社会实践”重要内容。“伦理与美学价值不再来自于必然的、先验的编码。它们一开始就不断地获得内在性，号召参与社会，存在于社会。”[2]实际上，加塔利和福柯的审美思考最终都归结为他们对启蒙思想的重新阐释，考究了启蒙以来作为主体的人的命运。福柯的“生存美学”虽然采取回溯式的方式追思了古希腊罗马的伦理学，但他最终的归结点是“现在”，这一点充分体现在《何谓启蒙？》中。他强烈批判了现代社会伦理美学维度的沦丧，不过他还是从波德莱尔等人的都市实践中发现了伦理美学的余焰，他们突出“现在”，关切“现在”，精心创造和改变自己，将自己创作成艺术品。

福柯的“生存美学”成为加塔利审美思考的重要参照，他不断地完善了以主体性生产为核心的伦理美学范式，形成了独具特色的美学思想。从他的思考轨迹看，他的伦理美学范式最初来自于精神分析实践，随后延伸到对艺术领域的探索，最终上升到本体论的思考。加塔利认为精神分析学应改变它的范式，“从科学的范式转向美学的范式”[3]。在加塔利看来，精神分析理论与实践之所以陷入绝境，是因为精神分析学的先天缺陷造成的，因为精神分析学是在科学范式下产生的。“弗洛伊德和他的追随者总是将他们自己表述为科学家，声称他们正在发现心灵的普遍结构。事实上他们发明了无意识和情结，正如其他时代

1 Félix Guattari. *The Guattari Reader*[M]. Oxford：Blackwell，1996，P267.

2 Félix Guattari. *The Guattari Reader*[M]. Oxford：Blackwell，1996，P266.

3 Brian Massumi（ed.）. *A Shock to Thought：Expression after Deleuze and Guattari*[M].London and New York：Routledge，2002，P244.

伟大空想家创造了新宗教、新的体验世界和社会关系的方式一样。它不会贬低精神分析学的发明，由此在美学范式的庇护下取代它。治疗并不是一件艺术品，然而它必须从同一种创造力开始。”[1] 后来他又进一步论述到：“假如我们一会儿转向像精神分析学那样的学科，声称证实它本身是科学，更加显而易见的是它只有把它本身放在这新型审美过程范式的庇护之下才能获得它所有的一切。只有在这种方式下，它在世纪之交才能获得疯狂年代的创造力。”[2] 由此看来，只有精神分析学放弃科学范式，走向美学范式，它才能获得继续存在的价值和丰富的创造性，才能焕发出勃勃生机。

加塔利在拉博德诊所实践了他的美学思考，他组织了各种各样的俱乐部，让精神病患者参与各种艺术活动，让来自贫穷农村的精神病患者从事造型艺术、戏剧表演、音乐和录像等活动，让知识分子患者从事厨艺、园林、陶艺等工作。这些精神病患者使用新的表达材料，就像艺术家创作艺术品一样重塑自我，“人们创造了新的主体性形态，这种方式与艺术家从调色板上创造新形式一样”[3]。在这种治疗实践中，“将邀请我们介入我们自己的主体性生产，从消极的观看者变成积极的参与者，在我们自己的‘过程创造性’中，我们从加塔利那里（甚至其他地方）获取我们所需要的，准确地说就是视我们的生命为一件艺术品”[4] 由此，加塔利的理论和实践已经完成了“从科学范式向审美范式转变”，从主体性转向了主体性生产。同时，我们已经清楚地看到加塔利的伦理美学范式不是对艺术本身的研究，而是强调对艺术技巧和实践的研究，强调如何运用艺术技巧和实践进行主体性生产。“加塔利的审美范式就福柯的主体化观点为我们提供了令人瞩目的理论创新，因为既非宗教实践和技巧，也不是哲学传统被引用为模式，而是艺术技巧和实践。伦理美学呼吁这些艺术技

1 Félix Guattari. *Chaosophy*. New York：Semiotext（e），1995，P205.

2 Félix Guattari. *Chaosmosis：an ethico-aesthetic paradigm*[M]. Bloomington：Indiana University Press，1995，P106.

3 Félix Guattari. *Chaosmosis：an ethico-aesthetic paradigm*[M]. Bloomington：Indiana University Press，1995，P7.

4 Simon O'Sullivan. *Art Encounters Deleuze and Guattari：Thought beyond Representation*. London：Palgrave Macmillan，2006，P91.

巧和实践作为‘自我的技术’，因为，按照加塔利的观点，它们是回应我们时代面对的双重挑战的最恰当方式：‘主体性本身已经成为资本主义社会最重要的目的’，但同时这种‘主体性变化’首先不是话语的。它影响了主体性非话语的、情感的、存在论的根基，也就是说资本主义攻击了这些生存方式和生活形式。”[1]

加塔利的伦理美学范式强调了艺术的创造性本质，将艺术定位于横贯各个领域的“创造性潜力”，而且创造特性不再为艺术所垄断，开始溢出纯粹的艺术领域向其他领域蔓延与渗透。因此，加塔利的“艺术”内涵已经超越了传统意义，艺术不再是指专业的艺术知识，也不是专业的艺术技巧。加塔利论及了马塞尔·杜尚，他更多地强调了杜尚关于“成为一名艺术家”的观点，显然是在非专业意义上的“艺术家”意义强调了人类的日常生活实践，强调了主体性的日常生成过程。在这一点上，他与福柯对现代社会艺术专业化的批判是一致的，他指出：“艺术不只是社会承认艺术家的活动，而是全部主体创造性的活动，这种主体创造性已经横贯了代际和被压抑的人群、隔离群体、少数群体……我只想强调审美范式——变异的知觉与情感的创造和创作——已经成为解放任何可能形式的范式，侵占了诸如历史唯物主义和弗洛伊德学说所指涉的旧科学范式。”[2] 由此加塔利突出了艺术创造性，强调了这种创造性与主体性生产的密切关系，走向了一种新的社会实践。

---

1 Simon O'Sullivan and Stephen Zepke（ed.）. *Deleuze，Guattari and the Production of the New*. New York and London：Continuum，2008，P174.

2 Félix Guattari. *Chaosmosis：an ethico-aesthetic paradigm*[M]. Bloomington：Indiana University Press，1995，P91.

第十六章　“非美学”：阿兰·巴丢的“后学之后”[1]

法国当代著名哲学家阿兰·巴丢，在最近十年的成为世界学术界关注的热点人物之一。巴丢是一位具有独特意义的“后马克思主义者”。巴丢思想在“后学之后”的历史性出场有其深刻的内在根源。巴丢在与后现代主义思潮的激进“对抗”中，展示了他的思想的原创性和独特性。他的“非美学”文艺思想与其哲学思想具有同等重要的地位。巴丢思想具有“介入”当代的视野，当然也存在一定的局限性。

阿兰·巴丢（Alain Badiou，1937—　）是继德里达、利奥塔、福柯、德勒兹等人之后法国当代著名哲学家之一。从2003年至今，巴丢出版著作30余部，有20余部著作被译成英文。最近十余年来，阿兰·巴丢成为“后学之后”学术界关注的核心人物之一。这里，“后学”主要指后结构主义（解构主义）、后殖民主义等在内的后现代主义文化思潮，当然也包括近些年热烈讨论的“后马克思主义”。

那么，他是一位“后马克思主义者”吗？或者说，在何种意义上他才算是一位“后马克思主义者”呢？巴丢为何是在“后学之后”历史性出场？

一

正如有学者指出，“后马克思主义”是一个“话语迷宫”，它有多种理论取

1　本章由毕日生撰写。毕日生，文学博士，河北师范大学副教授。

向，“它的意涵是多维度的”。目前关于“后马克思主义”一词就有四种写法：postmarxism，post-Marxism，*post*-Marxism 和 post-*Marxism*。[1]“后马克思主义”一词最早于20世纪50年代，出现在匈牙利哲学家迈克尔·波兰尼的《个人知识》一书中，是从批判斯大林极权政治的角度提出来的。60、70年代的麦克弗森、丹尼尔·贝尔等人都从不同理论视域对“后马克思主义”这一概念进行了阐发。但“后马克思主义”作为一种思潮，真正引起学术界关注是80年代的事。尤其是拉克劳和莫菲的《霸权与社会主义战略：走向激进民主政治》一书对“后马克思主义”的运用，其影响远远超过了此前其他人。二人被人们看作是“后马克思主义”的旗手，甚至“拉莫”成了“后马克思主义”的代名词。目前一些国内学者虽然对“后马克思主义”的概念有各种不同的理解，但均承认二人对于“后马克思主义”的重要性。有学者认为狭义的“后马克思主义”指的就是拉莫的“后马克思主义”思想。概而言之，拉莫的“后马克思主义”思想就是放弃马克思主义的主体思想和阶级概念，拒绝马克思主义关于资本主义发展历史进程的看法，放弃马克思主义共产主义观念。而广义的“后马克思主义”一般被理解为与后现代主义思潮密切相关的，主要指在后结构主义、解构主义哲学基础上对传统马克思主义进行解读、解构和超越。[2]

然而，巴丢既非广义上的后马克思主义者，更与狭义的拉莫的后马克思主义思想有根本区别。他是一位特殊意义上的“后马克思主义者”。

巴丢曾是一位“阿尔都塞主义者”，巴丢思想就是在分析、批判阿尔都塞思想基础上逐渐走向成熟的。阿尔都塞作为结构主义马克思主义者，其早期思想主要针对当时的人道主义马克思主义展开，围绕如何认识马克思主义意识形态（历史唯物主义）与马克思哲学（辩证唯物主义）的关系而展开。巴丢当时作为阿尔都塞的学生，其早期哲学思想奠基之作《模式的概念》，就是在阿尔都

1 周凡：《后马克思主义概念的发生学探察》，见周凡、李惠斌主编《后马克思主义》，中央编译出版社，2007年8月，第1—2页。关于“后马克思主义”的概念谱系学分析，可以参见周凡的论文《后马克思主义：概念的谱系学及其语境》（《河北学刊》2005年第1—3期）。

2 对“后马克思主义”广义与狭义的理解可以参见孔明安的相关论文。如《“后马克思主义”研究及其理论规定》（《哲学动态》2004年第2期）、《“后马克思主义”理论的批判解读》（与付文忠合写，《马克思主义研究》2004年第2期）等。

塞思想的影响下完成的。该书第二版的副标题“数学的唯物主义认识论悖论”，标明了全书的主要内容：运用特殊的数学模式的概念和理论，分析当时唯物主义认识论中关于科学与意识形态的关系问题。阿尔都塞在《读〈资本论〉》与《保卫马克思》中集中阐述了他的“认识论断裂”思想和意识形态理论。巴丢在《辩证唯物主义的复苏》一文中，评论了阿尔都塞的意识形态理论。1966年，巴丢与费朗西斯·巴姆合著《论意识形态》一书，又批判了阿尔都塞意识形态理论的幻像特征，并分析了意识形态范围内的分裂冲突的历史特征。在后来的一些著作中，巴丢将科学解释为“意识形态的复苏”，将意识形态的观念（notions）与科学的概念（concepts）组合进哲学的范畴（ctegories）之中，实现了意识形态与科学的分离和并置的可能性。

1968年五月事件之后，巴丢与阿尔都塞决裂，并由一名阿尔都塞主义者转变为一位毛主义者。他的思想也由唯物主义认识论转向了历史辩证法。这一时期，巴丢撰写了“我的第一本哲学大作”（巴丢语）《主体理论》一书。本书试图将阿尔都塞的思想向前推进一步。巴丢将两位德国辩证思想家（黑格尔和赫尔德林）、两位法国现代辩证思想家（马拉美与拉康）、两位法国古典辩证思想家（帕斯卡尔与卢梭）以及四位伟大的马克思主义者（马克思、恩格斯、列宁、毛泽东）的思想都“接合”进《主体理论》一书中去了。本书思考的主要问题就是革命主体如何在政党中维持自身的问题。这一时期巴丢理解的主体是“政治（革命）主体”。随着后来马克思主义危机的出现，以及政党政治、阶级政党和革命世纪的终结，他的主体理论由政治主体转向了《存在与事件》中的“真理–主体”。在《能思考政治吗？》一书中，巴丢提出了马克思主义已经死亡的观点。于是需要一种“危机的主体”来思考处于危机中的马克思主义。此书放弃了《主体理论》中马克思主义革命知识辩证法，放弃了马克思主义的术语——政党、辩证法、革命、无产阶级等。保留了“实践”的首要性。在《存在与事件》中，实践变成了情势结构中被揭示出来的“机能障碍”（dysfunction）以及在特殊的政治情势、艺术情势、科学情势、爱的情势中的“机能障碍”问题。这些问题只能通过《存在与事件》中的数学本体论和逻辑减除的形式来理解。《存在与事件》正是巴丢全新的“事件哲学”走向成熟的标志。

如果说拉克劳和墨菲是解构马克思主义的基本理论和基本概念意义上的

"后马克思主义者"的话，那么，巴丢则是经历了阿尔都塞主义者和毛主义者，并最终走向一种全新的"事件哲学"的"建构性"的"后马克思主义者"，他与后结构主义、解构主义基础上的"后马克思主义者"完全不同，巴丢是在"后学之后"出现的一位具有特殊意义的"后马克思主义者"。而这种特殊性不仅仅在于他与马克思主义理论的关系上，更在于他对于整个"后学"的激进批判态度上，在于他的哲学思想的原创性和独特性上。

二

A·科恩在评价罗蒂"哲学终结"的观点时讲过这样一句话："哲学的长期性是人类自我能力的深刻反映；正是这种能力使得哲学思维对人类来说是必不可少的。只要人类存在，就离不开哲学思维。"[1] 与此相关的一系列"终结论"，如文学终结论、历史终结论、理论终结论、主体终结论、意识形态终结论等等，形成一股强大的后现代主义"终结潮流"。但最终争论的结果似乎更多的人倾向于与科恩类似的观点：只要人类存在，哲学就不会真正完结；只要人类存在，文学就永远存在；只要人类存在，人类历史就不可能走向终点……

在此，重新回顾这一系列"终结论"争论的来龙去脉，似乎没有太大必要。因为思考后现代"终结思潮"之后哲学的未来与理论的未来似乎更为迫切、更有意义。那么，后现代之后，哲学现状及未来出路何在？文学艺术、文艺学美学研究的问题何在，出路又在哪里？巴丢的哲学思想及文艺思想在最近十年被热烈关注，笔者认为，与这些问题不无关系。巴丢的历史性出场对于我们思考这些问题具有重大理论意义及很强的现实针对性。

众所周知，后现代主义思潮的主要特征是"否定性"的：摧毁、解构、颠覆、否定、超越、批判既定的、传统的思想、价值、观念等。因而后现代主义又被叫作"否定的后现代主义"。虽然它曾经有过对现代性批判的一些积极意义，但最终却导致了价值虚无主义、怀疑主义、否定主义、相对主义等。此后，

1 Avner Cohnen，"The 'End-of-Philosophy'：An Anatomy of Across-Purpose Debate" 原载 History and Anti-history in Philosophy，Dordrecht：Kluwer Academic Pnb.，1998. 参见《世界哲学》，2004 年第 1 期。

美国的格里芬、罗蒂、怀特海等人为代表的“建设性后现代主义”，试图重建人与人、人与世界的价值关系，似乎让人看到了后现代内部的一种积极裂变和“新生”的希望，然而，却最终没能根本上改变后现代主义思潮带来的消极影响。仅仅通过“行动哲学”、“生态主义”、“重构主义”等主张，试图彻底扭转“否定的后现代主义”带来的虚无主义、相对主义等消极影响，看来是杯水车薪，无能为力的。

巴丢哲学思想的出现，给走向颓势的后现代哲学迎头一击，更使“后学之后”哲学的未来有了一丝希望。

巴丢激进的哲学立场，对后现代主义、解释学、分析哲学三大思潮的激烈批判，及其独特的哲学思想，使他迅速成为当前欧美学术界关注的核心之一。我们可以用“不合时宜”一词来概括巴丢哲学思想的独特性，这里所谓的“时宜”就是当代后现代主义思潮所形成的“时宜”。我们从以下几个方面来归纳一下这种“不合时宜”，以此来突显巴丢“特立独行”的激进哲学立场以及其哲学思想的独特性，突显巴丢哲学思想历史性出场的理论意义和价值。

其一是“回到柏拉图”与“反柏拉图主义”的对抗。

怀特海曾说过，欧洲的哲学传统是由一系列对柏拉图的脚注而构成的。德勒兹也说过类似的话：现代哲学注定是以推翻柏拉图主义为目标的。20世纪似乎是反柏拉图主义的世纪。自尼采哲学直到今天的后现代主义哲学，均打起了“反柏拉图主义”的大旗，反抗柏拉图哲学以来的形而上学传统、认识论传统、本质主义传统。在巴丢看来，反柏拉图主义在主题上、哲学学派上有多种多样。无论是萨特用存在主义思想反柏拉图的本质思想，海德格尔把对存在的遗忘的开端追溯到柏拉图，波普尔的人权思想认为集权主义从柏拉图开始，语言哲学站在诡辩论一边反对柏拉图等等。[1] 所以，巴丢说反柏拉图主义的名单列也列不完。

而巴丢的哲学姿态却是“柏拉图主义的姿态”。“柏拉图主义的姿态”就是以下四个方面：“承认诗人时代的结束；把数学的当代形式作为本体论的向量；

1　Alain Badiou, *Manifesto for Philosophy*, trans. and ed. Norman Madarasz, New York : State University of New York Press, 1992, P98-99.

从真理功能的角度思考爱；铭记政治开始的方向。”[1] 从这一柏拉图立场出发，巴丢提出了“数学等于本体论”等一系列哲学命题，创造了一系列新的哲学范畴。许多命题和范畴似乎也在今天的“后现代主义”语境中“不合时宜”。巴丢打起“回归柏拉图”的大旗，他对当代主导的每一种哲学倾向进行顽强地抵抗。他拒绝给自己的哲学加上诸如“分析的”、“欧陆的”等标签。巴丢对自身哲学的这种“边缘化”处境毫不畏惧，甚至藐视这种被“边缘化”。他说：“自柏拉图以来，哲学始终是对观念的突破。……对哲学家来说，凡是没有争议的东西就都是可怀疑的。”[2]

其二，“永恒的、普遍真理”对抗“差异”、“多元化”时代的“真理的终结”。

正如彼德·霍尔沃德所言：“巴丢哲学最重要的和一鸣惊人的举措，使他完全脱离同代人的举措，就是证实真理的严格的、毫不妥协的普遍性，并最终把这种真理从判断和阐释的合法性中抽取出来。”[3] 对于“真理”的彻底放弃也许是当今时代的突出文化症候之一。然而，巴丢采取了“介入”哲学立场，他几乎全部的哲学努力就是证明和呼唤真理的普遍性和永恒性。这一点可能会面临后现代主义等当代哲学思潮的无情嘲笑或讥讽。然而巴丢打起“回归柏拉图”的大旗，就是要向柏拉图或笛卡尔所主张的真理的一次回归。

然而，巴丢对“真理”有独特的理解，它既不是柏拉图的“符合论”真理，也不是海德格尔的“存在论”真理，更不是党派式的真理。与当代三大哲学主流解释学、分析哲学、后结构主义对真理的各种理解也完全不同。三大哲学尽管对真理的理解不同，但共同之点就是对“真理”的深刻怀疑。巴丢所谓的“真理”是一个过程，是一种信仰，是不时发生的、我们制造出来的东西。真理作为一个过程，开始于一个事件的偶然相遇。它是“事件”之后发生的，与自身所召集和维持的主体同时出现，因此，真理、事件、主体就是这同一过程的不同方面：“一个真理通过主体的宣布而成为真理，这些主体在宣布真理的过程

1 Alain Badiou, *Manifesto for Philosophy*, trans. and ed. Norman Madarasz, New York：State University of New York Press, 1992, P97.

2 Alain Badiou, *Abrégé de métapolitique*, Paris：Seuil, 1998, P90.

3 Peter Hallward, Introduction to *Badiou：A Subject to Truth*, Minneapolis：University of Minnesota Press, 2003, Pxxiii

中，以其对事件的忠诚而成为主体。”[1]真理之所以是一种信仰，指的就是事件之后的主体对事件的持久的“坚持”和“忠诚”，一种近似信仰的、对于事件的忠诚。因为真理这一过程开始于与事件的偶然相遇，因此，这种相遇发生在真理的四个程序之中，所以它又是“不时发生的”、“制造出来的东西”。

后现代否定了真理，更否定了真理的普遍性、永恒性，主张差异、多元和碎片化。要从传统哲学的形而上理性主义“迷梦”中回到现实中来。而巴丢却主张真理的普遍性和永恒性，反对后现代主义的文化相对主义，反对这种后现代差异哲学主张的身份政治。足见巴丢的哲学勇气，他似乎在与整个时代作对。他所谓的真理的普遍性是指真理来自哲学的四个条件，来自四个真理程序之中——科学、政治、艺术、爱。每个真理程序中产生的真理都是单一的、独特的、内在的，因此是复数的真理（truths）。哲学并不产生真理，而是为四个真理程序中真理的产生提供概念空间。哲学中所讲的真理（Truth），从规模上而言，就是指这四个真理程序中真理的普遍性、永恒性，每一个真理程序都将产生各种各样的真理，真理的可能性永远不会停止。这里的普遍性就是一种使本身可以被实现的力量。普遍的真理就构成了“时代的真理”，成为时代永恒的东西。

其三，“真理—主体”对抗“主体终结”后的“身体—个体”。

四种真理程序为哲学提供了条件，哲学由此产生。这些条件之外的东西，被巴丢诊断为“我们当代卑鄙的东西”。在真理程序的每个领域中，主体都是真理的主体。而巴丢所理解的主体与福柯、阿尔都塞理解的“人之死”相一致，是一种“空洞的、分裂的、无实质的、无思想的”主体。巴丢从解构主义之中拯救出了主体，使主体成为一种总体化的、否定的、存在于外部的主体，一种没有他者、没有对立面的主体。这种主体就是“真理—主体”。巴丢哲学致力于创造“一种不依靠现象学的主体的哲学，不依靠充足性的真理的哲学，不依靠历史主义的事件的哲学”。巴丢正是以这样的哲学“介入”当代世界的逻辑，反对当今世界的“民主唯物主义”的“身体”和“语言”的帝国式统治，反对欲望

1 Peter Hallward，Introduction to *Badiou*：*A Subject to Truth*，Minneapolis：University of Minnesota Press，2003，Pxxiii

化、市场主义、肉身化、物欲化、金钱至上、帝国式语言等对人们的统治。

其四，“数学＝本体论”对抗“语言本体论”。

巴丢提出的“数学即本体论”，更确切地说是数学集合论的本体论。数学集合论思想主要来自康托尔及后来的策梅罗－弗兰克尔公理化集合理论。“事件”是在康托尔集合论中发明的，在策梅罗－弗兰克尔理论中形成了真理程序。巴丢规定了真理程序单独发生在艺术、科学、政治和爱四个领域，而哲学需要做的就是给这些领域产生的复数的真理提供一个思考的概念空间，也就是思考这些真理程序的并置或兼容性。这样这四个独立的真理程序就成了哲学得以实现的前提条件。策梅罗－弗兰克尔公理化集合理论就是“康托尔事件”之后的真理程序。因此，集合理论就成了哲学的前提，即哲学的“元本体论”。巴丢从集合论出发建立了与其结构平等的概念体系。在集合理论的结构基础上的哲学范畴就具有了不同于以往的新范畴和旧范畴的新解释，如真理、主体、事件等范畴就具有了新的内涵，而事件点、情势、情势状态、类属的多等则是巴丢独创的一些全新哲学范畴。巴丢从数学集合论作为哲学起点，展开了对“存在”问题的思考，放弃了语言之于存在问题思考的首要性和优先性。集合论将存在显现为纯粹多元性，这种元素的多是超越于语言之上的。他对哲学的“语言转向”持怀疑的态度。他讥讽解构主义是一种现代诡辩论，维特根斯坦等人是现代诡辩论者。巴丢认为，在数学思想或在作为思想的数学中，最关键的是真实的事物，而非纯粹的词语。哲学必须与数学重新结合，数学是严格意义上的本体论，是作为存在的无限发展。数学为条件的哲学，使真理服从于事件的局部化，把真理从诡辩的语言暴政中解放出来。

其五，“系统化”哲学构想对抗当代的“碎片化”时代。

巴丢的哲学体现了一种“不合时宜”的系统性特征。巴丢也曾说过“哲学始终是系统的”。巴丢这里所说的“系统性”是指其来自集合理论的“类属”的多思想，是指哲学真理程序的“类属”性特征，指哲学四个条件的共存性和并置性——无论是政治、科学、艺术还是爱。这四个条件共同构成哲学的存在条件，不能将哲学缝合于其中某个条件。哲学史上将哲学缝合于某个条件，必将导致哲学的灾难性后果。四个真理程序中的事件与真理同时具有这种共存性。无论是数学界康托尔事件，政治领域中的法国 1968 年五月事件，诗歌领域中马拉美、佩索亚和塞兰事件，爱和欲望方面有拉康事件。巴丟哲学就是要指出这些事件及这些事件后的真理的共存性。正是类属程序范畴将存在的诸范畴及事件的诸范畴贯穿了起来。齐泽克这样评价巴丢："他以独特的方式把严格的数学知识，真理的哲学情怀、艺术家的感性和激进的政治活动结合起来。"[1] 此外，巴丢著作所涉猎的领域也体现了这种"系统性"。这些领域包括数学、拓扑学、现代诗学、电影、戏剧、舞蹈、小说、政治学、精神分析等等。

三

巴丢正是在这样的哲学视域中，展开了对"非美学"问题的研究。"非美学"思想的出发点就是对诗与哲学关系的一种新的构想。巴丢将历史上诗与哲学关系归结为三种图式：启蒙式、浪漫式与古典式。而"非美学"是诗与哲学关系的第四种图式。这种图式认为，诗（艺术）不再是哲学的研究对象，而是哲学得以形成的条件，是哲学的四个真理程序之一。艺术中产生的复数的真理，艺术中的主体、艺术事件等问题，需要放在哲学建构的概念空间中加以思考，因此，哲学并不产生真理，哲学的目的是掌握真理，掌握四个真理程序中产生的真理。从而形成哲学中所说的大写的真理，形成普遍、永恒的时代真理。

"非美学"除了被巴丢理解为诗（艺术）与哲学的新的关系之外，还被巴丢解释为"特定艺术中的内在哲学效果"。巴丢所谓的特定艺术既指特定的艺术类型，也指特定的作家作品。因此，"非美学"不仅仅是一种新的关系，还是一种新的思想和新的方法。作为一种新的文艺思想，"非美学"包含了巴丢对艺术真理、艺术主体、艺术事件等问题的独特思考。作为一种新的方法，一种新的文艺解读方法，巴丢展开了他认为的特定艺术类型、艺术作品的"非美学"式解读。

巴丢全新的"非美学"的文艺思想认为，艺术真理是艺术事件之后的一系列艺术形构。艺术的主体就是艺术事件之后的一系列作品及作品的新形式。艺

1 见齐泽克为 Peter Hallward 所著的 Badiou：A Subject to Truth（University of Minnesota Press，2003，Pix-xiii）一书所写的序言。

术事件是在艺术的情势中发生的、偶然的、断裂的、标志着新的真理和新的主体诞生的事件。巴丢独特的“非美学”文艺解读方式，则是一种参与式解读，一种强力解读，一种反传统式解读，一种哲学式解读，总之是一种“非美学”式的解读。

通过这种“非美学”的文艺思想及“非美学”式的解读，巴丢对贝克特小说、戏剧，对马拉美（还包括佩索亚、策兰、兰波等人）的诗歌进行了文本细读。然而这种文本细读绝不是“新批评”式的语义式分析，也不是解释学的意义式细读，更不是传统美学体验式品读，而是通过“非美学”式的解读，发掘出这些作品的“内在哲学效果”，即这些作品中内在包含的、独特的关于“存在”、“事件”、“真理”、“主体”等方面的哲学思想。哲学中提到的这些概念只是一种“概念空间”，而要真正理解这些哲学范畴，必需回到哲学的条件，回到艺术中（政治、科学、爱之中）去，用特定艺术类型中的特定作品来解释这些哲学范畴的思想内涵。贝克特小说、戏剧揭示了存在的“空”、存在的“阴暗”、主体的形象、爱的相遇、事件及命名等哲学思想。通过对马拉美诗歌句法、诗学思想等方面的解读分析，揭示了事件、命名、真理、忠诚等哲学思想。巴丢对电影艺术进行了独特的理解。他认为电影是一种“群众艺术”，一种“不纯”的艺术，是“第七种艺术”，是一种“加一”的艺术。电影是民主的象征。电影艺术有历史的、叙事的、精神分析的、文化的四重维度。电影需要哲学，哲学也应该成为一种“群众哲学”。

四

巴丢哲学思想并没有就此停下脚步。巴丢的思想是“正在进行时”。2003年至今的几年间，巴丢又出版了法语著作近三十部，期间他的著作有二十余部被译为英文。他的最新哲学思考集中体现在《世界的逻辑》中。他的哲学思想由80年代《存在与事件》中的抽象概念层面上对存在、事件、主体、真理等问题的思考，转向了在“世界的逻辑”中思考这些问题。他的哲学近年来表现出了强烈的“介入”立场。他对当代世界的逻辑进行了深刻分析与批判。认为世界的“民主唯物主义”逻辑中，“只有身体和语言”。而要打破这种逻辑，就必须加入“三”——“真理”。他主张的“唯物辩证法”认为，世界的逻辑应变成“除了真理，只有身体和语言”。

从这种“介入的”哲学立场出发，他展开了对当代艺术问题的批判。当前艺术的当务之急就是“避免作一个浪漫主义的形式主义者”。艺术应该找到一种新的普遍性——艺术真理。艺术的主要任务就是真正的“新形式”的创造，艺术的真正功能则是，创造新的可能性。这种可能性既包括艺术的可能性，同时指政治的可能性。巴丢对当代艺术的批判，对于我们思考中国语境中的文艺现象和文艺理论问题都具有一定的借鉴、参考意义。诸如当前中国文艺界的“身体写作”问题、当代文学的“新生”的问题、“新媒体文学”与文学产业化问题、“后理论”时代文艺研究的出路问题等等。

当然，尽管巴丢哲学思想、文艺思想非常“新”，但也有人指出其思想中存在着这样那样的局限与问题。如有的学者指出，巴丢的思想并不新。他的许多概念、术语及哲学系统都是借鉴前人基础上的拓扑嫁接。有人指出，他的哲学思想存在数学结构与哲学结构的“类比”化倾向。有人认为，他的“非美学”思想存在各种各样的悖论。例如他反语言中表现的悖论——他一方面反语言转向，一方面又是语言艺术家（作家、戏剧家）；诗与哲学关系的悖论，建立了一种抽象美学；诗歌解读方法中既放弃语义，又离不开语言分析的悖论；巴丢将一些不可译的作品译成了法文；等等。有人分析了巴丢的“非美学”与“反美学”关系的暧昧，分析了巴丢的艺术自律与艺术他律间的矛盾以及艺术与非艺术关系的模糊观点，等等。

巴丢“不合时宜”的思想，他对当代主流思想的批判，他对普遍、永恒真理的倡导，使他给当代思想界带来一股鲜活的空气。但同时，令笔者忧虑的是，他对普遍真理（信仰）的强烈呼吁，他激进的批判姿态，使他只能孤军奋战，某种意义上更像是一个孤独的哲学“斗士”，他把包括自己在内的哲学家自嘲为一名“孤独的守夜人”，真理的曙光和他思想的光辉何时才能划破冰冷的夜空？我们只能拭目以待。

第十七章　美学、文化与文艺学：走向全球对话主义

——超越“文化帝国主义”及其批判者[1]

文化研究分作两种模式，“现代性”文化研究与“后现代性”文化研究，在分别考察了它们的长处和短处之后，本章论述了超越这两种模式的第三种模式，即“全球性”文化研究模式，其灵魂是扬弃了现代性和后现代性哲学的“全球对话主义”哲学与美学。

全球化作为一种新的哲学

学界正在认识到，全球化不仅是我们必须面对的一个对象，它就在我们眼前，似乎伸手可及，而且也必须成为我们考察一切现象所由以出发的一个视点。这就是说，在全球化的诸类后果之中，还有一个日益明晰下来的哲学后果：全球化将作为一个超越了现代性与后现代性之对立的新的哲学概念。它是现代性，也是后现代性，更重要的是，它同时就是这二者，以及这二者之间复杂的动态关系。

这一或许本应由哲学家来提炼的时代命题，现在却是由社会学家为我们暗示了出来的。在其《现代性的后果》一书之末章，吉登斯概括指出：“现代性的根本后果之一是全球化。它远不止是西方制度向全世界的弥漫，其它文化由此而被摧毁；全球化不是一平衡发展的过程，它在粉碎，也在整合，它开启了世

1　本章由金惠敏撰写。

界相互依赖的新形式，其中‘他者’再一次地不存在了。……从其全球化之趋势看，能说现代性特别地就是西方的吗？不能。它不可能如此，因为我们在此所谈论的，是世界相互依赖的新兴形式与全球性意识。”[1]吉登斯没有否认全球化的现代性方面，即将西方制度向全世界推广的帝国主义计划，但他更倾向于看到这一帝国主义计划在实施过程中的失败以及由此所带来的各民族和国家的相互依赖——与吉登斯不同，我们称此为全球化的“后现代性”维度，这也是他在别处所断言的，全球化将导致一个“失控的世界”[2]。

关于全球化之为“后现代性”，汤姆林森的激进立场可能令每一位严肃的学者瞠目结舌。他那本轰动一时的《文化帝国主义》（该书初版于1991年）专论，对于全球化之为“现代性”的观点，大有将其赶尽杀绝之势：“全球化之有别于帝国主义之处可以说在于它是一个远不那么前后一致的或在文化上被有意引导的过程。帝国主义这个概念虽然在经济的与政治的涵义间游移不变，但它至少意指一个目标明确的计划：有意将一种社会制度从一个权力中心推向全球。而‘全球化’的意思则是说全球所有地区以一种远不那么目标明确的方式所发生的相互联结和相互依赖。它是作为经济和文化实践的结果而出现的，这些实践就其本身而言并无目的于全球整合，但它们还是生产出这样的结果。更关键的是，全球化的效果将削弱所有单个民族国家的文化一致性，包括那些经济大国，即前一时代的‘帝国主义列强’。”[3]但是，汤姆林森无法向我们稍微证明，且不论其后果如何，难道全球化是一个没有推动者的自然过程吗？若此，全球化除非与人无关。显然，汤姆林森的错误是用“后果”否定“意图”，他似乎不知道“意图”是主观的，而“后果”则是客观的。全球化既然是由人来推动的，那么其“现代性”便不容否定。看来，还是吉登斯的“失控的世界”意味深长，它既肯定有人控制，又看见其于结果上的无法控制。

---

1 Anthony Giddens, *The Consequences of Modernity*, Stanford : Stanford University Press, 1990, P175.

2 Anthony Giddens, *Runaway World, How Globalisation Is Reshaping Our Lives*, London : Profile Books, 2002, Pxxxi.

3 John Tomlinson, *Cultural Imperialism, A Critical Introduction*, London/New York : Continuum, 2001, P175.

借用一个日语词(dochakuka)，罗伯森将全球化描述为“球域化”(glocalize/globalization)[1]，即是说，全球化是“全球”与“地域”的双向互动，“其核心动力学包含了普遍的特殊化与特殊的普遍化这一双重的过程”。[2]罗伯森的全球化研究多从宗教、意识形态和文化入手，因而也更多地具有哲学的相关性。在一个全球化时代，我们既无法坚守地域性，也不能以全球性完全吞噬地域性，它们是一个普遍性与特殊性的哲学问题，体现在任何一个具体的事物之中。

更明确地说，社会学视野中的全球化已经为我们勾勒出一幅完整的现代性与后现代性之复杂关系的哲学图谱：现代性就是自笛卡儿以来的主体性哲学，后现代性则是胡塞儿意识到主体性哲学的唯我论缺陷之后所提出的“主体间性”概念，是后来为哈贝马斯由此所发展的“交往理性”。不管是否采用“后现代性”一语，凡是对现代性主体哲学的批判，都可以视为一种超越了现代性的“后现代性”意识。“后现代性”曾被一般人误认作一种虚无主义，包括吉登斯、哈贝马斯等，其实它不过是一种较为激进的胡塞尔主义，例如在德里达那儿，它提醒，我们的意识、我们的语言、我们的文化等等一切属人的东西是如何遮蔽了我们应该追求的真实，它们应该被“悬置”起来，以进行“现象学还原”。因而，后现代性就是一种穿越了现代性迷雾的新的认识论和新的反思性。如果说“后现代性”由于过分投入对理性的批判而使人误以为它连理性所对应的真理一并抛弃，那么全球化作为一种新的哲学则既坚持现代性的主体、理性、普遍、终极，但同时也将这一切置于与他者、身体、特殊、过程的质疑之中。或者反过来说，全球化既不简单地认同现代性，也不那么地肯定后现代性，而是站在它们之间无穷无尽的矛盾、对抗之上，一个永不确定的链接之上。缺少其中任何一个维度，都不是“全球化”，都将无法正确认识全球化这个新的对象，

---

1 Roland Robertson, *Globalization : Social Theory and Global Culture*, London : Sage, 1992, P173-174. 后来他也使用其名词形式，*glocalization*，并做了进一步的考辨，见 Roland Robertson, “Glocalization : Time-Space and Homogeneity-Heterogeneity”, in : Mike Featherstone, Scott Lash & Roland Robertson (eds), Global Modernities, London : Sage, 1995, P25-44.

2 Ibid., P177-178.

以及发生在全球化时代的任何现象。

全球化时代的“全球性文化研究”

文化研究的英国史，即使仅从威廉斯之发表《文化与社会》的1958年算起，也已经跨越整整半个世纪的年头了。文化研究最初是一项英国国内的事业，致力于解决其国内的文化政治问题，如大众媒介、流行文化、青年亚文化、消费社会，其中马克思主义、意识形态、霸权、抵抗、链接一直是其关键词，如果也可以说是其灵魂的话。大约从上世纪90年代以来，文化研究的议题迅速国际化。霍尔开始高频率地谈论身份、混杂、新族性、英国性、全球化，尽管他早年也不时有此讨论。检视莫利的话题史，80年代不出“全国”（受众）、“家庭”（电视），那么90年代就转向了“全球媒介、电子图景、文化疆界”等这些显然只有全球化时代才有的课题。近些年，“全球文化”、“全球公民”、“全球公共空间”等等“叫词”（buzzwords），还有从美国响起的对“全球化文化研究”（*globalizing Cultural Studies*）的径直呼喊[3]，则更是将文化研究的全球性渲染得姹紫嫣红、春意盎然。《国际文化研究》的创刊（1998年），文化研究课程和系科在全世界的遍地开花，加之也多有以“国际文化研究”相标榜的研究和教学机构的出现，这些终于从体制上将文化研究纳入了全球化语境之中。

种种迹象表明，文化研究已经自觉地进入了一个全球化时代。但是这并不必然是说，文化研究就已经取得了正确的“全球意识”。没有谁会否认，未来的文化研究必定是全球性的，但这同时也是一个更深层的要求，即，全球化时代的文化研究必须以一个与时俱进的如上被翻新了的作为哲学概念的“全球化”或者“全球性”为其理论，为其胸怀，为其眼界，否则就仍旧是“现代性”的文化研究，或“后现代性”的文化研究，而不是综合和超越了现代性和后现代哲学的“全球文化研究”或“全球性文化研究”。

以下，我们将以关于“文化帝国主义”的论争为例，分别阐明何谓“现代

3 See Cameron McCarthy, et al.(eds): *Globalizing Cultural Studies: Ethnographic Interventions in Theory, Method, and Policy*, New York & Washington, D. C.: Peter Lang, 2007.

性”的文化研究，何谓“后现代性”的文化研究，其各自的问题是什么；最后，以“全球性”这一被更新了的哲学概念，我们愿意将其凸显为“全球对话主义”，重新审视“文化帝国主义”论争所指涉的文化流动现象——这现象可不是今天才有的，也许我们甚至能够说，它自遥远的柏拉图时代或孔子时代就开始了。文化从未停止过流动，文化“们”总是在碰撞，在裂变，在融合，在寻找新的融合。今日所有的民族文化都不是天生独一的，就连民族本身也并不是单一来源的。不过，全球化则使这一古老的现象以其从未有过的速度和规模上向我们呈现出新的迫切性和问题性。对它，我们不能不急切切地面对。

“后现代性”文化研究不承认“文化帝国主义”

现在，我们先考察“后现代性”文化研究，其主要表现和存在的问题。

汤姆林森的《文化帝国主义》一书，如果我们可以将它归纳为“后现代性”文化研究的话，那么在这一视点上它对“文化帝国主义”话语的批判堪称范例。它系统、深入、思辩，对其论敌具有极大的杀伤力。自此以后，“文化帝国主义”似乎一蹶不振，在文化理论界再也没有过出头露面的日子。

所谓“文化帝国主义”论题，简单说，就是认为一种文化，当然是西方文化，或者，美国文化，完全征服和重组了另一种文化，当然是弱势文化，尤其是第三世界文化，结果将形成某种单一的“帝国”文化。对此论调，汤姆林森使用的武器有多种，其中比较有力的，应属来自于解释学或者接受美学的文本与读者的互动理论。汤姆林森并非视而不见，以迪斯尼卡通、好莱坞大片、麦当劳快餐、牛仔裤等等为表征的美国文化之大量地出现于其它文化，这是谁也无法否认的事实；但是，汤姆林森话锋一转，提出质疑：“难道这种出现就代表了文化帝国主义？”他认为，“单是这一纯粹的出现并不能说明什么”。原因是：“一个文本除非被阅读就不会发生文化上的意义，一个文本在被阅读之前无异于一张进口的白纸：仅有物质的和经济的意义，而无直接的文化的意义。在这一层次上进行分析，那么，阅读帝国主义文本在判别文化帝国主义上就成为至关重要的问题了。”[1] 在汤姆林森所理解的阅读理论看来，什么“文化帝国主义”的文本，在被阅读之前，几乎毫无意义可言；而一经阅读，即便说它有意义，那也不再是原有的意义。文本的文化意义是接受者的后来创造。

汤姆林森选择泰玛·利贝斯和埃利胡·卡兹对电视剧《达拉斯》(Dallas)的效果研究来支持他对“文化帝国主义”的否定。据利贝斯和卡兹描述，“《达拉斯》这一名字在20世纪80年代成为一部美国电视连续剧征服全世界的象征。《达拉斯》意味着一次全球观众的集会(历史上最大的集会之一)，人们每周一次地聚集在一起，以追随尤因王朝的传奇——它的人际关系与商业事务。”[2] 这一《达拉斯》效应通常被视为一个典型的“文化帝国主义”事件，是美帝国主义“文化意义”的输出和接受，其流程按照“文化帝国主义理论家们”的观点是：“霸权信息在洛杉矶被预先包装，然后被运往地球村，最后在每一个天真的心灵中被解开。”[3] 对于“文化帝国主义”论者的观点，利贝斯和卡兹试图通过自己对观众实际反应的调查研究予以检验。汤姆林森十分欣喜地看到，他们的实证研究表明，“观众比许多媒介理论家所假定的都要更加活跃、更加富于批判精神，他们的反应都要更复杂、更带反思意识，他们的文化价值对于操纵和‘入侵’都要更具抵制力。”[4] 确实利贝斯和卡兹的效果研究证实“解码活动是观众文化与生产者文化之间的一个对话的过程”[5]，这因而也就是颠覆了前引“文化帝国主义理论家们”关于文本意义之“文化帝国主义”性即视其为一个线性传输过程的假定。

但是汤姆林森忘记了，或许就不知道，解释学或接受美学，属于现象学，而非简单的“后现代”。意义是文本与读者互动的结果，它产生在文本与读者之间，而非仅在读者一极。任谁，只要他多少涉猎过伽达默尔和伊瑟尔、尧斯的

---

1 John Tomlinson, *Cultural Imperialism, A Critical Introduction*, P 42.

2 泰玛·利贝斯、埃利胡·卡兹：《意义的输出：〈达拉斯〉的跨文化解读》，刘自雄译，华夏出版社2003年版，第3—4页。

3 泰玛·利贝斯、埃利胡·卡兹：《意义的输出：〈达拉斯〉的跨文化解读》“前言”，第1页。

4 John Tomlinson, *Cultural Imperialism, A Critical Introduction*, P49–50.

5 泰玛·利贝斯、埃利胡·卡兹：《意义的输出：〈达拉斯〉的跨文化解读》1993年版导言，第5页。

著作，将都不会创造出这样无意义的误解。而即使“后现代”，那些严肃的“后现代”理论，对于文本，也决不是“怎么都行”的，例如在德里达的解构那里，倒是“汤氏后现代”是个例外。

不过，倘使它只是一个孤例也就罢了，严重的是这种通过解释学阅读而否定“文化帝国主义”的论调，经过汤姆林森看似雄辩有力的论证，如今仿佛已成媒介研究领域的一个权威观点，而“文化帝国主义”话语的头颅则被高悬城门，在寒风冽冽中，向过往行人宣示“后现代性”文化研究之不可冒犯的正义和统治。

我们深感惊讶，就在近些年，也就在有深厚现象学传统的德国，竟然有学者跟随汤姆林森的偏激和肤浅而加强和突进对全球文化的后现代理解。慕尼黑大学社会学教授乌尔里希·贝克（Ulrich Beck）在新发表的一篇文章[1]中，指出“美国化（*Americanization*）这一概念建基于对全球化的一个民族式的理解之上”，他批评，这是“方法论的民族主义”（methodological nationalism）。作为一种替代方案，他主张，全球化必须被理解为“能够反映一个新的超民族（transnational）世界”的“全域化”（*cosmopolitanizaion*）[2]。据他考证，该词的核心部分 *cosmopolitan* 由两个词根合并而成，“cosmos”和“polis”，前者的意思是“自然”（nature），后者是“城／邦”（city/state）。“全域”（cosmopolitan）一语表明，人类个体生来就扎根于两个世界：一个是自然，一个是不同的城市、

1 Ulrich Beck, “Rooted Cosmopolitanism : Emerging from a Rivalry of Distinctions”, in : Ulrich Beck, Natan Sznaider & Rainer Winter (eds), *Global America? The Cultural Consequences of Globalization*, Liverpool : Liverpool University Press, 2003, P 15-29. 贝克在其他地方，如《世界风险社会》(Ulrich Beck, *World Risk Society*, Cambrideg : Polity, 2000)、《全球化时代的权力》(Ulrich Beck, *Power in the Global Age*, trans. Kathleen Cross, Cambridge : Polity, 2005) 和《贝克谈话录》(Ulrich Beck and Johannes Willms, *Conversations with Ulrich Beck*, Cambridge : Polity, 2003) 等，对“全域主义”也有阐述，但以此处最为集中、鲜明和系统，故本文讨论以此为本，除非另有注明，引用贝克均出此文。

2 该词旧译“世界化”，同源派生词有“世界主义”等，现代汉语的“世界”不含地方性的意思，与英文和德文的对应词(world, Welt)是一样的。“世界”总是在总括的意义上说的，如歌德和马克思的“世界文学”(Weltliteratur)概念，其中地方性是要被排除的。现改译为“全域化”，以将原词的合成含义表达出来。

疆域、种族、宗教。全球化作为“全域化”的原则不是“非此即彼”（either/or），而是“亦此亦彼”（this-as-well-as-that）。“全域主义生产出一种非排他性对立的逻辑”，据此，“自然与社会相接，客体是主体的组成部分，他者的他性被包括在一个人本身的自我身份和自我界定之中，于是排他性对立的逻辑就被抛弃了”，取而代之的是“内涵式对立”（inclusiveoppositions），即一切对立都被包涵在一个更大的框架之中，这个更大的框架就是“自然”，或“宇宙”，或“大全”（universe），贝克生怕被误解为一种改头换面的普遍主义，于是赶在“全域主义”之前加上“有根的”（rooted）一词而成“有根的全域主义”，以突出这种“大全”对差异、对立、个体性和地方性的容纳。由于强调“大全”，强调“大全”对多元的统摄，贝克就不容许把全球化想象成为一种民族与民族作为独立单元的相互联系，例如英国社会学家大卫·黑尔德（DavidHeld）的“相互连接”（interconnectedness）概念，更不必说我们早已习惯了的“国际”（international）一词，必须被当作“方法论的民族主义”而唾弃。

但是贝克的难题在于，第一，这种“大全”不过是一种“想象的共同体”，即使它真有，也一定要通过“有根”的个体通过想象来建构，它不能不是地域的、历史的、民族的和意识形态的，因而就难以纯粹，难以客观，难以获得全体个体之认同。这就是说，第二，在其最终的意义上，个体不可能被废弃，因为一个简单的道理的是，任何意识，比如“大全”意识，必须有所寄寓；意识是个体的意识，若是没有个体，那谁来想象“大全”？即使将来真有一天，世界大同了，个体的个体性、独一无二性也不会在这大同中消失。

通过赋予新义的“全域主义”，贝克否定了以民族为单元思维的“美国化”，这也是对同样性质的“文化帝国主义”的拒绝，但是，第三，但“全域主义”仍然假定有民族、地方之间的矛盾和对立存在其内，那么如果其中各方不是势均力敌、旗鼓相当，则一定就有优势的一方对另一方或其他各方发挥较大的作用，无论这作用是柔性的葛兰西的“霸权”或者列宁的暴力专政，都将有“文化/帝国主义”的存在。不错，“美国化”或“文化帝国主义”是以一个对全球化的民族式理解为其前提的，但是要去掉这一前提，除非无视全球交往所产生的民族矛盾和冲突，除非将个体解除，将人类解除，如此方可回到原始的、洪荒的、天地不分的“大全”。在一个全球化的时代，“文化帝国主义”的仍然有效性在于，它假定了民族、地方在全球交往中的不可祛除性，更进一步，也假定了个体存在的永恒性。“第二次现代化”的“超民族性”不可能终结“第一次现代化”的“民族性”，至少在目前，在可见的未来。“现代性”将穿过“后现代性”而进入“全球性”，它当然会在对后现代状况的适应中对自身进行重新定位。

必须注意，贝克的“全域主义”虽然于其表面上似乎仍然承认对立、差异、民族、个体，但由于他将这一切都“囊括进”（includeinto）一个“自然”（cosmos），一个“大全”之内，而使这一切都成了所谓的“内涵式对立”（inclusive oppositions），即是说，这些对立元素已经失去其先前的意义，它们不再是其自身。在贝克，“全域主义”的另一表述是“超民族性”（transnationality）。同理，虽然在超民族的逻辑中仍然有民族，但由于这些民族相互之间不再是“一对一的应和关系”（one-to-one correspondence），它们可以相互说话，而是都要跟一个“大全”说话，其先前的相互说话被提升为同时即是跟“大全”说话，即超越民族自身而与“大全”对话，接受“大全”的规范和制约。民族被超民族化，被全域化，这结果也就是“去民族化”，即民族的消失。具体说，甚至“一旦引进欧元”，一旦涉及“欧洲”概念，各别的欧洲国家如德国、法国和意大利等等便无复存在了。[1] 贝克争辩，“全域主义”作为一个位于更高抽象级别的概念，其“在此的前提是，民族的不再是民族的”，它是对各个具体民族的抽象、超越，因而否定。进入“全域”，进入“全球”，就意味着放弃民族或国家的“主权”和“自主性”，——一个全球化时代的“国将不国”现象。

在这一点上，可以说，贝克是非常地后现代，他通过后现代哲学一个惯常的做法，即将现代性“主体”置入“结构”，更准确地说，置入德里达“无中心之结构”，而取消其“主体性”，其对他者的压制和整合，在社会学的意义上便取消了“美国化”以及“文化帝国主义”。“结构”，我们知道，总是“超越”于“个体”或“主体”的。借着这样的“结构”，贝克“超越”性地否定了“民族”或“国家”作为个别的实体存在。贝克终于可以祭出狠狠的一剑了，他一剑封喉：既然连“民族”或“国家”都不存在了，哪里还有什么“美国化”？哪里还有什么

1 Ulrich Beck, *Power in the Global Age*, trans. Kathleen Cross, Cambridge : Polity, 2005, P xi.

“文化帝国主义”？因为，在“全域主义”看来，压根儿就缺少实行“美国化”的那一主体“美国”，那一实行“文化帝国主义”的“民族”！“全域主义”不承认“美国”，不承认任何独立自主意义上的“国家”概念。趁便指出，在汤姆林森取消“文化帝国主义”的诸多理由中，前文无暇顾及，也有这么一个釜底抽薪的后现代做法，即把“民族”、“民族国家”、“个体”和“主体”先行删除，让“无以/谁”“美国化”，“无以/谁”进行“文化帝国主义”。

如果说贝克是通过取消哲学的“主体”和社会学的“民族”而取消了“美国化”或“文化帝国主义”，那么，令人困惑的是，德语界著名文化理论家海纳·温特(Rainer Winter)教授则是通过对“主体”、“个体”、“语境”——总之，一个我愿称之为的“解释学情境”——的认定而取消了“文化帝国主义”。“道”不同，何以相为谋？要知道，此“道”者，非彼寻常之“术”也。

在其与贝克出现于同一文集的一篇论文[1]里，针对有人之担忧以美国为主导的大众文化将带来文化的标准化和刻板化，以及地域文化之特殊性的消解，温特旁征博引各种文化研究资源，以《兰博》、《达拉斯》，尤其是他个人所调查的被美国文化工业极力推销的hiphop音乐之传播和接受为例，证明这些全球媒介产品并未导致如上担忧的情况出现，正相反，他援用阿俊·阿帕杜莱(ArjunAppadurai)一个有名的观察，“大众媒介在全世界的消费所激起的常常是抵抗、嘲讽、选择，以及总起来说，能动性(*agency*)”[2]。温特坚信，去消费，就是进入“解域、调和与杂交的过程”；去接受，就是去挪用(appropriate)，去表达，去生产，去实践。对所谓“文化帝国主义”文本的消费和接受，让温特感兴趣的是，呈现为一个积极的反向过程，一个反客为主的自我建构过程。这就是“全球化的辩证法”，或者，如他(与另一作者在该文集导言中)所称的，

---

1 Rainer Winter, “Global Media, Cultural Change and Transformation of the Local: The Contribution of Cultural Studies to a Sociology of Hybrid Formations”, in: Ulrich Beck, Natan Sznaider & Rainer Winter (eds), *Global America? The Cultural Consequences of Globalization*, P 206-221. 下引温特均出此文，除非另有注明。

2 Arjun Appadurai, *Modernity at Large, Cultural Dimensions of Globalization*, Minneapolis & London: University of Minnesota Press, 1996, P 7. 不过，阿帕杜莱也同时指出：“这并不意味着消费者是自由的能动者”(Ibid.)。

"全球化的文化后果"——"开始于美国化这种现象"，而继之以"全球化的文化后果"[1]。对此，温特和其他文化社会学家都已经通过大量的实地调查做了充分的令人信服的展示，但是，我以为，或许在理论上应该予以确认的是，我们需要刨根究底，"文化帝国主义"何以会产生如此始料不及的后果呢？能够对"文化帝国主义"进行抵抗的力量究竟来自何处？文中温特没有直接回答这类问题，但仔细推敲其行文，我们似可从中引申出如下几点：第一，消费者是一"主体"或者"个体"，再或者，"个体主体"，他是有自己利益和智识的个人。第二，消费者有自己的"语境"和"地方"，而且这"语境"和"地方"决不只是他赖以活动的外部环境，它们早已内化为消费者作为"个体主体"最本己的生命存在；第三，消费者有自己的语码系统，但更有自己的日常生活实践。归结起来，消费者必须被认作"个体"。正是在这一根本的意义上，温特从自己的人种志调查中得出结论，hiphoppers 使用 hiphop 这种音乐风格来"界定他们自己的个人身份，因而也就是为了个体化(individualization)"。对温特当不言而喻的是，消费者只有作为"个体"才能对媒介商品进行"个体化"。

对于贝克之以"全域主义"解除"文化帝国主义"，我们可以毫不犹豫地称其为"后现代性文化研究"，因为他解构了作为现代价值之核心的"个体主体"观念；而对于温特和他援引的一些同道者，也包括有时也站在这一"解释学情境"之上的汤姆林森，我们便不可笼统论之了。区分说来，对文本与接受两方，温特们使用了不同的研究视角：为了寻找对于"文化帝国主义"文本之改造、抵抗或颠覆的力量，他们对消费者做了"现代性"的认定，即把消费者作为自在和自觉的"个体"或"文化个体"；而对"文化帝国主义者"作为编码者一方之同样应该作为"个体主体"，温特们则只字不提，倒是热衷于"后现代地"将其置于一种"主体间性"，或者对于贝克，毋宁说是"超主体性"，从而对其进行了"去主体化"的处理。

因而对于温特们来说，只要像对待消费者那样对待"文化帝国主义者"，那么结果就必然是走向对"现代性"文化研究的承认。但是，困难在于——如

1 Natan Sznaider and Rainer Winter, "Introduction", in: Ulrich Beck, Natan Sznaider & Rainer Winter(eds), Global America? *The Cultural Consequences of Globalization*, P2.

果有“超主体性”文化研究，便有“文化帝国主义”，这是一个铁的逻辑。或许温特们不是忽略了“文化帝国主义者”之应该作为“个体主体”，而是一旦如此，其反“文化帝国主义”的理论便面临着瓦解的危险。但是，我们不能为着一个理论的完整性而否认一个事实的完整。在全球化时代的文化研究中，我们还不能轻易放弃“现代性”文化研究，应该看到，它自有其不可全盘否定的依据。

对于“现代性”文化研究，其实简单的是，只要承认全球编码者与地方解码者分别都是有限的“文化个体”，承认他们各自作为“民族”的存在，那么就势必存在“美国化”或“文化帝国主义”。

贝克乞灵于一个“自然”来瓦解“城 / 邦”，一个“超民族性”来解除“民族性”；但是，站在“现代性”文化研究立场上的学者却常常能够成功地指出“自然”、“超民族”和其它一切打着“普遍主义”旗号的理论的虚妄。马克思主义者坚持，社会存在决定社会意识，经济基础决定上层建筑，不管它们之间有多少曲折的环节，普列汉诺夫说“社会心理”，威廉斯说“文化”，但都改变不了前者对后者之最终的决定性。因而，可以认为，任何试图超越一定社会存在和经济基础的理论、主张，说到底，都不过是对其所由以产生的社会存在和经济基础的某种反映，都是“意识形态”。经典马克思主义者，早就揭穿了资产阶级“自由”“平等”“博爱”的虚伪；而今，在一个全球化时代，“马克思的幽灵们”（德里达语），无论在中国这样的第三世界或者在英法这样的发达国家，都在证明美国和西方所标榜所谓“普世文化”的美国性、西方性，简言之，“地方性”，进一步，都在戳穿所谓“全球价值”不过就是“全球利益”，“全球价值”总是被作为“全球战略”的一个棋子。这当然不是什么秘密了，在国际外交中，没有人不知道或不理解、不接受“国家利益至上”的原则；而“国际”外交决不等于什么“国际主义”，它根本上不过就是在与他国的协调中达到自身利益的最大化。耶稣说，你的钱在哪里，你的心就在哪里；而我们要说，你的钱在哪里，你就在哪里说话。一切围绕着利益，话语也不例外。

在这一点上，或许我们能够指出，与马克思主义临时结盟的是，尼采和 20 世纪的后现代理论家们，也早已将“解释”与“事实”、“话语”与“真理”、“叙述”与“历史”、“能指”与“所指”、“文化”与“自然”等分开看待了。他们发现，存在于前者与后者之间的错位和矛盾是先天性的因而无法克服的，而其中福柯更是历史地证实，“话语”本质上就是“权力”，是“权力意志”，是“生命意志”，与“真理”并无必然之应和关系。按照老叔本华的观点，表象不过是意志的自我表象。叔本华的“表象”被福柯的“话语”复活了。一切都是欲望在说话，借着“话语”在说话。

英国文化研究与后现代理论的关系一直比较暧昧。似乎在对高雅文化的解构上，在对差异和杂交的强调上，在对西方中心主义的批判上，在对“文化工业”概念的拒绝上，等等，英国文化研究与后现代理论同气相求、互为知音，但是必须看到二者这种目标相同所掩盖着的出发点的相异：后现代理论的主要来源是索绪尔的符号学，特别是其中所蕴涵的对于“主体性”进行解构的倾向，能指只能达及作为观念的所指，而无法进入现实，能指所指向的不过是另一能指，意指活动不过是一条纯粹由能指所构成的漂浮的链条，即能指链，因而所谓的“主体”在言说结果就成了被言说——被能指所言说，被文化所言说，被传统所言说，等等，它是代言人，代他人言说而不能自己言说或者言说自己。在现代性哲学中，如在康德那儿，主体之决定客体，因而它才是“主体性”，被后现代理论翻转为被客体所决定，主体于是便不再是主体了。是否承认主体性是现代性与后现代性在哲学上最基本的分野。而英国文化研究，虽然并非总是如此（因其对理论的实用主义态度而导致不太注意理论本身的内在统一性），但至少就其与“文化帝国主义”相关的媒介受众研究而言，其最重要的理论支撑则是对主体性的坚持，具体说，就是将媒介受众作为话语主体，更关键的是，作为个体主体。后来以“积极受众”而名世的大卫·莫利早在20世纪70年代初期就指出：“我们不能将受众视为一个不加区别的大众，相反，它是一个复杂的结构，由一些相互重叠的亚群体构成，每一群体都有其自身的历史和文化传统。”[1]他要求去调查受众的“在阶级结构中的位置”、“地区所在”、“种族来源”、“年龄”和“性别”等这些作为社会学基础的要素。[2]这也就是说，他需要一个更加具体的“受众”概念。虽然受霍尔的直接影响，间接的是受阿尔

1 Dave Morley, “Reconceptualising the Media Audience : Towards an Ethnography of Audiences”, Stenciled Occasional Paper, CCCS, University of Birmingham, 1974, P8.

2 Ibid., P8-9.

都塞的影响，年轻的莫利不是十分赞同把受众进一步作为各别的个体[1]，但在他后来的“全国受众”和“家庭电视”研究中，他实际上已经把社会学分析与个体分析结合了起来。更重要的是，他将受众的接受语境本体化，即作为受众的本体存在。对于私人化阅读，霍尔是坚决反对的[2]，但当他说“不同的人群和阶级将实施不同的阐释框架”[3]时，他无疑是已经把受众作为“社会个体”或者“个体集合”了。在莫利的媒介受众研究上，在霍尔的编码 / 解码理论上，在他们将受众作为“主体”上，可以说，英国文化研究就是“现代性”文化研究。

如果将早期(1970 年代)英国文化研究的受众理论从其国内语境移向对于全球媒介的观察，也就是温特所做的，将文化研究置于研究当代杂交形式的社会学，那么它一定就是反对“文化帝国主义”的。但是，这种对“文化帝国主义”的“挪用”和“抵抗”是完全不同于贝克和汤姆林森以解构“主体性”为前提的“后现代性”文化研究的。霍尔总也没有放弃阿尔都塞的“结构”，传播中的一切协商性和对抗性的解码都在这样或那样地接受“传播结构”的制约：“电视信息的生产和接受……并不一致，但它们是相联系的：它们是处在由完整的传播过程所构成的整体性(totality)之内的不同时刻。”[4]后来进入对“全球大众文化”的考察，霍尔仍是早年的结构观[5]，他看到，一方面，“它以西方为中心，它总是讲英语”，而另一方面，这种英语又不再是“女王英语”或“博雅(highbrow)英语”，它是“一种全然不同的国际语言”，英语被涣散了；进一步，“它是文化再现的一种同质化形式，具有极大的吸收力，然而这种同质化却从未绝对地完

---

1 Ibid.，P1.

2 See Stuart Hall，“Encoding and Decoding in the Television Discourse”，Stenciled Occasional Paper，CCCS，University of Birmingham，1973，P14 and P15.

3 Stuart Hall，“The ‘Structured Communication’ of Events”，Stenciled Occasional Paper，CCCS，University of Birmingham，1973，P12.

4 Stuart Hall，“Encoding and Decoding in the Television Discourse”，Stenciled Occasional Paper，CCCS，P3.

5 麦克罗比在霍尔特别赞赏的评论一篇文章中就使用了“全球化的‘控制结构’”(the ‘structure in dominance of globalisation’，from Angela McRobbie，‘Stuart Hall and the Inventiveness of Cultural Studies’，in her book *The Uses of Cultural Studies*，London：Sage，2005，P 29)一语，这说明她也看到了霍尔将早年电视研究的理论框架运用到全球化研究上来了。

成过，它就不能完成。”[1] 霍尔也将此结构，阿尔都塞之“结构”，称之为葛兰西的“霸权”，是有“霸权”，企图将一切都包括进自身，但“霸权”从未完全实现过。[2] 同理，对于霍尔来说，如温特所注意到的，霍尔一方面尽管并不认为符号、信息和图像的全球流动会生产出一种标准化的文化，而另一方面却也看到一种新型的同质化正在通过全球商业化过程而浮现出来。显然，在“结构”、在“霸权”、或者在霍尔的另一说法“全球文化的新的辩证法”[3] 并不遥远的背后，就灼灼有霍尔对于现代性“主体”哲学的顽强信念。这一点与阿尔都塞有所不同，霍尔在借来的“结构”中赋予了差异、矛盾、斗争因而也就是结构的无终结的开放性，——他以现代性而“解构”了后现代指向的“结构—解构”。霍尔预言，在全球化的各种新形式中，仍是一如既往的控制和反控制—— “那个古老的辩证法没有终结。全球化不会将它终结掉。”[4] 究个中原因，乃是控制者与反控制者作为“有根的”个体的永恒存在。“个体”、“主体”只要一天不能被根除，那么“现代性”文化研究就一天不会停止其“抵抗”和“斗争”的理论。

霍尔的“结构”文化观规定了英国文化研究的方向，即作为“现代性”的文化研究，具体说，也规定了莫利的“积极受众”的性质，但我们暂且搁下霍尔，先来讲莫利吧！不错，莫利的“积极受众”之平移于全球媒介，确也可以成为一种反对“文化帝国主义”的理论，但是它所面临的问题有二：第一，它只是从其效果上，而不能从其意图上，去否定“文化帝国主义”的存在，因为“文化帝

---

1 See Stuart Hall, “The Local and the Global : Globalization and Ethnicity”, in Anthony D. King (ed.), Culture, *Globalization and the World-System*, *Contemporary Conditions for the Representation of Identity*, Department of Art And Art History, State University of New York at Binghamton and Macmillan Education Ltd., 1991, P28.

2 See Stuart Hall, “Old and New Identities, Old and New Ethnicities”, in Anthony D. King (ed.), *Culture, Globalization and the World-System*, *Contemporary Conditions for the Representation of Identity*, P68.

3 Stuart Hall, “The Local and the Global: Globalization and Ethnicity”, in Anthony D. King (ed.), *Culture, Globalization and the World-System*, *Contemporary Conditions for the Representation of Identity*, P19.

4 Stuart Hall, “The Local and the Global: Globalization and Ethnicity”, in Anthony D. King (ed.), *Culture, Globalization and the World-System*, *Contemporary Conditions for the Representation of Identity*, P39.

国主义”的推动者也如受众一样是地域的、个体的和主体的，对于他们，我们不能设想有“文化帝国主义”行动，而无“文化帝国主义”意图，这既违背人是理性的动物的命题，也不符合事实，无论历史的或者当前的。因而，“积极受众”就必须承认在国内层面上“文化工业”的资本主义图谋，与在国际层面上“资本帝国主义”的文化战略，一个为利益驱动的文化战略。换言之，“积极受众”既不能取代“文化工业”，也不能完全否认“文化帝国主义”。

第二，在理论上更根本的是，必须将它所坚持的“个体”或“主体”，置于“主体间性”的框架。只要将编码者也作为主体，接受就一定是一种“主体间性”事件；而一个主体只要进入“主体间性”，进入与另一主体的对话过程，那它就一定会不同程度地发生改变。而且，这不是一个主观上愿意与否的事情，另一主体或者一个他者的出现将客观地改变前一主体的存在环境，而环境是生命本体性的。符号学地说，“文本间性”的出现将一个“背景文本”（context，通译“语境”）给予“文本”，于是文本的自足性就被打破了，即文本不再是从前的文本了。编码者的“全球”文本与受众的“地方”文本也存在同样的关系。

我们回头再看霍尔。比莫利沉稳和老练的是，霍尔在一个动态的“结构”概念中将文化帝国主义与对它的抵抗、将全球与地方相互间的辩证运动一次性地包容了进来，并预见了未来文化的形态，以他说的现代音乐为例，“杂交的美学，交叉的美学，流散的美学，克里奥耳化的美学”[1]。霍尔对全球文化的文化研究，就其对主体性原则的坚持和贯彻而言，是归属于现代性哲学一边的，我们高兴地看到，他在一个“结构”概念中将现代性对于全球文化的洞见发挥到了它的极限处，即是说，在一个现代性框架之内，预言了文化帝国主义计划的最终破产，这因而也就是超越了现代性而具有了后现代性的色彩，当然这不是法国后结构主义者那样的后现代。

不过，对于更广大范围的全球化来说，霍尔的视域可能就嫌狭小了一些，他在一个殖民化的过程中，这是现代化进程的一种表现形式，看见了在前殖民

---

1 Stuart Hall，“The Local and the Global：Globalization and Ethnicity”，in Anthony D. King（ed.），*Culture，Globalization and the World-System，Contemporary Conditions for the Representation of Identity*，P38-39. 其中“克里奥耳”，原指出生于美洲的欧洲人，也指其与黑人的混血儿，霍尔借指文化间的混合。

地和前宗主国所出现的种种混合文化；那么，在其它国家和地区呢？尤其是那些走着不同现代化道路的国家和地区呢？这种有限的视域，即后殖民主义的视域，将带来且实际上已经带来对未来文化形态的某种盲视，例如说，混合仅仅是作为一种完成态吗？在一些前殖民地可能如此，在美国这个最大的前殖民地可能部分地如此，但在宗主国就未必如此了，在中国、日本这样的国家，霍尔的“杂交”甚至可能具有完全不同的意义。但对我们最有帮助的是，霍尔已经强烈地暗示了一种超越现代性与后现代性的全球化理论。感谢霍尔！

我们必须超越“现代性”文化研究，霍尔已经有所尝试了；我们也必须超越“后现代性”文化研究，贝克和汤姆林森代表了其明显的局限；我们必须汲取他们的经验教训而探索走向一个新的理论阶段的可能性。

结语：走向美学、艺术与文化的全球对话主义

全球化内在地同时就是现代性的与后现代性的，即是说，它同时即超越了现代性和后现代，因而可成一新的哲学概念。罗伯森的“球域性”、贝克的“全域主义”和汤姆林森对于“文化帝国主义”的专题批判，都在努力概念化我们这个全新的时代——我赞赏他们的努力。作为对他们的一个回应，我这里与他们的区别在于，第一，对于全球化之现代性维度的坚持，在此我赞成霍尔对矛盾和斗争的坚持；第二，由此，我所看到的后现代性就是现代性的后现代性，为现代性所约制的后现代性；第三，必然的是，我将不会看到在后现代性的全球化中个体或主体的彻底消失，它只是在与另一主体的对话中，在一个“主体间性”中改变自身；第四，我们于是也就不能去预先设定什么在我们作为“国民”之上的“大全”；由于主体的不可消除，因而“民族”的不可消除，“国际间性”（internationality）、“地域间性”（interlocality）[1]就不可能被“全域主义”或者一

1 See Huimin Jin, “Redefining Global Knowledge”, in : *Theory, Culture and Society*, London : Sage, vol. 24, 7/8, 2007, P 276-280.

个意在“全球整体”的“球域性”所取代[1]；在一个全球化的时代，每个民族，每种文化，都有话说，我们不能预先就规定他们说什么——这涉及到一个更复杂的哲学问题：我们能否进行没有前提的对话？一个的简短的回答是，只要个体不能被彻底地象征化（拉康）、意识形态化（阿尔都塞）、殖民化（斯皮瓦克），我们就只能承认无前提的对话。在当代理论中，这种观点几乎不可思议，但在两千五百多年前的孔夫子却早已是一个人际交往的基本原则了。孔夫子不想什么“宏大”前提，他只想虚席以待他者的出现。

将他者作为他者，将自己也作为他者，即作为有限的主体，将“主体间性”更推进为“他者间性”，推进为本体性的“文化间性”，——唯如此，全球化时代的文化研究才可能筹划一场真正意义上的“对话”，而此对话的效果则是对话者对自己的“不断”超越，对自己的“不断”否定，对自己的“不断”重构，之所以是“不断”，是因为对话者永远保留有无法被表述的本己，无论经过多少轮的对话，一方对话者都不可能变成另一方的对话者。君不见，即使长在一棵树上的叶子，经过百年、千年的“对话”，它们又何尝变得一模一样了呢？自然教导我们，在终极的意义上，人归属于自然。人“文化地”对话，但人也“自然地”拒绝对话，以其“自然”而拒绝对话。

我们拟以“全球对话主义”作为我们的结语，其中，第一，作为“他者”的对话参与者是其根本；第二，“全球”不是对话的前提，甚至也不是目的，它是对话之可期待也无法期待的结果，因为，这样的“全球”以他者为根基，是“他者间性”之进入“主体间性”，是他者之间的主体间性的相互探险和协商，没有任何先于对话过程的可由某一方单独设计的前提；然则，第三，“他者”一旦进入对话，就已经不再是“绝对的他者”了，对话赋予“绝对的他者”以主体性的维度，我们知道，就其定义说，所谓“主体性”就是有能力去改变客体，而同时也将被客体所改变，顺便指出，“主体间性”的一个主要意思就是对主体之间

1 对于全球化时代所出现的“球域化”现象可以有多种解释，例如霍尔就提供了一种不放弃差异和多元的立场（See Stuart Hall, “The Local and the Global: Globalization and Ethnicity/Old and New Identities, Old and New Ethnicities”, in Anthony D. King (ed.), *Culture, Globalization and the World System*, London: Macmillan, 1991），而罗伯森的“球域性”概念则期待于全球整合，将全球作为一个整体。

相互改变的承认。回到本文的开头，全球化，作为“全球对话主义”，将既包涵了现代性，也开放了后现代性，它是对二者的综合和超越。“全球化”是一种新的哲学，如果需要再给它一个名字的话，“全球对话主义”将是一个选择。

未来的文化研究是否将以“全球对话主义”为其理论基础，我们不能预先提出要求，这不符合“全球对话主义”精神，但是，目前可以肯定的是，“全球对话主义”至少在解决例如“文化帝国主义”这样全球时代文化研究的重大问题时，将能够同时避免“大全”（“全域主义”）和“整体”（“球域化”）的文化帝国主义嫌疑，以及由于对受众能动性的强调而导致的对“文化帝国主义”的全然无视。甚至，或许也不是不可以期待在霍尔之后重新阐释“文化间性”尤其是它在未来的种种新的可能性。

后记

在本书的姊妹篇史论篇《继承与反思——马克思主义文艺美学观念对中国当代文艺学建设的影响》后记里，我特别向为本书的出版作出贡献的山东大学文艺美学研究中心表示衷心的感谢。本书作为山东大学文艺美学研究基地的重大项目“马克思主义文艺美学观念对中国当代文艺学建设的影响研究”(05JJD 750.11—44006)成果之二,《借鉴与融汇——中国当代文艺学对西方马克思主义文艺美学观念的研究与接受》，从一开始就受到曾繁仁先生的热情支持和指导。

最近还与曾先生通话，他老人家还是叫我小金，我回说是已经退休的小金。时如飞梭，似乎只是转瞬之间，却已“高堂明镜悲白发，朝如青丝暮成雪”，令人唏嘘叹息。也许吧，就像再老的孩子在父母面前依然是孩子，我们后辈即使已经花甲，在先生那里，也永远是学生，不论是为学还是为人，也仍然沐浴着师长们的恩泽。几十年过去了。曾先生从我们当年敬佩的青年教授成了名动全国的著名美学家、教育家，记得上世纪在山大访学，亲耳聆听先生讲述康德、黑格尔，如沐春风，甘之如饴。先生语言铿锵，表述干脆利落，思路异常清晰，那时候讲课语速也很快，我们常常感到跟不上先生的思路。课后我们常在一起讨论，回忆起来常常感慨良多。我为曾在先生门下执弟子礼，而深感荣幸。

我曾在我主编的文化研究网“理论探索”接连三期刊出曾先生及其他学人的相关“生态美学”的文章，为“生态美学”的研究推波助力。大约从十年前开始，曾先生转入了生态美学的研究，以先生的功力，一旦进入便一发而不可收拾，曾先生的大作频频出版，比当校长时更多学术突破。我十分支持和赞赏先生的学术探索，曾先生数次与我谈起这段学术的曲折，颇感慨于创新之不易。但幸运的是，当代社会和学术的发展证明，先生筚路蓝缕、开拓创新的探索是完全正确，经得起时间检验的。

杜甫有诗曰：
未及前贤更勿疑，
递相祖述复先谁。
别裁伪体亲风雅，
转益多师是汝师。

转益多师是吾师，正是因为有着一代代学人累积的丰厚的学术滋养，我辈后学才有所进步，有所探索，有所成就。回顾过去，我要深深感谢的是，在自己成长的道路上，许多先生给了我思想的启迪，学术的指导，情感的关怀和逆境的鼓励。我的博士导师钱中文，导师吴元迈，导师杜书瀛，导师敏泽，授课导师叶秀山，博士论文答辩主席童庆炳，陆贵山和陈传才，硕士导师陈德顺、任青川，硕士论文指导老师畅广元，硕士论文答辩主席霍松林，访学导师周来祥、牟世金、曾繁仁……太多的先生要叩拜，要怀想，要感恩，但他们中的一些人已经乘鹤仙去，与我们阴阳两别……所以，我要从心底深处说一声谢谢——那是我永久的记念。

陈炎先生和谭好哲先生也对本项目的立项、研究给予了各种帮助。

在后期结项中，杨建刚、贾伟等都给予了许多具体帮助，使得项目顺利结项并出版，在此我谨向各位表示衷心的感谢。

本书的撰写由金元浦申请课题，设计提纲，规划全书；由金元浦、金惠敏、曾军、李世涛、李进书、朱宁嘉、施立竣、韩振江、罗如春、张宁、闫玉刚、金新、童小畅、董树宝、毕日升等合作撰写，由金元浦统稿、调整、校对。王林生、张力也参与此书的排版、校对等工作，在此一并致谢。

金元浦　于北京海淀三灯阁

2015 年岁末